Pascal Merl

LASS DAS GEHEN

Eine jüdische Familiengeschichte
im Spiegel des 19. und 20. Jahrhunderts

Pascal Merl
LASS DAS GEHEN
Eine jüdische Familiengeschichte im Spiegel des 19. und 20. Jahrhunderts

Herausgegeben von: Verlag am Rande

A-3654 Raxendorf · T: 0043 664 7503 7100
office@verlag-am-rande.at · www.verlag-am-rande.at

ISBN: 978-3-903190-58-0

1. Auflage Juni 2023

Layout: Joachim Grübler, www.jographic.at
Druck: Totem, www.totem.com.pl/de
Autorenfoto: privat
Coverfoto: Familie Merl in Wien, 1907, Foto im Besitz von Harry Merl

Pascal Merl

LASS DAS GEHEN

Eine jüdische Familiengeschichte
im Spiegel des 19. und 20. Jahrhunderts

Verlag am Rande

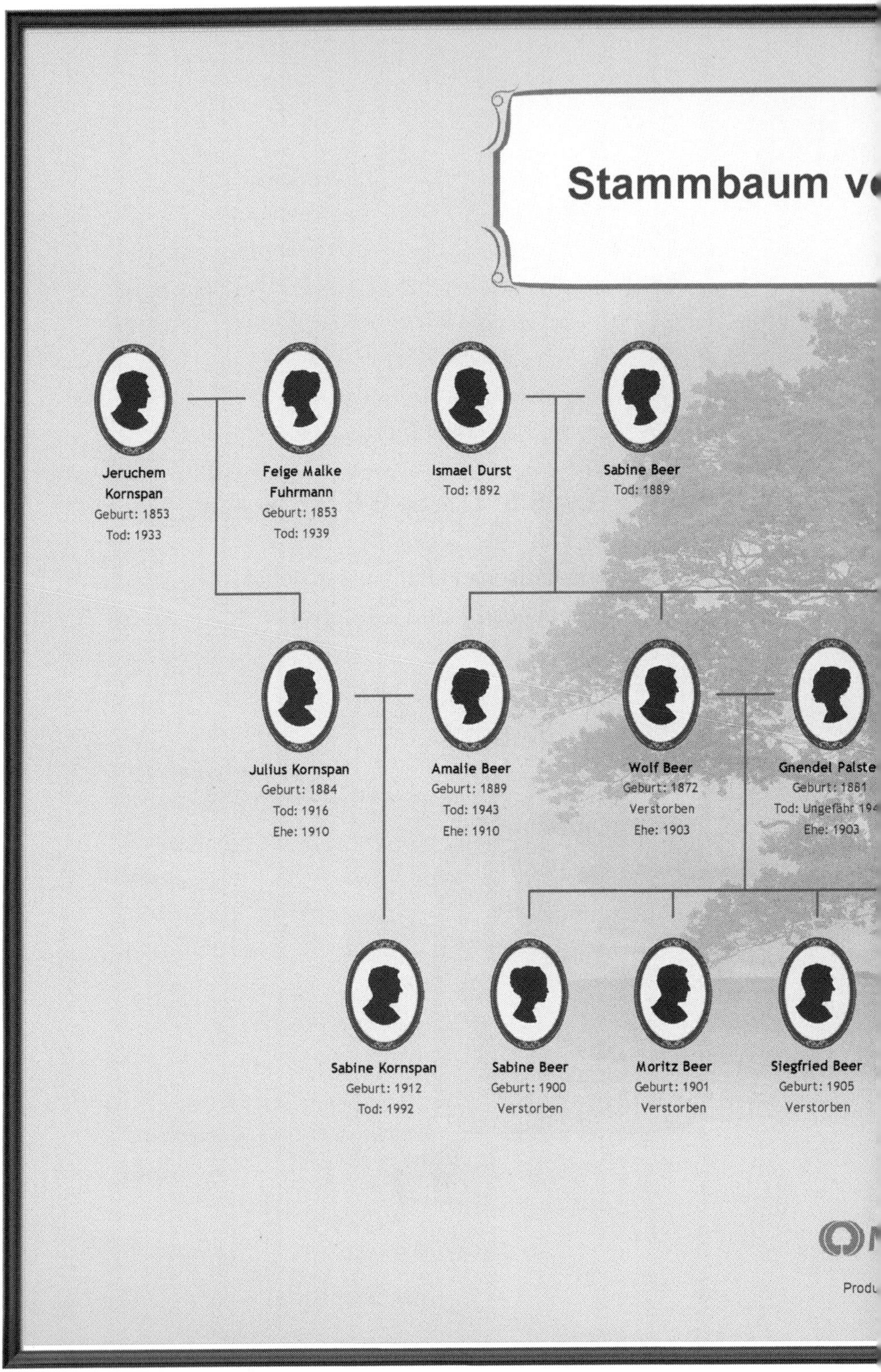

Stammbaum v
Jeruchem Kornspan
Geburt: 1853
Tod: 1933
Feige Malke Fuhrmann
Geburt: 1853
Tod: 1939
Ismael Durst
Tod: 1892
Sabine Beer
Tod: 1889
Julius Kornspan
Geburt: 1884
Tod: 1916
Ehe: 1910
Amalie Beer
Geburt: 1889
Tod: 1943
Ehe: 1910
Wolf Beer
Geburt: 1872
Verstorben
Ehe: 1903
Gnendel Palste
Geburt: 1881
Tod: Ungefähr 194
Ehe: 1903
Sabine Kornspan
Geburt: 1912
Tod: 1992
Sabine Beer
Geburt: 1900
Verstorben
Moritz Beer
Geburt: 1901
Verstorben
Siegfried Beer
Geburt: 1905
Verstorben

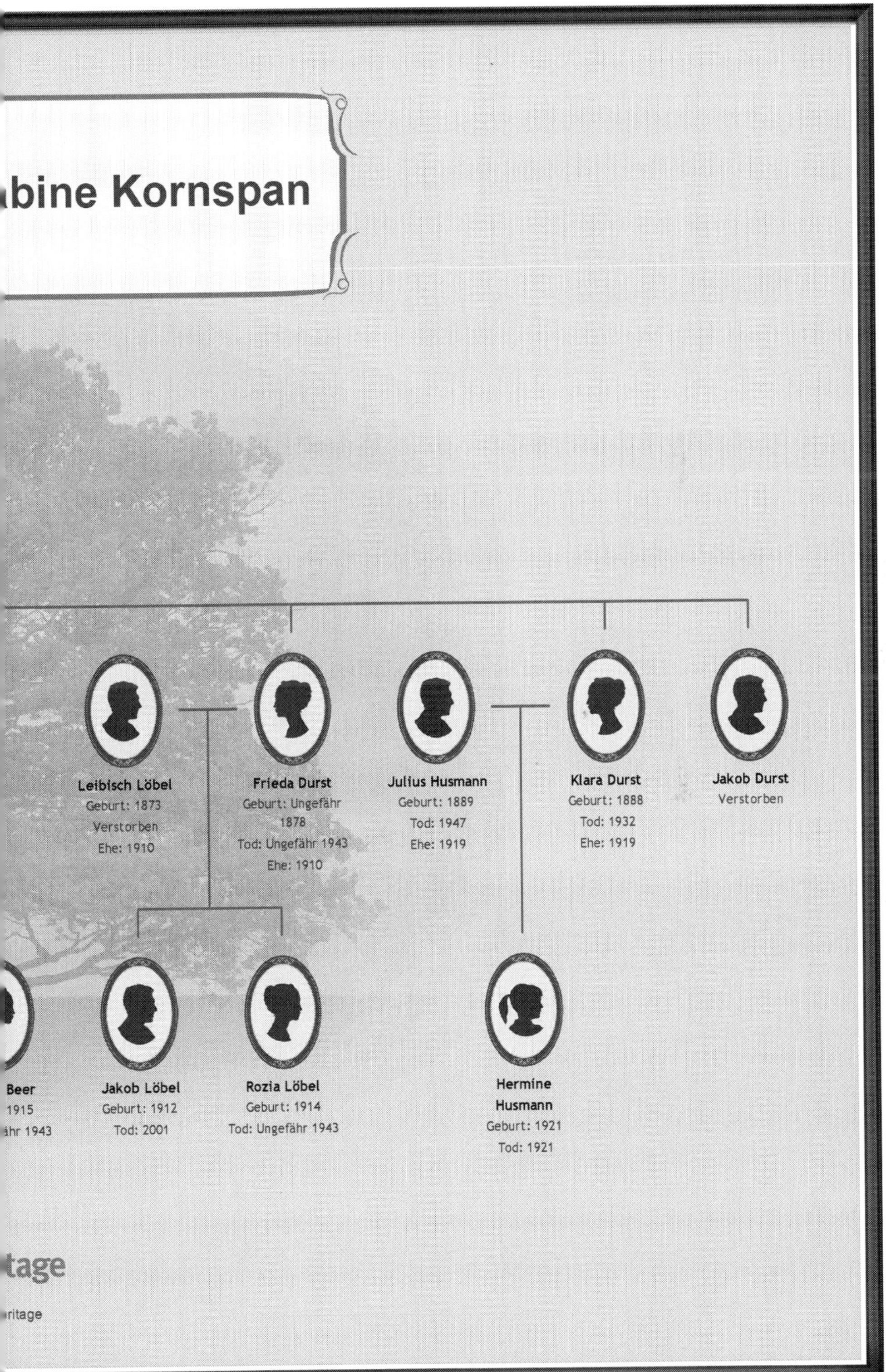

bine Kornspan
Leibisch Löbel
Geburt: 1873
Verstorben
Ehe: 1910
Frieda Durst
Geburt: Ungefähr 1878
Tod: Ungefähr 1943
Ehe: 1910
Julius Husmann
Geburt: 1889
Tod: 1947
Ehe: 1919
Klara Durst
Geburt: 1888
Tod: 1932
Ehe: 1919
Jakob Durst
Verstorben
Beer
1915
ähr 1943
Jakob Löbel
Geburt: 1912
Tod: 2001
Rozia Löbel
Geburt: 1914
Tod: Ungefähr 1943
Hermine Husmann
Geburt: 1921
Tod: 1921
tage
ritage

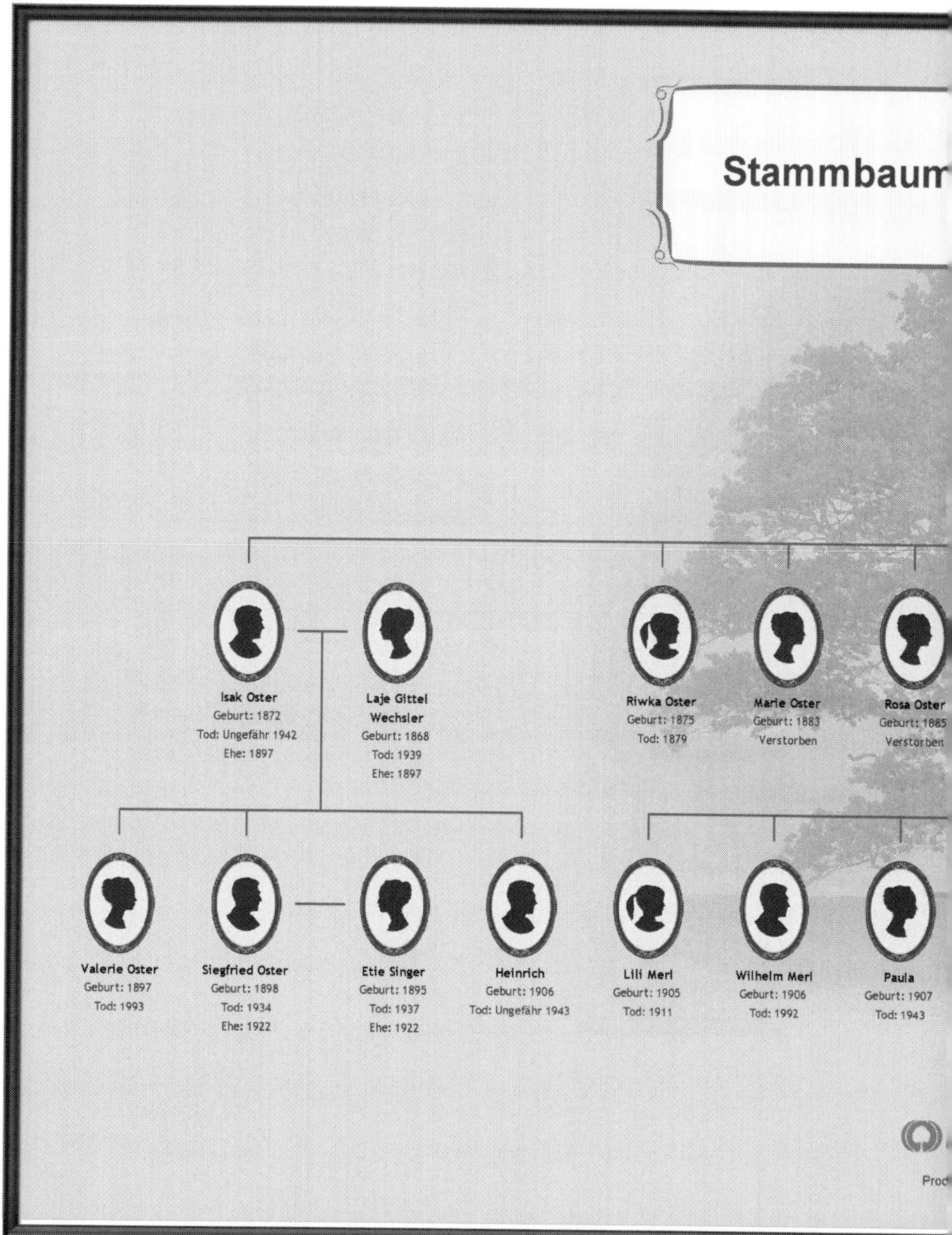
Stammbaum
Isak Oster
Geburt: 1872
Tod: Ungefähr 1942
Ehe: 1897
Laje Gittel Wechsler
Geburt: 1868
Tod: 1939
Ehe: 1897
Riwka Oster
Geburt: 1875
Tod: 1879
Marie Oster
Geburt: 1883
Verstorben
Rosa Oster
Geburt: 1885
Verstorben
Valerie Oster
Geburt: 1897
Tod: 1993
Siegfried Oster
Geburt: 1898
Tod: 1934
Ehe: 1922
Etie Singer
Geburt: 1895
Tod: 1937
Ehe: 1922
Heinrich
Geburt: 1906
Tod: Ungefähr 1943
Lili Merl
Geburt: 1905
Tod: 1911
Wilhelm Merl
Geburt: 1906
Tod: 1992
Paula
Geburt: 1907
Tod: 1943

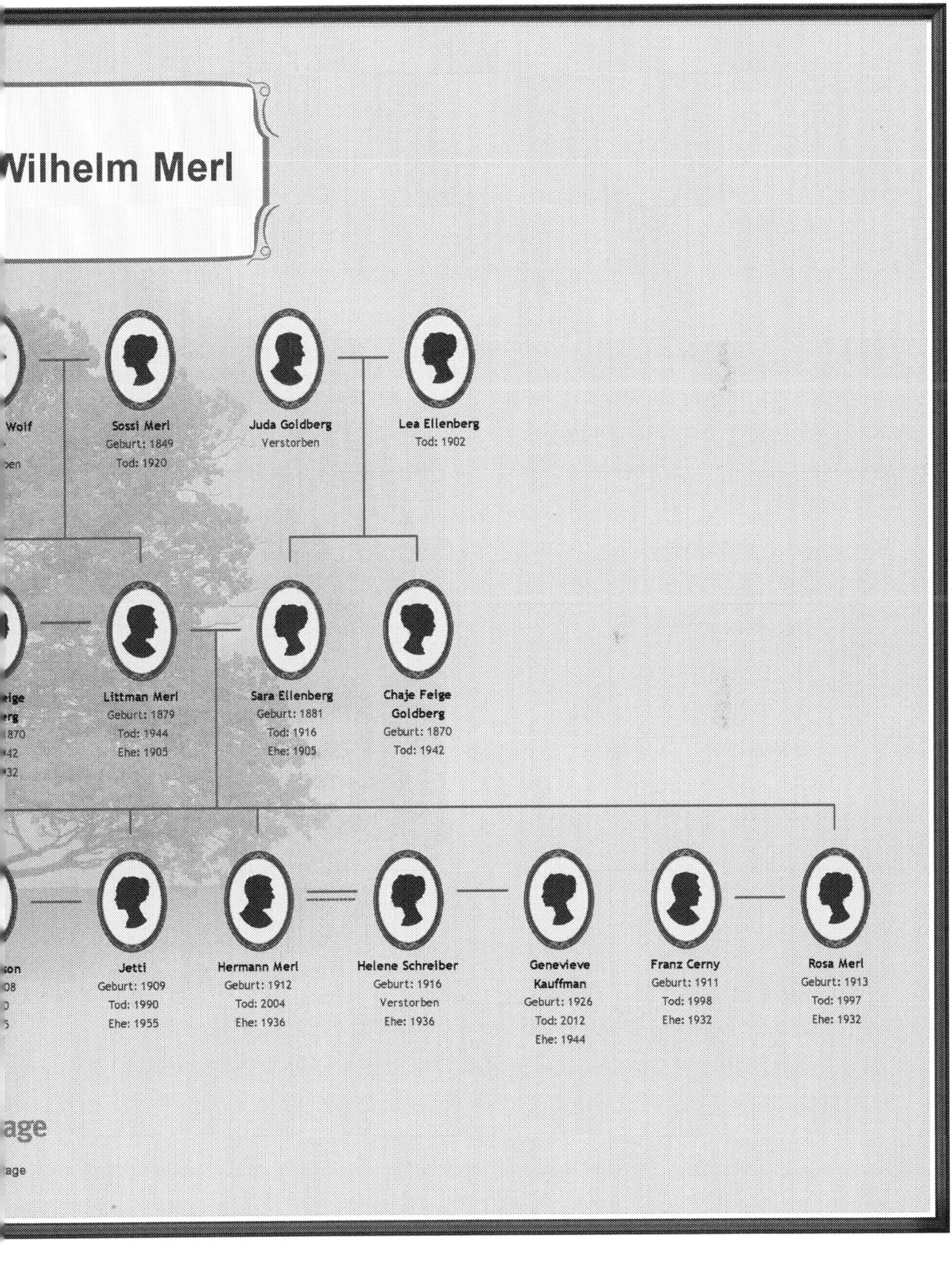
Wilhelm Merl
Sossi Merl
Geburt: 1849
Tod: 1920
Juda Goldberg
Verstorben
Lea Ellenberg
Tod: 1902
Littman Merl
Geburt: 1879
Tod: 1944
Ehe: 1905
Sara Ellenberg
Geburt: 1881
Tod: 1916
Ehe: 1905
Chaje Feige Goldberg
Geburt: 1870
Tod: 1942
Jetti
Geburt: 1909
Tod: 1990
Ehe: 1955
Hermann Merl
Geburt: 1912
Tod: 2004
Ehe: 1936
Helene Schreiber
Geburt: 1916
Verstorben
Ehe: 1936
Genevieve Kauffman
Geburt: 1926
Tod: 2012
Ehe: 1944
Franz Cerny
Geburt: 1911
Tod: 1998
Ehe: 1932
Rosa Merl
Geburt: 1913
Tod: 1997
Ehe: 1932

Für Willi und Sonja

Inhalt

Vorwort

Es gibt ein einziges Foto von meinen jüdischen Urgroßeltern Wilhelm und Sabine Merl und mir. Es muss im Frühling 1991 aufgenommen worden sein, da wir uns in ihrem Gartenhaus, das Teil eines Kleingartenvereins im 18. Wiener Gemeindebezirk ist, aufhalten, in dem sie oft die warmen Frühlings- und Sommertage verbrachten. Auf dem Foto sitze ich auf dem Schoß meines schon sehr gebrechlich wirkenden Urgroßvaters Willi, wie er meist genannt wurde. Meine Urgroßmutter, die seit ihrer Jugend gerne mit Sonja angesprochen werden wollte, sitzt im leicht dunklen Hintergrund. Mit zunehmendem Alter lehnte sie es ab, fotografiert zu werden, was sich in ihrem ernsten Gesichtsausdruck äußert. Meine Mutter Gerlinde täuschte vor, nur meinen Urgroßvater und mich abzulichten, rückte aber beim Fotografieren auch meine Urgroßmutter mit ins Bild. So entstand dieses einzige Foto meiner Urgroßeltern mit mir, ihrem damals knapp einem Jahr alten Urenkel, dem letzten, den sie noch vor ihrem Tod im Winter 1992 kennenlernten.

22 Jahre nach der Aufnahme studierte ich Lehramt und schrieb in meiner Bachelorarbeit über die Kindheit meines Großvaters Harry Merl während des Zweiten Weltkriegs. Als ich einmal dieses Foto im Familienalbum betrachtete, wurde ich nachdenklich. Mir wurde bewusst, dass ich innerhalb dieser 22 Jahre wenig über die Familiengeschichte erfahren hatte. Was war mir bekannt? Ich wusste, dass die Vorfahren meines Großvaters aus einem Gebiet, das heute zur Ukraine gehört, stammten, obwohl sie Polnisch sprachen. Auch wusste ich, dass es einen Großvater gab, der während des Krieges anstatt auf feindliche russische Sol-

daten in die Luft gefeuert hatte. Und natürlich kannte ich einige Erzählungen meines Großvaters aus seiner Kindheit während der NS-Zeit in Wien. Einmal erzählte er sie meinen Geschwistern und mir, als ich ungefähr zehn Jahre alt war. Schlagwörter wie *ausgeräumte Wohnungen, gelieferte Kohlen* und *Versteck im Keller* blieben mir von seiner Erzählung in Erinnerung.

Im Zuge seiner aktiven Auseinandersetzung mit seiner Vergangenheit führte er im April 2001 unsere Familie zu den Schauplätzen seiner Kindheit im Wien der 30er- und 40er-Jahre. Obwohl mich seine Erzählungen interessierten, wusste ich damals noch zu wenig über die jüdische Geschichte Österreichs und den Zweiten Weltkrieg, um seinen Erzählungen folgen zu können.

In den späten 90er-Jahren, als meine Großeltern mit meinem Bruder, zwei meiner Cousins und mir oft eine Sommerferienwoche in Kärnten verbrachten, las uns mein Großvater am Abend vor dem Einschlafen gerne die Geschichten von Doktor Dolittle vor. Doktor John Dolittle ist die Hauptfigur der Kinderbücher des englischen Schriftstellers Hugh Lofting, der während des Ersten Weltkriegs in den Schützengräben der Westfront die Geschichten schrieb, als er als Leutnant in der britischen Armee diente. Dolittle ist ein freundlicher Arzt, der in der fiktiven englischen Ortschaft Puddleby-on-the-Marsh lebt und die Sprache der Tiere spricht. Einige Jahre später schenkte mir mein Großvater eine Ausgabe von *Doktor Dolittle und seine Tiere*. Ich besuchte damals bereits die dritte Klasse Gymnasium und war mir beim Lesen nicht ganz sicher, ob die Geschichten des Doktors und seiner

Abenteuer mit dem Papagei Polynesia, der Ente Dab-Dab und dem Schwein Göb-Göb für mein Alter nicht doch etwas zu kindlich waren. Letztendlich las ich das Buch fertig, vielleicht auch ein wenig aus Loyalität zu meinem Großvater, dem es ein Anliegen war, dass der Enkel das Buch besitzen und lesen sollte. Ich hatte keine Ahnung, welche Bedeutung Doktor Dolittle für ihn in seiner Kindheit gehabt hatte. Ohne mir bewusst zu sein, hatte sich mit dem Buch eine prägende Geschichte meines Großvaters in meinem Bücherregal eingefunden, in dem es noch immer steht.

Auch als ich als Schüler etwas über den Nationalsozialismus und den Holocaust lernte, war mir nicht klar, dass diese Zeit viel mit meiner Familiengeschichte zu tun hatte. Als Zeitzeuge wurde einmal der Großvater einer Mitschülerin eingeladen, der im Zweiten Weltkrieg als Soldat der Wehrmacht an der Ostfront gekämpft hatte und von seinen traumatischen Erfahrungen berichtete. Ich dachte in meiner Schulzeit nie daran, meinen Großvater als jüdischen Zeitzeugen des Nationalsozialismus und Holocaust in Wien in den Unterricht einzuladen. Der Gedanke kam mir ganz einfach nicht.

Erst während meiner Recherchen für meine Bachelorarbeit setzte ich mich – angeregt durch Erzählungen und schriftliche Zeugnisse meines Großvaters – mehr mit seiner Familie auseinander und begann, in Büchern, im Internet und in Archiven in Wien zu recherchieren. So bekamen *die emotionalen Farbflecken,* also die bruchstückhaften Kindheitserinnerungen, wie sie mein Großvater nannte, einen Hintergrund und konnten verbunden werden. Bislang hatte es zur Geschichte seiner Familie wenige gesicherte Erkenntnisse, zahlreiche Mutmaßungen und einige Legenden gegeben, denn zumeist weigerten sich meine Urgroßeltern, über ihre Erinnerungen an die Jahre 1938 bis 1945 zu sprechen, sodass sich innerhalb meiner Familie die Überlieferung vor allem auf die Perspektive meines beim „Anschluss" dreijährigen Großvaters beschränkte.

Als ich mich in die Fachliteratur zur Geschichte der Juden in Österreich vertiefte, stieß ich auf eine Volkszählung in der nunmehrigen Ostmark vom 17. Mai 1939. Die jüdische Bevölkerung wurde nach den Nürnberger Rassegesetzen in „Volljuden", „Glaubensjuden", „Mischlinge I. Grades", „Mischlinge II. Grades" und „Geltungsjuden" klassifiziert. Da meine Urgroßeltern und mein Großvater als Juden der Kultusgemeinde angehörten, gehörten sie der Zählung nach in Wien sowohl zu den 91.350 „Volljuden" als auch zu den 79.919 „Glaubensjuden".[1] Als Person mit einem jüdischen Großelternteil hätte ich als „Mischling II. Grades" oder „Vierteljude" gegolten, die während des Nationalsozialismus zwar nicht verfolgt, aber diskriminiert wurden. Es war „jüdischen Mischlingen zweiten Grades" verboten, Juden oder andere „Mischlinge" zu heiraten. Auch im Bildungsbereich und im Berufsleben wurden sie diskriminiert, indem man ihnen verbot, höhere Schulen zu besuchen oder als Arzt, Beamter oder Anwalt zu arbeiten.

Im April 2014 beendete ich vorläufig meine Recherchen und reichte meine Bachelorarbeit *Harry Israel Merl – Persönliche Er-*

innerungen eines jüdischen Kindes im Kontext der Zeit des Nationalsozialismus ein, um sie später im Rahmen der Defensio zu präsentieren. Auch in den folgenden Jahren widmete ich mich weiterhin der Geschichte meiner Familie: Neue Quellen – wie digitalisierte Zeitungen, Internetdatenbanken und Videointerviews mit Wilhelms Geschwistern Jetti und Hermann – offenbarten neue Erkenntnisse. Ich begleitete meinen Großvater bei Zeitzeugenbesuchen in Schulen und lernte seine jüdische Verwandtschaft kennen. Zwischen Hermanns Nachfahren in Kalifornien und meinen Großeltern besteht schon seit langem immer wieder Kontakt, sodass ich für meine Recherchen zu Hermanns Leben darauf zurückgreifen und sie bei Besuchen in Österreich zu bedeutenden Schauplätzen der Familiengeschichte in Wien führen konnte. Jettis Enkelin stieß im Internet zufällig auf meine Bachelorarbeit, woraufhin sie mich kontaktierte und mit ihrem Mann nach Österreich reiste, um meine Familie kennenzulernen. Mit Robert, dem Cousin und einzigen lebenden österreichischen Verwandten meines Großvaters, führte ich ein längeres Interview, bei dem er mir Fotos und Dokumente überließ und von seiner Mutter, Wilhelms jüngster Schwester Rosa, erzählte.

Höhepunkt meiner langen Reise in die Vergangenheit war der Besuch der Stätten meiner Vorfahren in der Ukraine und in Polen. Ehemalige Wohnadressen, Orte des Naziterrors und vergessene Friedhöfe gaben Hinweise, wo die Familien Merl und Kornspan geboren wurden, wo sie lebten und wo sie starben. Es war eine besondere Reise.

Jede neue Quelle warf neues Licht auf eine Person, deren mir verborgenes Leben ich mir wie einen dunklen Tunnel vorstellte. Durch neue Erkenntnisse wurde etwas mehr Licht in diesen Tunnel geworfen. Und jeder gewonnene Lichtstrahl bedeutete einen weiteren Schritt gegen das Vergessen. Tot sind nur jene, an die sich niemand erinnert, so ein jüdisches Sprichwort.

Durch die Quellen erhielt ich zu Menschen, mit denen ich lediglich entfernt verwandt bin, die aber im Leben meiner Urgroßeltern wichtig waren, Einblick in ihre Prägungen, Familien und Lebensläufe. Je mehr Teile ihres Lebens ich zusammenfügen konnte, desto genauer wurde der Werdegang des jüdischen Teils meiner Familie durch die Geschichte des 19. und 20. Jahrhunderts nachvollziehbar. Eine Geschichte, die bis 1938 den Geschichten ihrer Mitmenschen glich und in jenem Jahr einen Bruch erfuhr, der die Überlebenden traumatisierte. Es ist eine Geschichte von Diskriminierung, Auswanderung, Familiengründung, Verlust, Armut, Glaube, Überlebenskampf und Neuanfang. Das 19. und 20. Jahrhundert aus der Perspektive einer jüdischen Familie in Mitteleuropa, zwischen Lemberg und Wien.

Ein uneheliches Kind

Littman, der Vater und Schwiegervater meiner Urgroßeltern, wurde am 25. Oktober 1879 im Haus Nr. 255 in Chocimierz geboren. Da in dem kleinen galizischen Ort jeder jeden kannte, gab es keine Straßennamen, sondern lediglich Hausnummern. Der Markt Chocimierz mit seinen mehr als 2000 Einwohnern gehörte als Gemeinde zum Bezirk Tłumacz mit der gleichnamigen Bezirkshauptstadt. Jedoch veranlasste mein Ururgroßvater Benjamin Wolf Oster, *Brandweiner zu Chocimierz*[2], die Geburt seines Sohnes in die Geburtsmatriken der israelitischen Kultusgemeinde des kleinen Nachbarorts Obertyn im Bezirk Horodenka eintragen zu lassen. Da allerdings der Branntweiner Oster mit seiner Frau Sossi Merl wie die meisten aller jüdischen Eheleute Galiziens lediglich rituell von einem Rabbi getraut worden war, galt er gemäß dem staatlichen Eherecht der Juden in Österreich als lediger jüdischer Mann. Denn für einen Heiratskonsens der politischen Behörden war für jüdische Paare Galiziens nebst einer Heiratstaxe das Studium des Buches *Bne Zion. Ein religiös-moralisches Lehrbuch für die Jugend israelitischer Nation* des wegen seiner Religionsfeindlichkeit bei seinen Glaubensgenossen verhassten Prager Aufklärers Herz Homberg mit anschließender Prüfung erforderlich. Diese Auflagen wurden von vielen galizischen Juden, besonders von den Armen, ignoriert und hatten zur Folge, dass die Mehrheit der jüdischen Kinder offiziell unehelich war.

Die auf Seite 40 des Geburtsbuches neben Littman ebenfalls eingetragenen Neugeborenen Jakob Juda, Jenty und Sucher Ber wurden von ihren Vätern durch eine Erklärung auf Polnisch oder

Deutsch als ihre Kinder legitimiert. Mittels Unterschrift unter der vorgefertigten Erklärung bestätigte auch Benjamin Wolf Oster, den Säugling als sein Kind anzuerkennen: *Ich erkläre mich als Vater nebenstehenden Kindes, mit der Feststellung, dass das Kind meinen Familien Namen führen soll. Benjamin Wolf Oster*[3]

Als Zeugen unterschrieben Israel Markseid und Samson Weiss. Das Neugeborene trug den Namen seines Großvaters mütterlicherseits und hatte einen sieben Jahre älteren Bruder namens Isak, auch bekannt als Itzig, der jiddischen Variante seines Namens. Knapp einen Monat vor Littmans Geburt war Riwka, die Schwester der Brüder, im Alter von vier Jahren an Keuchhusten verstorben.

Nach der Beschneidung am 1. November durch den Beschneider Chäskel Fränkel, der Eintragung in die Geburtsmatrik Obertyns durch die lokale jüdische Gemeinde und der Bekennung zur Vaterschaft durch den Kindsvater war mein Ururgroßvater Littman nun Teil der jüdischen Gemeinde des Ortes Chocimierz im Bezirk Tłumacz im Kronland Königreich Galizien und Lodomerien des österreichischen Teils der Österreichisch-Ungarischen Monarchie.

Chocimierz war ein Schtetl, eine Siedlung mit hohem jüdischen Bevölkerungsanteil in Osteuropa. Derer gab es viele in Galizien. Vorstellungen und Vorurteile vom Leben in Schtetln, aber auch von den in Galizien lebenden Polen und Ruthenen, wie Ukrainer genannt wurden, hatte üblicherweise jeder Beamte am Wiener

Hof. Denn das an der Grenze zu Russland gelegene Königreich war das ärmste der Länder der Monarchie. In Österreich wusste man wenig über dieses Kronland. Schmutz, Rückständigkeit, Analphabetismus, Korruption, religiöser Fundamentalismus und Armut wurden mit Galizien assoziiert. Das galizische Elend war in der Habsburgermonarchie sprichwörtlich. Schuld daran trugen die Behörden in Wien sowie die adeligen Großgrundbesitzer und die lokalen korrupten Behörden, die kein Interesse an Investitionen in den Aufbau einer nennenswerten Industrie zeigten. Die Wiener Regierung betrachtete das Kronland vor allem als Lieferanten für Rohstoffe und Absatzmarkt für Industriewaren.

Dem Stammbaum meiner Urgroßeltern zufolge lebten ihre Vorfahren bereits seit vielen Jahren in Ostgalizien. Einige von ihnen haben typisch jüdische Nachnamen. Unter Kaiser Joseph II. wurden Juden Ende des 18. Jahrhunderts zur Annahme eines deutschen Nachnamens verpflichtet. Die Namen Oster und Kornspan, der Mädchenname meiner Urgroßmutter, waren vermutlich Erfindungen österreichischer Beamter. Diese stellten Listen mit Namen, die sich an deutsche Wörter anlehnten, zusammen, aus denen Juden einen Namen auswählen mussten. Oster leitet sich von Ost oder Ostern ab, Kornspan ist eine Variante des verbreiteten Nachnamens Grünspan, bei dem Grün durch Korn ersetzt wurde. Hingegen kommt der Nachname Merl vom weiblichen jiddischen Vornamen Merl oder Merle, einer Koseform von Meriam oder Miriam. Er war besonders im Gebiet rund um die Städte Tarnopol und Horodenka sehr verbreitet.

In dieser entlegenen Ecke der Monarchie waren – je nach Bezirk – 10 bis 20 Prozent der Bevölkerung Juden. In einigen Kleinstädten waren sie fast unter sich und sprachen Jiddisch, die aus dem Mittelhochdeutschen und slawischen Einflüssen entstandene Alltagssprache der in Mittel- und Osteuropa beheimateten Juden. Hingegen grenzten sich assimilierte Juden, die es zu etwas Wohlstand gebracht hatten und ihren Glauben nicht ausübten, von ihnen ab und unterhielten sich auf Polnisch oder Deutsch, den Sprachen der Beamten. Sie spotteten über das Jiddisch ihrer Glaubensgenossen.

Die überwiegende Mehrheit der galizischen Juden lebte in Armut und wurde von ihren nichtjüdischen Mitbürgern gemieden. Zum einen war es die katholische Kirche, die Ritualmordlegenden aufleben ließ, was zu pogromartiger Stimmung in der polnisch-katholischen Bevölkerung führte. Zum anderen erschwerte der institutionalisierte Antisemitismus Juden, in der Landwirtschaft und Industrie Fuß zu fassen. So beschränkten sich viele auf den Handel. Im Jiddischen kam die Bezeichnung Luftmensch für arme Juden auf, denen nichts außer der Luft zum Leben blieb. Sie schlugen sich als ungelernte Arbeiter, Tagelöhner und Hausierer durch und hielten sich durch Luftgeschäfte (keine geregelte Arbeit) über Wasser.

Benjamin Wolf Osters Beruf wird je nach Quelle als Branntweiner oder Obsthändler angegeben. Eine nicht ungewöhnliche Kombination, denn als Branntweiner stellte er beispielsweise Obstbrand aus Äpfeln, Birnen oder Zwetschgen, die er nicht als

Tafelobst verkaufte, her und verköstigte die Gäste seiner Schenke damit. Es ist gut möglich, dass die Familie Oster etwas Grund besaß, auf dem sie Obst anbaute. Der Beruf des Branntweiners war ein traditionell jüdischer Beruf, denn ein guter Christ sollte sich seinen Lebensunterhalt nicht durch Verkauf und Ausschank hochprozentigen Alkohols verdienen. Die jüdischen Branntweinschenken waren Zielscheibe antisemitischer Hetze und wurden als eiternde Wunde geschmäht, die den Volkskörper vergiftete.

Benjamin Wolfs Familie bekam 1883 und 1885 mit den Geburten der Mädchen Marie und Rosa Zuwachs. Mehr ist über Littmans Kindheit und Jugend nicht bekannt. Sicher ist, dass es eine harte Umgebung war, in der der jüdische Bub aufwuchs: Als Sohn eines geschmähten Branntweiners in einem Schtetl des Armenhauses der Monarchie muss ihm bewusst geworden sein, dass er als junger Mann hier wenig Perspektiven haben würde.

Wien, 1895

1895 ließen Isak Oster, seine Frau Laje Gittel Wechsler und der damals fünfzehnjährige Littman ihre Eltern Benjamin Wolf und Sossi sowie ihre beiden jüngeren Schwestern Marie und Rosa im Schtetl zurück und zogen nach Wien. Ob es besondere Gründe gab, ist mir nicht bekannt, aber es müssen ähnliche Gründe wie bei anderen jüdischen Auswanderern gewesen sein: neben dem strukturellen Antisemitismus ein Mangel an Perspektiven im Schtetl. Seit es Juden seit 1848 erlaubt war, in bis dahin verschlossene Städte zu migrieren, machten sich viele galizische Juden in die verheißungsvolle Reichshaupt- und Residenzstadt Wien auf, wo sie das Proletariat der jüdischen Gemeinde bildeten. Der israelische Schriftsteller Yoram Kaniuk beschreibt den Traum von Wien seines Vaters Mosche, eines galizischen Juden aus Tarnopol:

(S)eine Hauptstadt, jene Stadt, in der er nicht lebte, war Wien; nicht das fröhliche oder dekadente Wien, sondern das Wien seiner Sehnsucht, jenes Wien, das in Tarnopol erfunden wurde.[4]

Auch Joseph Roth, der aus der an der Grenze zu Russland gelegenen Kleinstadt Brody stammte, widmete sich in *Juden auf Wanderschaft* der Auswanderung seiner Glaubensgenossen und Landsleute nach Wien:

Wenn er den zweiten Bezirk betritt, grüßen ihn vertraute Gesichter. Grüßen sie ihn? Ach, er sieht sie nur. Die schon vor zehn Jahren hierhergekommen sind, lieben die Nachkommenden gar nicht. Noch einer ist angekommen. Noch einer will verdienen. Noch einer will leben. Das Schlimmste: daß man ihn nicht umkommen lassen kann. Er ist kein Fremder. Er ist ein Jude und ein Landsmann.[5]

Roth sprach hier die Ablehnung, die den jüdischen Zuwanderern entgegengebracht wurde, an, denn insbesondere Wiens assimilierte Juden nahmen die Ankunft ihrer armen Glaubensgenossen aus dem Osten mit Argwohn zur Kenntnis. Das Bild orthodoxer Ostjuden, die Schläfenlocken und einen Kaftan trugen, schürte den Antisemitismus unter Wienern und Politikern, sodass die Immigranten von ihren Landsleuten nicht immer auf die erhoffte Unterstützung bei der Wohnungs- und Arbeitssuche zählen konnten.

Ich vermute, dass mein damals jugendlicher Ururgroßvater Littman in seinen Anfangsjahren in Wien bei seinem älteren Bruder Isak wohnte. Wohl war es auch Isak, der als Kaufmann arbeitete, der dem jüngeren Bruder zu einer Arbeit verhalf oder diesen in seinem Kaufmannsladen anstellte. Viele Jahre später gab Littman in einem Fragebogen der Kultusgemeinde als Berufsausbildung an, als Kaufmann ausgebildet zu sein. Am 3. Juni 1897 wurde die Ehe der bereits im galizischen Buczcaz rituell getrauten Eheleute Isak Oster und Laje Gittel Wechsler, die aus Buczacz stammte, im sich im 1. Bezirk befindenden Stadttempel, der ältesten bis heute existierenden Synagoge Wiens, durch den konservativen Oberrabbiner der Stadt, Moritz Güdemann, formell anerkannt. Laje Gittel brachte drei Kinder zur Welt: Valerie, geboren 1897, Siegfried, geboren 1898, und Heinrich, geboren 1906. Mit den germanischen Namen Siegfried und

Heinrich passten sich die Eltern bei der Namensgebung an das deutschsprachige Umfeld an. Strebte Isak als Vertreter der jüdischen Handelsschicht, die Teil des deutschsprachigen Umfelds sein wollte, nach Assimilation?

Wohnungs- und Zeitungsmeldungen zufolge arbeitete Isak später als Straßenbahnkondukteur, wie Schaffner damals genannt wurden. Die *Ostdeutsche Rundschau* berichtete am 18. April 1902 von einem Unfall von Isaks Sohn Siegfried mit einer Straßenbahn. Fälschlicherweise wurde er Friedrich genannt:

Die Elektrische. Vorgestern um 2 Uhr Nachmittags wurde der fünf Jahre alte Kondukteurssohn Friedrich Oster vor der elterlichen Wohnung, Hernals, Römergasse 81, von einem elektrischen Tramwaywaggon niedergestoßen. Er gerieth mit dem Kopfe zwischen die Räder und wurde, ehe ein größeres Unglück geschah, vom Taglöhner Josef Schreibmann hervorgezogen. Der Knabe hat anscheinend nur leichte Verletzungen erlitten. Dem Motorführer soll nach Aussage von Augenzeugen kein Verschulden an dem Unfalle treffen.[6]

Der katholisch-aristokratischen Tageszeitung *Das Vaterland* ist zu entnehmen, dass Isak selbst am 24. Mai 1909 beim Zusammenstoß zweier Straßenbahnen einen Arbeitsunfall erlitt:

Ein Wagen wurde aus dem Geleise gehoben. Merkwürdigerweise blieben gerade die Passagiere dieses Waggons unverletzt. Sie hatten nämlich das Unglück kommen sehen und sich angehalten. Verletzt wurden hingegen zwei Personen, die sich auf dem Beiwa-

gen des anderen Motortrains befanden. Der achtunddreißigjährige Kondukteur Isaak Oster erlitt eine sehr schwere Nervenerschütterung und verschiedene Rißquetschwunden im Gesichte.[7]

Wie es zum Namen Merl kam

Valerie, Siegfried und Heinrich trugen den Nachnamen Oster, den ihr Vater in offiziellen Dokumenten führte. Jedoch machte der zuständige Beamte der Kultusgemeinde Wien bei der formellen Anerkennung der rituellen Hochzeit im Trauungsbuch keine Angaben zu den Eltern Benjamin Wolf Oster und Sossi Merl. Verheimlichte Isak bei Behördengängen Angaben zu seinen Eltern, um den Nachnamen seines Vaters führen zu können? Viele galizische Juden, die um die Jahrhundertwende nach Wien zogen, waren bekanntlich offiziell unehelich. Infolgedessen erhielten viele durch die willkürliche Entscheidung der Wiener Behörden den Nachnamen eines der beiden Elternteile. Joseph Roth beschreibt dieses Problem in seinem Roman sehr anschaulich:

Der erste schwere Weg führt ihn [den galizischen Juden] *ins Polizeibüro. Hinter dem Schalter sitzt ein Mann, der die Juden im allgemeinen und die Ostjuden im besonderen nicht leiden mag. Dieser Mann wird Dokumente verlangen. Unwahrscheinliche Dokumente. Niemals verlangt man von christlichen Einwanderern derlei Dokumente. Außerdem sind christliche Dokumente in Ordnung. Alle Christen haben verständliche, europäische Namen. Juden haben unverständliche und jüdische. (...) Man weiß niemals, wie sie heißen. Ihre Eltern sind nur vom Rabbiner getraut worden. Diese Ehe hat keine gesetzliche Gültigkeit.*[8]

Der Nachname des Vaters, den Isak womöglich durch Verheimlichung seiner Herkunft durchgesetzt hatte, blieb seinem jüngeren Bruder Littman vorenthalten, obwohl der Vater Benjamin

Wolf bei der Geburt bestimmt hatte, dass er Oster heißen sollte. So kam Littman unfreiwillig zum Namen Merl, dem Nachnamen seiner Mutter Sossi.

Auf der Mazzesinsel

Im Gegensatz zu den aus Böhmen, Mähren und Ungarn stammenden assimilierten Juden, die westlich des Donaukanals wohnten, siedelten sich die Zuwanderer aus Galizien in der Leopoldstadt und dem benachbarten Bezirk, der 1900 von der Leopoldstadt getrennten Brigittenau, an. Am Nordbahnhof, der die Stadt mit Mähren und Galizien verband, betraten sie nach einer 14-stündigen Reise vom Lemberger Hauptbahnhof über Przemyśl, Krakau, Oderberg und Prerau erstmals Wien. Dazu heißt es bei Joseph Roth: *Am Nordbahnhof sind sie alle angekommen, durch seine Hallen weht noch das Aroma der Heimat, und es ist das offene Tor zum Rückweg.*[9] Die Praterstraße war Standort zahlreicher jüdischer Kaffeehäuser, Geschäfte und Theater. Hier siedelte sich das jüdische Bürgertum an, während die Arbeiter in den Seitengassen wohnten.

Littman verdiente als junger Erwachsener seinen Lebensunterhalt als Hausierer, was unter den Leopoldstädter Juden eine verbreitete Tätigkeit war. Hausierer waren Kleinhändler, die üblicherweise mit Lebensmitteln, Textilien, Branntwein und vielen anderen Waren handelten, die sie in Cafés, Gasthäusern und auf den Straßen anboten. Trotz des bescheidenen Einkommens entschloss er sich zu heiraten und eine Familie zu gründen. Er traute sich am 15. Juni 1904 rituell in einer nicht genannten Wiener Synagoge mit Sara Ellenberg, geboren am 29. März 1881 als jüngste der vier Töchter von Juda Goldberg und Lea Ellenberg im Haus Nr. 576 in Obertyn. Auch Sara wurde offiziell als uneheliches Kind geboren und musste von ihrem Vater Juda Goldberg als seine Tochter legitimiert werden. Ihr Vater war *Gelbgießer u Hausbesitzer zu Obertyn.*[10] Durch einen Guss in Lehm- oder Sandformen stellte ein Gelbgießer Gegenstände aus Messing her. Anschließend wurden diese poliert, geschliffen oder vergoldet. Von Juda ist überliefert, dass er silberne Kerzenständer herstellte, die seine Töchter zur Hochzeit als Mitgift bekamen. Neben anderen Kostbarkeiten schmückten wunderschöne Kerzenständer die Wohnung von Tochter Sara und ihrem Mann Littman in der Stuwerstraße. Juda Goldbergs Sterbedatum ist unbekannt. Angeblich wurde er während der Schlachten des Ersten Weltkriegs in Ostgalizien von einem russischen Kosaken, einem Angehörigen einer meist berittenen Einheit, getötet, nachdem er sich geweigert hatte, dem Russen seine Stiefel auszuhändigen. Seine Frau Lea war bereits am 4. Jänner 1902 im Alter von 65 Jahren an Lungenentzündung in Obertyn verstorben.

Ich vermute, dass mein Ururgroßvater Sara während eines Heimatbesuchs bei seiner Familie kennenlernte und nach Wien holte, um sie hier zu heiraten. Möglicherweise durch die Vermittlung seiner Eltern oder eines Schadchens, eines jüdischen Heiratsvermittlers. Formell anerkannt wurde die rituelle Trauung, die nicht an die strengen Auflagen Galiziens gebunden war, am 9. April 1905. Geburtszeugnis und Heimatschein hatten sich Littman und die zu diesem Zeitpunkt hochschwangere Sara zwischen 1900 und 1905 von der Gemeinde Obertyn entweder brieflich oder persönlich ausstellen lassen, was darauf schließen lässt, dass Littman nach der Auswanderung den Kontakt zu seiner Familie weiterhin aufrechterhielt. Die Anerkennung führte der Rabbiner und Schriftsteller Doktor Adolf Schmiedl in einem Verwaltungsgebäude der Kultusgemeinde an der Ecke Ferdinandstraße/Tempelgasse neben dem Leopoldstädter Tempel durch. Mit zweitausend Plätzen war diese Synagoge die größte

Leopoldstädter Tempel, © Sperlings Postkartenverlag (M.M.S.)/Wien Museum

Wiens und durch die jüdische Zuwanderung Symbol der sich verändernden gesellschaftlichen Verhältnisse und des zunehmenden Selbstbewusstseins der Juden Wiens. Prediger war seit 1894 der besagte Rabbiner Schmiedl, der sich unter den Gläubigen aufgrund seiner volkstümlichen Reden großer Popularität erfreute.

Littman und Sara lebten in der Stuwerstraße 16, in der Nähe von Bruder Isak, der mit seiner Familie bis Juli 1911 ebenfalls im Stuwerviertel genannten Stadtteil wohnte. Parallel zur Stuwerstraße, in der das Paar in den kommenden Jahren mehrere Male den Wohnsitz wechselte, und in unmittelbarer Nähe der Wohnung der beiden verläuft die Ausstellungsstraße, wo sich Littmans Kaufmannsladen befand, zu dessen Eröffnung seine Mittel nach einigen Jahren als Hausierer reichten. In seinem Laden verkaufte er der Überlieferung nach alle möglichen Dinge. Es dürfte ein Geschäft gewesen sein, in dem er Lebensmittel und Artikel des täglichen Gebrauchs anbot. Die Ausstellungsstraße begrenzt den im Volksmund Wurstelprater genannten Vergnügungspark mit seinen Themenparks, Zirkussen, Reitställen, Biergärten und Schaubuden.

Nur einen Tag nach der formellen Anerkennung der rituellen Trauung brachte die nunmehr offiziell verheiratete Sara Merl in der Wohnung des Paares ein Mädchen namens Lili zur Welt. Es scheint, als wollten meine Urgroßeltern ihre Ehe im Eilverfahren formell anerkennen lassen, um dem Neugeborenen eine erneute Willkür der Wiener Behörden bei der Nachnamensgebung zu ersparen. Die Kinder des Paares sollten unbedingt den Nachnamen des Vaters führen. Unter *Der Zeugen Unterschrift, deren Charakter und deren Wohnung*[11] im Geburtsbuch der Kultusgemeinde ist Littmans Schwester Marie Oster angegeben. Die Geburt ihrer Nichte Lili geschah zeitgleich mit ihrem Besuch bei ihren Brüdern in Wien, die sie in den Jahren vor dem Ersten Weltkrieg mehrere Male besuchte. Sie war mit einem russischen Offizier verheiratet und lebte mit ihm in seinem Heimatland. Als Gastgeschenk pflegte sie aus Russland schöne, große Samoware, die in Littmans Wohnung auf einer Truhe ausgestellt waren, mitzubringen. Auch die zweite Schwester Rosa kam zu Besuch. Ihr Mann war aus Südamerika. Rosa beschenkte ihren Bruder und dessen Frau mit gewebten Körben und Spiegeln. Der Kontakt zu den beiden Schwestern dürfte mit Beginn des Ersten Weltkriegs abgerissen sein. Zu Marie ist nicht mehr überliefert. Lediglich zu Rosa gibt es in den Aufzeichnungen meines Großvaters die Notiz *Auswanderung nach Bangkok.*[12] Es erscheint mir sehr ungewöhnlich, dass eine galizische Jüdin einen Südamerikaner kennenlernte und ins Königreich Siam auswanderte. Mehr zu ihrem Schicksal ist nicht bekannt.

Am 3. Juli 1906 bekam die Kleinfamilie mit der Geburt meines Urgroßvaters Wilhelm Zuwachs. Wie seine ältere Schwester Lili und seine jüngeren Geschwister wurde auch er daheim in der Stuwerstraße geboren. Das älteste Foto, das ich von der Familie Merl besitze, muss 1907, weniger als ein Jahr nach seiner Geburt, aufgenommen worden sein. Es zeigt Littman mit seiner Frau Sara und den beiden erstgeborenen Kindern Lili und

Familie Merl in Wien, 1907, Besitzer Harry Merl

Wilhelm im Atelier Reni in der Ausstellungsstraße, das nur wenige Schritte von Littmans und Saras Wohnung entfernt lag. Beim Foto der Jungfamilie Merl leistete das Atelier erstklassige Arbeit. Sehr elegant wirkt der ernst blickende Familienvater in seinem karierten Anzug und seinem eindrucksvollen Schnauzbart neben seiner Frau Sara in ihrem weißen Rock, der dunklen Bluse und mit ihrem zu einer Steckfrisur hergerichteten Haar. Vielleicht war Sara zum Zeitpunkt der Aufnahme des Fotos mit ihrem dritten Kind Paulina, meist Paula genannt, schwanger, die am 18. Dezember 1907 zur Welt kam. Die am 19. Juli 1909 geborene Jetti beschrieb ihren Vater treffend als einen „sehr gutaussehenden Mann mit einem kleinen Schnurrbart wie man ihn zur damaligen Zeit trug". Sie schwärmte von der Attraktivität ihrer Mutter und beschrieb sie als „so schön. Und sie hatte so lange Haare, die sie um ihren Kopf herum geflochten hatte. Meine Mutter sah aus wie die Königin Elisabeth".[13] Littman hält mit der linken Hand behutsam Lilis linke Hand, fast so, als ob er damit seine Rolle als Vater und Oberhaupt der Familie betonen möchte. Kamen meine Urgroßeltern im Erwachsenenalter auf Littman und die Familiengeschichte zu sprechen, so redeten sie von ihm als Vater Merl. In dieser ehrenvollen Bezeichnung drücken sich Respekt und Achtung, aber auch Liebe für den Vater und Schwiegervater aus. Auf dem Foto steht sein ältestes Kind Lili auf einem dunklen Stuhl und trägt ein weißes Kleid mit Rüschen und dazu dunkle Stiefel. Möglicherweise wurde sie angewiesen, ruhig zu sein und nicht zu lachen, da ihr Blick ernst, ja gar bekümmert wirkt. Auf dem Schoß seiner Mutter sitzt mein Urgroßvater Wilhelm, der ungefähr ein Jahr alt war. Wie es um die Jahrhundertwende sowohl für Mädchen als auch für Buben im Säuglingsalter üblich war, trägt er ein fast bodenlanges, weißes Tragekleid, das aufgrund der Länge den Zweck einer Decke erfüllte und bis ins Kleinkindalter nicht zu klein werden konnte. Das Bild illustriert sehr schön den sozialen Aufstieg, den das Ehepaar Merl geschafft hatte. Weg von der Armut der Schtetln Galiziens in die große Hauptstadt Wien, wo Littman es als Kaufmann mit eigenem Geschäft zu etwas Wohlstand gebracht hatte, der es ihm ermöglichte, seine Familie in einem Fotoatelier ablichten zu lassen. Das Familienglück scheint perfekt. Kein Anzeichen von nahenden Familienverlusten und den großen Katastrophen des 20. Jahrhunderts.

Rückkehr nach Galizien

Als mein Urgroßvater eineinhalb Jahre alt war, besuchte die Familie Littmans Eltern in Galizien. So lernten die beiden Geschwister Lili und Wilhelm noch ihren Großvater Benjamin Wolf kennen, der bald darauf verstarb und seine restlichen Enkelkinder nicht mehr kennenlernte. Nach dem Tod ihres Mannes verließ die Witwe Sossi Galizien und zog zu ihrem jüngeren Sohn nach Wien. Jetti beschrieb ihre Großmutter als sehr große und ruhige Frau, die mit den Kindern weder sprach noch mit ihnen spielte. Sie schien sich nicht an der Erziehung ihrer Enkelkinder beteiligt zu haben. Bemerkenswert ist, dass Jetti behauptete, Sossis Mann Benjamin Wolf wäre ein Rabbiner gewesen, was den galizischen Matriken nach nicht stimmt. Vielleicht zogen die Erwachsenen es vor, den Kindern nicht zu erzählen, dass ihr Großvater als Schankwirt hochprozentigen Alkohol brannte und ausschenkte. Rabbiner klingt für Kinderohren sagenhafter und angemessener als Branntweiner zu Chocimierz.

Mehr als 110 Jahre nach dem Besuch meines Urgroßvaters Wilhelm bereise ich im August 2021 mit meinem Vater und meinem Onkel die Stätten der Familien Oster und Kornspan. Es ist eine Reise, der wir schon sehr lang entgegenfieberten. Sie soll uns einen Eindruck von der Landschaft, den Ortschaften und den Städten verschaffen, die unsere Familie um die Jahrhundertwende verließ, um ihr Glück in Wien zu versuchen. Jüdische Spuren, so hoffen wir, sollten noch heute sichtbar sein, auch wenn uns bewusst ist, dass im 20. Jahrhundert zwei Weltkriege und zwei totalitäre Systeme, Faschismus und

Stalinismus, in der Region wüteten, gefolgt vom Kalten Krieg und Staatssozialismus. Von der ursprünglichen jüdischen, polnischen und ukrainischen Bevölkerung blieben lediglich die Ukrainer, die nicht wie die Polen vertrieben oder wie die Juden ermordet wurden, übrig. Die unzähligen Male, bei denen Ostgalizien den Besitzer gewechselt hatte, waren nicht spurlos an der Region vorübergegangen. Das Vielvölkergemisch unter dem Habsburger Doppeladler war Geschichte.

Chocimierz ist der Ort, in dem Littman 1879 im Haus Nr. 255 geboren wurde und mit seinen Geschwistern Isak, Marie und Rosa unter der Obhut ihrer Mutter Sossi aufwuchs, während ihr Vater Benjamin Wolf als Branntweiner für das Einkommen der Familie sorgte. Das heutige Chotymyr ist eine kleine Ortschaft entlang der von Schlaglöchern übersäten Landstraße nach Obertyn. Es befindet sich in den Ausläufern der Karpaten und hat knapp 1000 Einwohner. Kleine Häuser und eingezäunte Gemüse- und Obstgärten liegen zu beiden Seiten der Straße. Einige Häuser sind aus Holz und dürften etwas älter sein. Wie in den meisten kleinen Orten der Westukraine leben die Menschen in bescheidenen Umständen von Landwirtschaft und Handwerk. Nennenswerte Geschichtsquellen zu Chotymyr und seinen einst drei Volksgruppen existieren kaum und auf den ersten Blick scheint nichts darauf hinzudeuten, dass in diesem Ort bis 1945 neben Ukrainern auch Polen und Juden lebten.

In den Weiten Osteuropas, wo während des Zweiten Weltkriegs das jüdische Leben von den Nazis ausgelöscht wurde, existiert – bedingt durch das Verdrängen der Erinnerung an die jüdischen Opfer durch den Kommunismus und das Schweigen der Menschen nach dem Fall des Eisernen Vorhangs – kaum eine Form der Erinnerung. Es sind die verwaisten, oftmals zugewachsenen jüdischen Friedhöfe und einige wenige Denkmäler von Massenhinrichtungsstätten von Juden, die wie mahnende Zeigefinger in der Landschaft auf das ehemalige blühende jüdische Leben hinweisen. Aus dem Internet sind mir die Koordinaten des etwas außerhalb des Ortes gelegenen Friedhofes bekannt. Ein freundlicher Dorfbewohner steigt zu uns und unseren ukrainischen Begleitern ins Auto, um uns zum Friedhof zu führen. Jedoch weist er daraufhin, dass es nicht mehr viel zu sehen gibt. Ein Feldweg führt zwischen Wiesen und Feldern vom Ort zur Stelle, an der sich die Begräbnisstätte befindet. Die Meinung des Ukrainers, dass sich der Friedhof in einem sehr schlechten Zustand befindet, bestätigt sich und übertrifft unsere Befürchtung. Zwischen einigen Büschen und dem hochgewachsenen Gras können wir auf der leicht abschüssigen Wiese lediglich die Reste von zwei Grabsteinen ausmachen. Nur mit etwas Fantasie sind auf dem einen hebräische Schriftzeichen zu erkennen. Die restlichen Grabsteine sind stark überwachsen oder liegen unter der Erde, so auch mutmaßlich der Grabstein von Littman Merls Vater Benjamin Wolf Oster, dessen Todesjahr und Sterbeort unbekannt sind, da seine Sterbematrik nicht erhalten ist.

An der Bundesstraße in der Nähe des jüdischen Friedhofs befindet sich die Ruine einer polnischen Kirche aus dem 17. Jahrhundert. Sie ist umgeben von einem Baum, Sträuchern, Büschen und hohem Gras und befindet sich in einem bedauernswerten Zustand. Der Verputz ist großteils heruntergeblättert, das Dach eingestürzt und im Kircheninneren liegen Schutt und Teile des Daches. Rechts des Holztors, das der Eingang gewesen sein muss, liegt ein kleiner Haufen Ziegel. An den Außenwänden oberhalb des Eingangstores erkennen wir Einschusslöcher. Der Dorfbewohner erklärt uns, dass die polnische Kirche während des Zweiten Weltkriegs Schauplatz von Kampfhandlungen war. Ob hier die Wehrmacht gegen die Rote Armee oder polnische, ukrainische oder jüdische Partisanen gegen die Deutschen kämpften, lässt er offen. Neben dem jüdischen Friedhof haben wir hier ein weiteres Zeugnis aus jener Zeit, als Polen, Juden und Ukrainer unter österreichischer Herrschaft in diesem Nest in einem der entlegensten Winkel der Monarchie zusammenlebten, gefunden. Juden, wie die Familie Oster, die den jüdischen Friedhof besuchten, passierten auf ihrem Weg dorthin die Kirche ihrer polnischen Nachbarn.

Der Weg nach Obertyn macht deutlich, warum die Ukraine Kornkammer Europas genannt wird. Sonnenblumen- und Maisfelder erstrecken sich kilometerlang nach Osten und Westen. Dies muss um die Jahrhundertwende in kleinerem Ausmaß im agrarisch geprägten Galizien ähnlich gewesen sein, als vor allem polnische Bauern die Felder bewirtschafteten. Heute sind es ausschließlich ukrainische Bauern, die neben dem Verkauf im eigenen Land ihre landwirtschaftlichen Erzeugnisse in die Europäische Union exportieren. Das nur etwas mehr als acht Kilometer entfernte Obertyn ist mit 3000 Einwohnern wenig größer als Chotymyr, aber genauso verschlafen wie der Nachbarort. Abgesehen von einigen älteren Wohnhäusern und dem Friedhof, an dem sich neben ukrainischen auch polnische Gräber befinden, existieren keine nennenswerten Bauten aus vorsowjetischer Zeit. In einer Quelle[14] zu Obertyn heißt es, dass der Ort zur Zeit der Habsburgermonarchie in Ostgalizien wenig schmeichelhaft als Stadt der Pferdehändler und Diebe galt. Irgendwo in diesem Ort stand das Haus Nr. 576, in dem Sara Merl geboren wurde und mit ihren Schwestern aufwuchs, während ihr Vater Juda Goldberg als Gelbgießer seine Frau Lea und die gemeinsamen Töchter erhielt. Wir besichtigen den jüdischen Friedhof des Ortes. Tatsächlich befindet er sich nicht mehr an seiner ursprünglichen Stelle, denn auf dieser wurde nach seiner Zerstörung im Zweiten Weltkrieg von den Sowjets eine Kolchose, ein landwirtschaftlicher Großbetrieb, errichtet. Das Fundament einer Scheune bildeten jüdische Grabsteine. Vor einigen Jahren initiierte ein lokaler uk-

Friedhof Obertyn, ©Pascal Merl

rainischer Geschäftsmann den Abriss der Scheune und eine Neuerrichtung des jüdischen Friedhofs. Ungefähr 70 Grabsteine und Fragmente aus den Jahren 1738 bis 1925 konnten so gerettet werden. Die Brüche in den Steinen und hebräischen Inschriften machen es unmöglich, die Namen von Lea Ellenberg und Rifka Oster, Littman Merls Schwester, zu erkennen, die in Obertyn begraben wurden. Auch Juda Goldberg, der angeblich während des Ersten Weltkriegs von den Russen getötet wurde, dürfte in Obertyn seine letzte Ruhe gefunden haben. Der Friedhof gedenkt nicht nur der in Obertyn Begrabenen, sondern auch der 2000 Obertyner Juden, die während des Zweiten Weltkriegs den Massenerschießungen der Nazis zum Opfer fielen. *Möge ihr Andenken zum Segen sein*, heißt es auf dem Schild am Eingang des Friedhofs.

Der Besuch der beiden Orte vermittelt einen Eindruck dieser Gegend, die sich von ihrer Atmosphäre und ihren Perspektiven her wenig verändert haben muss. Bereits vor der Jahrhundertwende lebten die Menschen vom Handwerk und der Landwirtschaft. Wollte man jedoch mehr aus sich machen, blieb einem nur die Emigration als Ausweg aus der Provinztristesse. Es ist gut nachvollziehbar, warum ein Jude wie Littman sein bescheidenes Leben als Sohn eines Branntweiners zurückließ, um in Wien mit seiner aus dem Nachbarort stammenden Frau Sara eine Familie zu gründen.

Die Urkatastrophe

Im Sommer 1911 erkrankte Tochter Lili an Lungenentzündung. Sie wurde im Sankt-Anna-Kinderspital im 9. Bezirk, dem ältesten Kinderspital Österreichs, behandelt. Am 13. August um neun Uhr früh erlag die *Hausiererstochter* ihrer Erkrankung. Nach den Jahren der Verbesserung der Lebensumstände und der Perspektiven für die Zukunft sowie des stetigen Familienzuwachses muss dies ein schlimmer Verlust für die Eltern gewesen sein. An die Schwester Lili gab es von Seiten ihrer Geschwister in späteren Rückblicken keine Erinnerungen. Lediglich das Familienfoto und ihr Grab erinnern an die Erstgeborene.

> Im Frühling 2014 besuche ich erstmals Lilis Grab am Wiener Zentralfriedhof. Es befindet sich am alten jüdischen Friedhof, der von der jüdischen Gemeinde von 1877 bis 1916 für Beerdigungen genutzt wurde. Fast so, als wollte mir der alte Friedhof den Besuch erschweren, muss ich mich lange bemühen, das Grab zu finden. Nummern- und Reihenangaben gibt es nur teilweise. Mehr als 100 Jahre nach Lilis Beerdigung hat die Natur Teile des Friedhofs zurückerobert. Gräber sind überwachsen und deren Grabsteine umgestürzt. Zwischen Büschen und Bäumen ist Lebensraum von Tieren entstanden. In einiger Entfernung hoppelt ein Hase davon. Nach längerem Suchen finde ich schließlich Lilis Grab inmitten eines kleinen Waldstücks. Es liegt fast idyllisch zwischen Bäumen. Das Gras steht bereits sehr hoch. Ob das im Sommer 1911 ebenfalls bereits ein Wald war? Es fällt mir schwer, das zu glauben. Anders als im Christentum ist es

> im Judentum nicht Brauch, die Gräber der Verstorbenen zu pflegen. Auch regelmäßige Friedhofsbesuche haben unter Juden keine Tradition. Weit und breit sehe ich keinen einzigen Besucher. Wer sollte hierherkommen? Seit 1916 finden keine Begräbnisse statt. Die Nachfahren der hier Bestatteten sind zwischen 1938 und 1945 großteils vertrieben oder ermordet worden. Lediglich eine Handvoll in alle Welt zerstreuter Nachfahren oder Besucher, die die Atmosphäre des Friedhofs erleben wollen, findet sich hier ein.

Wenige Monate nach Lilis Tod wurde Sara schwanger und gebar exakt sieben Jahre nach der Geburt von Wilhelm wieder einen Sohn. Der Bub erhielt den Namen Hermann. Dem zweiten Buben folgte am 14. September 1913 ein viertes Mädchen, das den Namen Rosa bekam. Mit nunmehr fünf Kleinkindern gehörte die Familie Merl zu den traditionell kinderreichen jüdischen Familien Galiziens in Wien, von denen die meisten in Armut lebten.

Saras älteste Schwester Chaje Feige, die elf Jahre älter war, trug im Gegensatz zu Sara den Nachnamen Goldberg. Wie viele Juden führte sie mit Fanny neben ihrem Geburtsnamen einen eingedeutschten Namen. Chaje Feige war verheiratet gewesen, aber da ihr Gatte bald verstorben war, war die Ehe kinderlos geblieben. Als Witwe lebte sie in Schaffa im Kronland Mähren, lediglich einen Steinwurf von der innermonarchischen Grenze zum Erzherzogtum unter der Enns, Niederösterreich, entfernt. Die Industrialisierung und Urbanisierung hatte Mähren zu einem

Chaje Feige Goldberg, Besitzer Pascal Merl

der reichsten und fortschrittlichsten Kronländer gemacht und zog viele Zuwanderer aus Galizien an. Die Ortschaft Schaffa hatte knapp 800 Einwohner, wovon ein Großteil jüdischen Glaubens war. Chaje Feige führte bei einem jüdischen Kaufmann namens Kohn den Haushalt. Dessen Sohn hatte sie für diese Arbeit engagiert, da sein Vater schon alt war und sie sich um ihn kümmern sollte. Der Kaufmann Kohn besaß einen Bauernhof, in dem sogar Milch und Butter produziert wurden. Da für Chaje Feige der Kinderwunsch unerfüllt geblieben war, bat sie ihre jüngere Schwester Sara, eines ihrer Kinder aufziehen zu können. Sara und Littman willigten ein und übergaben die zwei Jahre alte Jetti der Obhut Chaje Feiges. So verbrachte Jetti ihre weiteren Lebensjahre bei ihrer Tante in Schaffa. Obwohl sie von ihren Eltern und Geschwistern getrennt war, genoss sie es, bei der Tante zu sein. Des Öfteren besuchten Tante und Nichte die Familie Merl im 100 Kilometer entfernten Wien, um einige Tage zu bleiben.

Die Ermordung des österreichischen Thronfolgers Franz Ferdinand und seiner Frau Sophie in Sarajevo am 28. Juni 1914 und die folgende Kriegserklärung Österreichs an den südlichen Nachbarn Serbien sollte die alte Ordnung Europas aus den Angeln heben. Kriegserklärung folgte auf Kriegserklärung. Der Begeisterung der Massen für den Krieg, in dem man es dem Feind ordentlich heimzahlen werde, schlossen sich auch Österreichs Juden an. Für sie war nun endlich als einzige transnationale Gruppe der Monarchie der Zeitpunkt gekommen, ihre Treue zu Kaiser Franz Joseph unter Beweis zu stellen, denn dieser hatte die Religionsfreiheit eingeführt und sich öffentlich gegen den politischen Antisemitismus geäußert. Rund 300.000 jüdische Soldaten sollten für Österreich-Ungarn in den Krieg ziehen. Die Militärbehörden setzten Feldrabbiner, die für die seelsorgliche Betreuung der Soldaten sorgten, ein und organisierten koscheres Essen. Hingegen schreibt Joseph Roth den generell ärmeren und orthodoxeren Ostjuden Angst und eine ablehnende Einstellung gegenüber dem Militär und jeder Form von gewalttätiger Auseinandersetzung zu:

Sie wollten nicht in den Krieg ziehen und fallen. Ihre Vernunft war immer wach und rechnete. (...) Ihre Frömmigkeit unterstützte die Überlegung. Es war nicht nur dumm für einen Kaiser (...) zu ster-

ben, es war auch eine Sünde, fern von der Thora und entgegen ihren Geboten zu leben. Eine Sünde Schweinefleisch zu essen. Am Sabbat eine Waffe zu tragen. Zu exerzieren. Gegen einen unschuldigen, fremden Menschen, geschweige denn das Schwert zu erheben.[15]

Dies traf sicher auf einige der ärmeren, orthodoxen Juden, darunter auch meinen Ururgroßvater, zu. Mein Großvater Harry, der Littman noch als Kind erlebte, erzählte mir oft, dass sich dieser nach dem Krieg im Kreise seiner Familie rühmte, während der Kämpfe in die Luft gefeuert zu haben. In einer seiner Notizen aus den 80er-Jahren schreibt er, dass sein Großvater bereits vor dem Krieg gelobt hatte, niemals auf einen Menschen zu schießen. Littman Merl ließ sich also definitiv nicht zu der patriotischen Hochstimmung der Wiener um den Krieg hinreißen. Ich kann nicht mit Gewissheit sagen, warum er im Gegensatz zu seinen Landsleuten dem drohenden Krieg ablehnend gegenüberstand. Von seinen späteren Jahren, als er schon Enkelkinder hatte, weiß ich, dass er seine Religion ausübte. Sein Glaube muss in seinen Überlegungen bereits eine Rolle gespielt haben, denn als gläubiger Jude riskierte er, gegen die Gesetze der Thora zu verstoßen, wenn er am Sabbat kämpfte und auf feindliche Soldaten schoss. Überdies führte sicher auch die Sorge um die Familie und seinen Kaufmannsladen zu seiner ablehnenden Haltung. Als volljähriger, gesunder, männlicher Bürger konnte er sich jedoch dem Einzug zur Armee nicht entziehen. Mit 36 Jahren war er nicht mehr ganz jung und hatte eine Familie. Littman wurde auf seine Tauglichkeit gemustert und – obwohl er seit 20 Jahren in Wien lebte – aufgrund des Heimatrechtsgesetzes im November 1915 nach Galizien beordert, da es die Gemeinde Obertyn war, die seinen Heimatschein ausgestellt hatte. Denn dem Heimatschein nach galt Littman als Bürger des Kronlands Galizien, obgleich er nach zehn Jahren berechtigt gewesen wäre, das Heimatrecht seines Wohnorts Wien zu beantragen. Zurück in seiner alten Heimat wurde er als Infanterist der dritten Kompanie des 1763 errichteten galizischen k.u.k. Infanterieregiments Erzherzog Ludwig Salvator Nr. 58 zugeteilt. Es war dem Großverband des XI. Korps mit Sitz in Lemberg, das für die Bereiche Ostgalizien und Bukowina zuständig war, unterstellt. Einsatzgebiet des Infanterieregiments Nr. 58 war das Ergänzungsbezirk-Kommando Stanislau, polnisch Stanislaw. Die damals gleichnamige Kleinstadt heißt heute Iwano-Frankiwsk. Sie befindet sich rund 130 Kilometer südöstlich von Lemberg und war Sitz des Stabs rund um den Kommandanten Oberst Johann Konschegg. Lediglich 40 Kilometer weiter südöstlich entfernt liegt Littmans Geburtsort Chocimierz. Über Lemberg muss er mit der Lemberg-Czernowitzer Eisenbahn in das Einsatzgebiet seiner Truppe gereist sein. Mit 80 Prozent bildeten die Ukrainer die große Mehrheit des Infanterieregiments Erzherzog Ludwig Salvator Nr. 58, jedoch war die Regimentssprache Polnisch. Die Ukrainer wurden während des Krieges oft verdächtigt, mit Russland zu sympathisieren, und bei kleinsten Vergehen hingerichtet. Vielleicht hatte mein Urgroßvater in der von Ukrainern dominierten, aber auch mit Polen und Juden besetzten Truppe, die von einem Österreicher kommandiert wurde, Verständigungsprobleme. Diese Einheit war typisch für die k.u.k. Armee: multikulturell, mehrsprachig und multikonfessionell.

Ich frage mich, mit welchen Gefühlen mein Urgroßvater in die alte Heimat zurückfuhr, um diese als Auswanderer gegen russische Angriffe zu verteidigen. Was wusste er über den Alltag an der Front, die Gefangennahmen zahlreicher österreichisch-ungarischer Soldaten durch die russische Armee und das Sterben in den Schützengräben? Die österreichische Kriegspropaganda versuchte, den unglücklichen Kriegsverlauf zu verschleiern, und schlachtete die mühsam errungenen Siege der k.u.k. Armee aus, um die Menschen weiterhin auf den Krieg einzuschwören. Jedoch machte sich in der Bevölkerung nach der ersten Kriegseuphorie langsam Ernüchterung breit, nachdem sich Gerüchte und Erzählungen über verwundete, gefangene und getötete Soldaten verbreiteten. Galizien hatte Littman vermutlich zuletzt vor 1910 anlässlich eines Besuchs bei seinen Eltern bereist. Ob er noch Verwandte oder Bekannte in der Gegend hatte? Zu seinem Ergehen als Infanterist an der Ostfront ist in den Erzählungen und Aufzeichnungen meiner Familie nichts überliefert. Ob und wie es ihm tatsächlich unerkannt gelang, anstatt auf feindliche russische Soldaten in die Luft zu feuern, liegt im Dunkeln.

In den vier Jahren des Weltkriegs war Wien das militärische Logistikzentrum. Knapp die Hälfte der Wiener Schulen wurde für militärische Zwecke gemietet. Die Produktion von Lebensmitteln, Fahrzeugen und Waffen wurde der Versorgung der k.u.k. Armee untergeordnet. All dies geschah zu Lasten der Wiener Bevölkerung, vor allem der Frauen, auf denen während der Abwesenheit der Männer die alleinige Verantwortung für die Versorgung der Kinder und den Haushalt lag. Viele ergriffen erstmals Berufe oder übernahmen die Arbeitsstelle der Ehemänner. Im Volksmund nannte man die Frauen die Armee im Hinterland. Durch die Blockade der Alliierten und die gestörten Warenflüsse kam es zu Teuerungen und Knappheit von Lebensmitteln. Auch Littmans Kaufmannsladen muss von den Teuerungen und der Knappheit betroffen gewesen sein. Die Warteschlangen vor den Geschäften bildeten sich oft bereits am Vorabend, um in der Früh nach der Öffnung Lebensmittel kaufen zu können. Aus Frust und Ärger über das lange und oft vergebliche Warten kam es häufig zu Ausschreitungen, bei denen die Polizei gewaltsam einschreiten musste.

Nach Littmans Einberufung zur Armee zog die Familie Merl aus der Wohnung in der Stuwerstraße aus. Saras Schwiegermutter Sossi übersiedelte zu ihrem älteren Sohn Isak in dessen Wohnung im Bezirk Floridsdorf und im März 1916 nach Schaffa zu Chaje Feige, Saras älterer Schwester. Sara übernahm von Littman den Kaufmannsladen. Mit Fortdauer des Krieges und der Abwesenheit ihres Mannes wurde ihr jedoch die alleinige Führung des Geschäfts neben der Alleinerziehung der Kinder zu einer zu großen Last. So entschloss sie sich, das Geschäft aufzugeben und zu verkaufen. Anfang August 1916 besuchte sie mit ihren Kindern ihre Schwester Chaje Feige in Schaffa, um bei ihr bis zur Rückkehr ihres Mannes zu bleiben und gemeinsam für die Kinder zu sorgen. Knappheit und Teuerung der Lebensmittel waren am Land weniger zu spüren. Regelmäßig fuhren Wiener ins Umland, um sich bei Bauern mit Lebensmitteln zu versorgen. Das Packen und die Reise nach Schaffa erlebte Sara als sehr strapaziös, da es ein heißer Sommertag war und sie überfordert war, auf ihre Kinder, insbesondere die Kleineren, Hermann und Rosa, aufzupassen. Wahrscheinlich fuhren meine Ururgroßmutter und ihre Kinder die Strecke vom Wiener Nordwestbahnhof in der Brigittenau mit der Nordwestbahn ins nördlich von Schaffa gelegene Schönwald, um von dort mit einem Pferdefuhrwerk die kurze Strecke ins nahe gelegene Schaffa zurückzulegen. Als sie am Bauernhof des Kaufmanns Kohn ankamen, bat die überhitzte Sara um kaltes Wasser, um ihren Durst zu stillen, und fing an zu husten und zu husten. Trotz der Maßnahmen ihrer älteren Schwester verschlimmerte sich das Husten immer mehr. Während des Aufenthalts der Familie auf dem Bauernhof kam eines Tages ein Briefträger, der ein Telegramm aus Mährisch-Ostrau, tschechisch Ostrava, überbrachte. Als die geschwächte Sara das Telegramm las, fiel sie in Ohnmacht und lag bewusstlos auf dem Boden. Das Telegramm enthielt die Botschaft, dass ihr Gatte Littman verwundet worden war, wie das k.u.k. Kriegsministerium mittels *Verlustliste Nr. 449* über die gefallenen, verwundeten oder kriegsgefangenen Soldaten vom 7. August 1916 bekanntgab. Er wurde im Zuge der mehrmonatigen Brussilow-Offensive verletzt, als die von General Alexei Brussilow angeführten Russen in Galizien, der Bukowina und Wolhynien den österreichischen Truppen hohe Verluste an Soldaten und Gebieten zufügten. Angaben zu seiner Verwundung wurden keine gemacht. Ich bin sicher, dass das Telegramm ähnlich knapp formuliert war wie der Eintrag auf der Verlustliste: *Littmann Merl, Inft., IR Nr. 58, 3. Komp., Galizien,*

Tlumacz, Chocimierz, 1879; verw.[16] Mehr Angaben zum Grad der Verwundung und die Mitteilung, dass Littman bereits am Weg ins Lazarett war oder schon dort behandelt wurde, hätten nicht diesen Schock verursacht. Wer weiß, was die geschwächte Sara beim Lesen des Telegramms für Ängste um ihren Gatten durchlebt haben muss?

Der Anblick ihrer auf dem Boden liegenden Mutter muss bei den Kindern einen bleibenden, schockierenden Eindruck hinterlassen haben, von dem die Söhne Willi und Hermann später berichteten. Im von Hermanns Sohn Rod geführten Videointerview erzählte der damals knapp 90-Jährige bedrückt von diesem Eindruck: „Und das ist die einzige Erinnerung, die ich von meiner Mutter habe. Ich kann sie mir immer noch nicht bildlich vorstellen."[17] Das älteste Bild seiner Familie, und die einzige Abbildung seiner Mutter, das bis zu ihrem Lebensende im Besitz meiner Urgroßeltern war, dürfte er im Erwachsenenalter nie zu Gesicht bekommen haben, sodass Hermanns, aber auch Jettis bildliche Erinnerung der geliebten Mutter mit den Jahren schwächer und schwächer wurde. Die nun vollends erkrankte Sara wurde schließlich ohne Beisein ihrer Kinder nach Wien zurückgebracht und im Kaiser-Jubiläums-Spital im Bezirk Hietzing behandelt. Sara war an Lungenschwindsucht, wie man im Volksmund die Tuberkulose nannte, erkrankt. Tuberkulose war in Wien eine sehr verbreitete Lungenkrankheit, sodass man sie sogar als Wiener Krankheit bezeichnete. Die mangelnde Hygiene in den Armenvierteln begünstigte die Erkrankung. Ich denke, dass die dauerhafte Belastung durch

Saras Sorge um ihren Gatten an der Front, die Alleinerziehung der Kinder und die Aufgabe des Kaufmannsladens zu einer Schwächung ihres Immunsystems führten und ihr Körper der Tuberkulose wenig entgegenzusetzen hatte. Sie war bereits krank, als sie in Schaffa ankam. Der Schock, den Sara beim Lesen des Telegramms erlitt, führte zum vollen Ausbrechen der Erkrankung. Typische Symptome dieser Infektionskrankheit sind Husten, von dem Sara geplagt wurde, aber auch Fieber und Gewichtsabnahme. Tuberkulose war während des Ersten Weltkriegs in Wien die größte epidemiologische Bedrohung, an der überproportional viele Frauen, die die Hauptlast des Krieges im Hinterland trugen, erkrankten. Gepflegt wurde Sara von einer Schwester, die von der Kongregation der Schwestern vom 3. Orden des heiligen Franz von Assisi in Wien gestellt wurde. Bedingt durch den Mangel an Medikamenten und die Überlastung der Gesundheitseinrichtungen durch den fortwährenden Krieg waren die hygienischen Zustände im Spital katastrophal. Wie die Tante Chaje Feige später den Kindern erzählte, wurde Saras Bettwäsche nie gewechselt. Sie ließen sie eine Woche liegen, sodass sich ihre Haut ablöste, weil sie sich an der gebrauchten Bettwäsche wund scheuerte. Jetti unterstellte später gar dem Spitalspersonal, ihre Mutter schlechter behandelt zu haben, da sie Jüdin war. Mehr als einen Monat nach dem Schock und ihrer Erkrankung in Schaffa starb Sara am 26. September 1916 um drei Uhr früh, sodass sich Chaje Feige, die sich bereits während Saras Spitalsaufenthalt um die Kinder kümmerte, entschloss, bei ihren Nichten und Neffen zu bleiben und auf sie aufzupassen.

In der Zwischenzeit war Littman in ein Lazarett gebracht worden. Er hatte im Kampf im russischen Kugelfeuer Durchschüsse an beiden Kniegelenken erlitten. Man verständigte ihn vom Tod seiner Frau, woraufhin Littman das Lazarett verließ und auf Krücken zu Saras Begräbnis am alten jüdischen Friedhof kam. Er hatte sie seit seiner Einberufung zur Armee nicht mehr gesehen. Mit dem Ableben der Mutter spürte mein Urgroßvater Willi eine große Verantwortung für seine vier jüngeren Geschwister. Als einziges der Kinder nahm er am Begräbnis teil. Offensichtlich hielt man es für besser, den Jüngeren die Beisetzung ihrer Mutter nicht zuzumuten.

Auf Saras Grabstein am alten jüdischen Friedhof findet sich folgende hebräische Inschrift:

Hier ist begraben
bescheidene Frau
Sara Tochter von Jehuda
1916, 26. des Elul
Ihre Seele sei eingebunden in das Bündel des Lebens!

Elul ist der zwölfte und letzte Monat des bürgerlichen jüdischen Kalenders und der sechste des religiösen jüdischen Kalenders nach der Zählung im jüdischen Kalender. Er hat 29 Tage und fällt im gregorianischen Kalender in die Zeit von August und September. Der Segenswunsch der letzten Zeile stammt aus dem 1. Buch Samuel des Tanach, der hebräischen Bibel, und findet sich auf vielen jüdischen Grabsteinen.

Sara Merls Grabstein,
© Colin Merl

Der hebräischen folgt eine deutsche Inschrift, die den großen Verlust für die Familie inmitten der Wirren des Krieges bezeugt:

Hier ruht die beste Gattin
und aufopferungsvollste Mutter
Frau
Sarah Merl
gest. 16. September 1916
im 33. Lebensjahre
tief betrauert von ihrem
Gatten und fünf Kindern.

Ich bin sicher, dass die Inschrift auf Littmans Wunsch hin so formuliert wurde. Merkwürdig ist, dass Sara (und nicht Sarah) entgegen der Inschrift damals bereits das 36. Lebensjahr erreicht hatte. Zudem starb die *Hausierersgattin* laut der Sterbematrik der Kultusgemeinde in Wien am 26. September und wurde am 29. September beerdigt.

Nach Saras Begräbnis kehrte Littman ins Lazarett zurück. Ich bezweifle, dass er als Invalide an die Front zurückgeschickt wurde. Ob er innerhalb des Heeres bis Kriegsende im November 1918 eine andere Funktion innehatte und wann er entlassen wurde, ist mir nicht bekannt. In Wien gemeldet war er bis Herbst 1918 nicht.

Als ich im August 2020, 104 Jahre nach dem frühen Tod von Sara Merl, das nunmehr tschechische Šafov besichtige, muss ich an Jettis Erinnerung an ihre frühe Kindheit bei ihrer Tante Fanny denken. Šafov ist ein kleiner Ort mit einem hübschen Dorfplatz und umgeben von zahlreichen Feldern. Schön restaurierte kleine Häuser und Bauernhöfe reihen sich an die Straßen. Eine Einwohnerin grüßt freundlich mit Dobrý den, Tschechisch für *Guten Tag.* Deutsch wird seit der Vertreibung und Ermordung der Juden und Deutschen während des Zweiten Weltkriegs von den rund 150 Einwohnern nicht gesprochen.

Die beschauliche Stimmung an diesem heißen Augusttag lässt erahnen, dass sich Jetti auf dem großen Bauernhof sehr wohlfühlte, wie sie später berichtete. Im Gegensatz zum Leben mit der Großfamilie in der Leopoldstadt muss sie in Schaffa die angenehme Atmosphäre auf dem Bauernhof geschätzt haben. Womöglich hatte der Kaufmann Kohn eine große Familie, denn auf dem etwas außerhalb des Dorfes gelegenen jüdischen Friedhof, dem einzigen Zeugnis der Juden Schaffas, sind zwei Mitglieder einer Familie Kohn begraben. Als ich den Marktplatz entlangschreite, betrachte ich die Häuser. Hier irgendwo im Dorf muss das Haus stehen, in dem Mutter Sara die Nachricht von der Verwundung ihres Mannes erhielt, woraufhin sie in Ohnmacht fiel und zum Entsetzen ihrer Kinder regungslos auf dem Boden lag. Fern von den Kampfhandlungen der Ostfront griff die Urkatastrophe des 20. Jahrhunderts in diesem Provinznest erbarmungslos in die Familiengeschichte ein.

Armut

Kriegsinvalide Soldaten wie Littman kehrten mit dem Zusammenbruch der Monarchie zu Tausenden zurück von der Front oder aus der Kriegsgefangenschaft. Bis auf sein Selbstlob, nie auf einen Russen gefeuert zu haben, äußerte sich der Witwer wahrscheinlich kaum über den zermürbenden Alltag im Schützengraben, das grausame Massensterben junger Männer und die brutale Kälte Osteuropas. Die Heimkehrer mussten im neuen Staat Österreich unter den schwierigen Bedingungen der Nachkriegszeit für sich und ihre Familien sorgen. Armut, Hunger, Inflation und Massenarbeitslosigkeit erschwerten die Rückkehr in ein normales Leben. Für Erzählungen von den Kriegserlebnissen war kein Platz. Littman hatte fünf Kinder zu versorgen, zudem musste er sich um ein regelmäßiges Einkommen kümmern. Der Vater zog mit seiner Familie in eine Souterrainwohnung in der Wehlistraße 218 im Bezirk Leopoldstadt. Laut dem Wiener Meldeamt war Littman hier seit dem 12. November 1918 gemeldet. Einen Tag zuvor hatte Kaiser Karl I. als Nachfolger des 1916 verstorbenen Franz Joseph auf jeden Anteil an den Staatsgeschäften verzichtet und der Waffenstillstand von Compiègne zwischen dem Deutschen Reich und den beiden Westmächten Großbritannien und Frankreich war geschlossen worden, um die Kampfhandlungen im Ersten Weltkrieg zu beenden. Bereits seit dem 21. Oktober tagte die Provisorische Nationalversammlung für Deutschösterreich als erstes Parlament des Staates und gab just am 12. November vor dem Parlamentsgebäude in Wien die Ausrufung der Republik Deutschösterreich bekannt. Sie erließ zunächst eine provisorische Verfassung, auf deren Basis das deutschösterreichische Staatsbürgerrecht entstand. Nach diesem kam allen Personen, die zur Zeit der Kundmachung des Gesetzes in einer Gemeinde der Deutschösterreichischen Republik heimatberechtigt waren, die deutschösterreichische Staatsbürgerschaft zu. Durch die Erklärung, der Republik als getreue Staatsbürger angehören zu wollen, konnten auch Personen, die mindestens seit 1914 ihren Wohnsitz in Deutschösterreich hatten, die Staatsbürgerschaft beantragen. Littman wurde somit zu einem deutschösterreichischen und später österreichischen Staatsbürger. Auch Personen, die erst nach 1914 ihren Wohnsitz verlegten hatten, konnten die Staatsbürgerschaft des neuen Staates erwerben. Ausgenommen waren Heimatberechtigte in Dalmatien, Istrien und Galizien. Chaje Feige Goldberg, die zum damaligen Zeitpunkt noch in Obertyn heimatberechtigt war, wurde polnische Staatsbürgerin, da Galizien dem neuen Staat Polen zugeschlagen wurde.

Neben dem Familienvater, seiner Mutter Sossi und den fünf Kindern zogen auch Tante Fanny und der alte Kaufmann Kohn in die Souterrainwohnung. Vielleicht hatte dessen Sohn Chaje Feige gebeten, sich um den Vater in Wien zu kümmern, da er den Bauernhof in Schaffa übernommen oder verkauft hatte. Wie lange er bei der Familie bis zu seinem Tod in der Wohnung lebte, konnte ich nicht herausfinden. Wahrscheinlich muss die Miete der Souterrainwohnung sehr niedrig gewesen sein, da Passanten von der Straße in diese Wohnungen blicken konnten und die Lichtverhältnisse aufgrund des mangelnden Tageslichts schlecht waren. Sie bestand aus einem Zimmer, einer Küche und einem Vorzimmer, das in den Hof des Gebäudes hinausführte.

Littman Merl,
Besitzer Harry Merl

Wie es fünf Kinder und vier Erwachsene schafften, auf engstem Raum zusammenzuleben, kann ich mir schwer vorstellen und erscheint mir heute unglaublich. „Ich sage es dir. Wir waren eine ziemlich große Familie",[18] meinte Jetti später lapidar, um die für sie als Kind als normal empfundene Tatsache zu betonen.

Der Krieg, den Littman zu keinem Zeitpunkt als Soldat der k.u.k. Armee befürwortet hatte, hatte ihn sowohl gesundheitlich als auch wirtschaftlich ruiniert. Er versuchte, abermals einen Kaufmannsladen aufzubauen, scheiterte jedoch aufgrund mangelnder finanzieller Mittel. Als Kriegsbeschädigter hatte Littman Anspruch auf Unterstützung durch das Invalidenamt der Stadt

Littman Merl und sein Kanditenstand, Besitzer Harry Merl

Wien, das für die Versorgung und Betreuung der Kriegsbeschädigten eingerichtet worden war. Ziel war es, die Männer in den Arbeitsmarkt zu reintegrieren. Um Littman eine Rückkehr ins Berufsleben zu ermöglichen, erhielt er einen Süßwarenstand, im Wiener Volksmund auch als Kanditenstand bezeichnet. An diesem verkaufte er am Praterstern und im Prater Mandeln. Es existiert ein Foto von ihm als Verkäufer bei seinem Stand im Prater.

Ich würde es ungefähr auf das Jahr 1930 datieren, da Littman im Vergleich zu den früheren Aufnahmen merklich älter wirkt. Er blickt sehr zufrieden, ja mit verschmitztem Blick, in dem etwas Stolz mitschwingt, den Fotografen an. Der stattliche Schnurrbart aus jüngeren Jahren ist abrasiert. Der Anzug und die Schiebermütze deuten darauf hin, dass er Wert auf ein gepflegtes Äußeres bei seiner Arbeit legte. Eine Postkarte vom Wiener Riesenrad zeigt, dass das Foto direkt am Eingang zum Prater aufgenommen wurde. Dieser Bereich, den Besucher vom Verkehrsknotenpunkt Praterstern erreichten, wurde Kaisergarten genannt. Die leuchtenden Aufschriften *Hochschaubahn, Wasserbahn, Bootfahrt und Riesenrad* sollten die Massen, die sich im Wurstelprater amüsieren wollten, anlocken. Bevor sie die metallenen Tore dieser Welt des Spaßes und der Unterhaltung durchschritten, versorgten sich die Besucher bei meinem Ururgroßvater Littman mit Mandeln, die sie genüsslich verzehrten. Das Riesenrad war nicht die einzige große Attraktion. Im Hintergrund des Fotos befindet sich ein von einer Lichterkette geschmückter Bergkegel der Hochschaubahn, eine Holzachterbahn, die seit 1909 Bestandteil des Praters war und 1944 wahrscheinlich wegen eines Kurzschlusses abbrannte.

Ich frage mich, was Littman trotz seines geringen Einkommens dazu bewog, sich mit seinem Süßwarenstand und einem Kunden ablichten zu lassen. Da es von ihm weitere professionell aufgenommene Fotos gibt, könnte ich mir vorstellen, dass Vater Merl auf eine gewisse Repräsentation Wert legte. Entgegen den Lebensumständen wollte er sich vielleicht besser darstellen, als

Der Kaisergarten im Prater, Besitzer Pascal Merl

man anhand seiner Wohnstätte und seines Berufs annehmen könnte. Um zum Einkommen der Familie etwas beizusteuern, betrieb auch seine Schwägerin einen Süßwarenstand. Sie verkaufte ihre Ware in der Ausstellungsstraße. Trotz der Einnahmen des Familienvaters und der Tante lebte die Familie in Armut. Wenn die Hauptsaison im Prater vorbei war und weniger Passanten auf den Straßen unterwegs waren, müssen die Einkünfte der Familie gesunken sein. Nässe und Kälte waren in der sicher schlecht isolierten Souterrainwohnung spürbar. Diese Erfahrungen beeinflussten die Kinder noch bis ins hohe Alter. Hermanns Sohn Rod erzählte mir, dass sein Vater bis an sein Lebensende, als er bereits seit vielen Jahren als Arzt in Kalifornien lebte, besorgt war, wenn es zu Hause nicht genug zu essen gab. Er machte sich immer Sorgen um das Geld, da er nie ganz die Befürchtung ablegen konnte, dass es wie in der Zwischenkriegszeit wieder zu einer Wirtschaftskrise, zu Massenarbeitslosigkeit und Armut kommen könnte.

Familie Oster

Hingegen hatte Littmans älterer Bruder Isak ein regelmäßiges Einkommen. Er betrieb am Vorgartenmarkt einen Geflügelstand. Der Markt mit seinen Glashäusern, Mistbeeten und Ständen besteht seit 1912 und befindet sich in der Vorgartenstraße in der Leopoldstadt. Isak galt in der Familie Merl als der reiche Bruder. Littman pflegte seinem ältesten Sohn Wilhelm zu erzählen, dass er zwar öfters den Stand aufsuchte, aber Isaks Frau Laje Gittel den Kontakt der Brüder nicht wünsche, da Littman der arme Bruder war. Ob auch Littmans Frömmigkeit eine Rolle spielte? Der Umgang der beiden Brüder brach ab, sodass Littmans fünf Kinder ihre Cousine Valerie und ihre Cousins Siegfried und Heinrich kaum kannten.

Valerie Oster war seit 1916 Mutter eines Sohnes namens Harry. Der Vater ist in der Geburtsmatrik nicht angegeben. Sie heiratete 1922 in Stuttgart Emil Bofinger. Mutter und Sohn traten 1936 aus der Kultusgemeinde aus, woraufhin Valerie zum evangelischen Glauben übertrat. Bis 1938 war sie beim Film als Komparsin und Kleindarstellerin tätig. Zudem war sie Mitglied des Wiener Filmverbands.

Laut Wohnungsmeldung aus dem Jahr 1912 war ihr Bruder Siegfried Handelspraktikant. Kurz vor seinem achtzehnten Geburtstag wurde er im Mai 1916 nach Lemberg geschickt, um wie sein Onkel Littman für die k.u.k. Armee an der Ostfront gegen Russland zu kämpfen. Er überlebte den Krieg und kehrte im November 1918 nach Wien zurück. 1922 heiratete Siegfried im Pazmanitentempel im 2. Bezirk Etie Singer, die aus Stanislau in Galizien stammte. Gemeinsam führten sie eine Gemischtwarenhandlung in der Leopoldstadt, die sie im selben Jahr von Eties Eltern übernommen hatten. Die beiden waren Eltern einer Tochter namens Selma, geboren 1926.

Der Suizid eines befreundeten Nachbarn, der als Buchhalter während der Wirtschaftskrise und Massenarbeitslosigkeit der 30er-Jahre keine Arbeit fand und sich erhängt hatte, war ein schwerer Verlust für Siegfried. Auch die Niederschlagung der Aufstände bei den Februarkämpfen trug zu seinem depressiven Gemütszustand bei, denn er stammte aus einem sozialdemokratischen Elternhaus. Verschärft wurde seine Depression durch die Folgen der Wirtschaftskrise für sein Lebensmittelgeschäft. Kunden, die nicht bezahlen konnten, schrieben bei Siegfried und Etie an. Er lehnte eine Verpfändung der Leute ab, sodass die Familie nichts mehr einnahm. Dies war zu viel für Siegfried, der sich zwölf Tage nach seinem 36. Geburtstag am 13. Juni 1934 in einem Schuppen im Bezirk Hietzing das Leben durch Erhängen nahm. Um die Sensationslust der Leser zu befriedigen, scheuten sich die Journalisten mehrerer Zeitungen nicht, detailliert über den Toten zu schreiben und schließlich dessen Identität und Adresse bekannt zu geben. Die *Illustrierte Kronen-Zeitung* berichtete über den Fall und stellte Mutmaßungen zu dessen Herkunft an:

Wer ist der Tote? In der Glasauergasse 12 in Ober=St. Veit fand der Polizeirayoninspektor Rittinger in einem alten Heustadl die Leiche eines Mannes auf, der sich dort mit einer Drahtschlinge erhängt hatte. Der Tote, der etwa 35 bis 40 Jahre gewesen sein dürf-

te, hatte keinerlei Dokumente oder Abschiedsbriefe bei sich. Nach seiner Kleidung zu schließen, dürfte der Unglückliche den ärmeren Schichten angehören. Sein Barbesitz betrug 17 Schilling.[19]

Schließlich gab das *Neue Wiener Journal* am 15. Juni unter Nennung eines falschen Vornamens bekannt, dass die Ermittler festgestellt hatten, *(...) daß der Selbstmörder der 36jährige Kaufmann Friedrich* [sic!] *Oster, 2. Bezirk, Arnezhoferstraße 9, ist. Die Ursache der Tat ist unbekannt.*[20]

Lediglich durch Littman erfuhr mein Urgroßvater Willi vom Suizid seines Cousins Siegfried. Ich kann nicht sagen, wie gut Willi seinen Cousin bis zur Entfremdung der beiden Familien kannte. Wahrscheinlich um sich ein Andenken an Siegfried zu bewahren, ließen sich meine Urgroßeltern vom Matrikelamt der Kultusgemeinde dessen Geburts- und Sterbeurkunde ausstellen.

Siegfrieds Frau Etie betrieb die Gemischtwarenhandlung allein weiter und starb lediglich drei Jahre später im Maria-Theresien-Schlössel in Döbling, einer Heilanstalt für Nervenkranke. Die Witwe wurde unter dem Namen Adele im Grab ihres Mannes am neuen jüdischen Friedhof bestattet. Die schönen Inschriften *Friede seiner Asche* und *Im Tode vereint* schmücken das von Efeu umrankte Grab des Paares. Um die Tochter Selma kümmerte sich ihr Onkel aus der Verwandtschaft ihrer Mutter.

Heinrich, der Jüngste der Geschwister, war weder verheiratet noch hatte er Kinder. Offensichtlich dürfte er von seinem Vater den Geflügelstand übernommen oder mit diesem den Stand gemeinsam geführt haben, denn laut dem Wiener Adressbuch aus dem Jahr 1935 besaß er den Marktstand Nummer 26 in der Vorgartenstraße.

Weder Jetti noch Hermann erwähnten in den Videointerviews ihren Onkel Isak und dessen Familie. Jetti berichtete gar, ihr Vater habe zwei Schwestern gehabt, obwohl zeitweise Angehörige der Familie Oster in unmittelbarer Nachbarschaft zur Familie Merl im Stuwerviertel wohnten. Zu bestimmend muss ihre Tante Laje Gittel gewesen sein, die jeglichen Kontakt oder gar eine Unterstützung zwischen den beiden Familien nicht wünschte, sodass sich die Familien entfremdeten und es deshalb von meinem Urgroßvater kaum Überlieferungen zur Familie seines Onkels gibt.

Erwachsenwerden und Familiengründung

Sossi, die Mutter der Brüder Isak und Littman, starb am 13. Februar 1920 im Alter von 70 Jahren in der Souterrainwohnung in der Wehlistraße. Sie wurde im hinteren Bereich des alten jüdischen Friedhofs am Zentralfriedhof begraben. Bemerkenswert an der Inschrift auf ihrem Grabstein ist, dass unter dem eingedeutschten Namen Sofie Merl klein recte Oster in den Stein graviert wurde. Der lateinische Begriff recte wird in verschiedenen Fachbereichen verwendet und bedeutet richtig oder richtigerweise. Insbesondere in jüdischen Matriken aus Galizien wurde er gebraucht, um bei den bekanntlich offiziell unehelichen Kindern den Nachnamen anzugeben, in dem der Nachname des Vaters durch den Begriff recte mit dem Nachnamen der Mutter verbunden wurde.

Ich nehme an, dass dies in diesem Fall entweder auf Sossis oder Littmans Willen hin geschah, um zumindest am Grabstein ihren Nachnamen Oster, den sie nach der Trauung mit Benjamin Wolf Oster gemäß den jüdischen Gesetzen trug, festzuhalten. Wie schon der Grabstein ihrer vier Jahre zuvor verstorbenen Schwiegertochter Sara wird auch Sossis Grab von einer Inschrift auf Hebräisch verziert.

Hier ist begraben
bescheidene und koschere Frau
Sossi
Ihre Seele sei eingebunden in das Bündel des Lebens!

Das Wort koscher, zumeist im Zusammenhang mit Nahrung verwendet, bezeichnet alles, was gemäß der Halacha, dem religiösen Gesetz, hergestellt oder zubereitet wurde. Ein koscherer Mensch ist ein Jude, der in jeder Hinsicht ein der Religionslehre entsprechendes Leben führt. Littmans Mutter Sossi muss eine orthodoxe Jüdin gewesen sein.

Obwohl seit Beginn der Ersten Republik Juden zunehmendem Antisemitismus ausgesetzt waren, berichtete später keiner der Geschwister Wilhelm, Jetti und Hermann über antisemitische Anfeindungen. Dennoch bin ich sicher, dass die Geschwister zwar nicht direkt mit Antisemitismus konfrontiert waren, sich sehr wohl aber bewusst waren, dass ein Jude zu sein etwas anderes, ja Schlechtes, bedeutete. Als Kinder eines verarmten, frommen Ostjuden waren sie noch mehr als Wiens assimilierte Juden Zielscheibe judenfeindlicher Hetze von Politikern, aber auch von Wiener Bürgern.

Das politische Klima in Österreich radikalisierte sich und führte schließlich zu einer vermehrten Ausübung von Gewalt. Nach einer Auseinandersetzung zwischen Schutzbündlern und rechtsgerichteten Frontkämpfern in Schattendorf, bei der ein Kriegsinvalide und ein Kind getötet wurden, wurden die Frontkämpfer, die die Schüsse abgefeuert hatten, verhaftet und angeklagt, jedoch überraschend freigesprochen. Daraufhin setzte eine protestierende Menge den Justizpalast in Brand, woraufhin die Polizei auf die Demonstranten schoss und 89 Menschen tötete. Mein Urgroßvater war unbeteiligter Zeuge der Auseinandersetzung. Seit 1932 bekämpfte Bundeskanzler Engelbert Dollfuß mit Unterstützung des faschistischen Italien die Sozialdemokratie und die österreichischen Nationalsozialisten. Nach der Selbstauflösung des Parlaments schaltete Dollfuß im März 1933 den Nationalrat aus. Der Konflikt mit den Sozialdemokraten mündete schließlich im Februar 1934 in einen Bürgerkrieg. Die Sozialdemokratische Partei wurde verboten. Der Bundeskanzler errichtete den austrofaschistischen Ständestaat mit der Vaterländischen Front als Einheitspartei. Dollfuß selbst wurde von nationalsozialistischen Attentätern während des Juliputsches 1934 getötet. Die Amtszeit seines Nachfolgers Kurt Schuschnigg war geprägt vom Ringen um Österreichs Unabhängigkeit von Hitlerdeutschland. Während Deutschlands Juden nach der Machtergreifung der Nationalsozialisten zusehends Diskriminierungen und Gewalt vonseiten der Regierung ausgesetzt waren, lebten die österreichischen Juden in Sicherheit, auch wenn sich der Antisemitismus zuspitzte. Ein Opfer war der 1925 von einem Nationalsozialisten ermordete jüdische Schriftsteller Hugo Bettauer, der durch seinen utopischen Roman *Die Stadt ohne Juden* bekannt geworden war. Rechte Medien nahmen Juden nach der Ermordung des Buchhalters Josef Mohapel ins Visier. Dieser war infolge eines Tumults nach einer Demonstration von Sozialisten und Kommunisten am Praterstern ums Leben gekommen. Die Zeitungen schrieben von einem *Christenpogrom in der Leopoldstadt.* Wiens Juden wurden aus dem Sozialleben gedrängt, was sich mit der Machtergreifung der Austrofaschisten verschärfte. Wichtige Vereine nahmen keine jüdischen Mitglieder mehr auf. Als Reaktion auf den zunehmenden Antisemitismus und seine Ausgrenzungspolitik blieben viele Wiener Juden unter sich. Juden hatten mehr jüdische als nichtjüdische Freunde.

Als die Geschwister ins jugendliche Alter kamen, kam es zu einer Annäherung zwischen ihrem Vater und ihrer Tante. Zum Missfallen der Brüder Willi und Hermann konnten die Kinder beobachten, wie Littman zärtlich zu seiner neun Jahre älteren Schwägerin war und dies durch Gesten offen zeigte. Zu tief müssen noch der Schock und die Trauer des frühen Verlusts der Mutter Sara gesessen sein, um die Hermann bis an sein Lebensende trauerte. Bestärkt durch die hingebungsvolle Art, mit der sich ihre Tante um ihre Nichten und Neffen kümmerte, dürften die drei Mädchen Paula, Jetti und Rosa diese Annäherung eher akzeptiert haben. Jetti stand ihr durch die Jahre bei ihrer Tante in Schaffa ohnehin sehr nahe. Für sie war die Tante ihre zweite Mutter. Auch den Verwandten und Bekannten war die Annäherung nicht unbemerkt geblieben. Sie redeten dem Witwer zu, sie zu heiraten. Die Eheschließung wäre eine Anerkennung für das, was Chaje Feige für die Familie getan hatte, insbesondere als die Kinder noch klein waren. Sicherlich schickte es sich für den Witwer auf Dauer nicht, trotz der Beziehung zu seiner Schwägerin unverheiratet mit ihr zusammenzuleben. Es war für Männer durchaus üblich, nach dem Ableben der Frau deren Schwester zu ehelichen. Schließlich entschloss sich Littman, seine Schwägerin zu heiraten. Die Hochzeit fand am 7. Juli 1932 statt, als Littman 52 und Chaje Feige 61 Jahre alt war. Ort der Trauung war der Stadttempel in der Seitenstettengasse 4 im 1. Bezirk, wo bereits die rituelle Trauung des älteren Bruders Isak stattgefunden hatte. Kurios ist die Tatsache, dass Littman im Abstand von 16 Jahren zwei Schwestern ehelichte, diese jedoch verschiedene Nachnamen führten. Getraut wurde das Paar vom

Stadttempel, ©Pascal Merl

Rabbiner Doktor David Feuchtwang, der später Oberrabbiner Wiens wurde und als Zionist 1904 bei der offiziellen Trauerfeier des zionistischen Aktionskomitees für Theodor Herzl als einziger Rabbiner die Trauerrede gehalten hatte. Chaje Feige, die durch die Heirat automatisch die österreichische Staatsbürgerschaft ihres Mannes annahm, setzte unter seine Unterschrift als analphabetische Jüdin drei Kreise und nicht die dem christlichen Kreuz ähnlichen drei Kreuzchen, wie Analphabeten für gewöhnlich unterschreiben. Mit Sicherheit war die Eheschließung für Littmans Töchter ein Festtag. Nicht jedoch für die Brüder Wilhelm und Hermann, die die Entscheidung ihres Vaters, ihre Tante zu heiraten, schwer akzeptieren konnten.

Zum Zeitpunkt der Hochzeit lebten bis auf Paula noch alle Geschwister bei ihrem Vater und ihrer nunmehrigen Stiefmutter und Tante in der Souterrainwohnung. Paula war als erstes der Geschwister Ende 1931 ausgezogen. Sie lebte in der Siedlung *Am Freihof* in Floridsdorf im Stadtteil Kagran (heute Donaustadt). Um der Wohnungsnot der Arbeiter entgegenzuwirken, ließ die im Roten Wien regierende Sozialdemokratische Arbeiterpartei in den 20er- und 30er-Jahren zahlreiche Siedlungen und Gemeindebauten errichten. Ab Juli 1932 wohnte sie mehr als ein Jahr in der Lobau, ein Auengebiet in Wien und Niederösterreich. Kurioserweise war sie an der Adresse des FKK-Vereins Bund freier Menschen gemeldet. Unterstandgeber war Fritz Stern, der Obmann des Vereins. Neben Gemeindebauten, Volkshochschulen und den Kinderfreunden bot das Rote Wien den Arbeitern auch einen sozialistischen FKK-Verein, der 1927 von der Gemeinde ein Grundstück von 3000 Quadratmetern am Biberhaufen in der Lobau gewidmet bekam, mit der Auflage eines Sichtschutzes durch eine Umzäunung, dem Bau einer Hütte und der Errichtung eines Sportplatzes. Im Mittelpunkt stand der gemeinschaftliche Sport als Gegenstück zum Wettkampf. Gymnastik, leichte Turnübungen, Ballspiele oder auch Ausdruckstanz wurden praktiziert. Mit dem Verbot der Sozialdemokratie nach den Februarkämpfen 1934 wurde der Verein Bund freier Menschen aufgelöst. Ich bin nicht sicher, ob Paulas fromme Eltern ihre Mitgliedschaft akzeptierten geschweige denn guthießen. Schwer vorstellbar ist, wie meine Urgroßtante in einem FKK-Verein amtlich gemeldet sein konnte. Ich nehme an, dass sie eine Funktion im Verein innehatte, sodass sie es vorzog, ständig im Vereinsgebäude zu wohnen. Eines der

Paula Merl,
Besitzer Harry Merl

von Paula erhaltenen Bilder ist neben dem Familienporträt von 1907 das einzige Foto, auf dem mehrere Geschwister in jungen Jahren gemeinsam fotografiert wurden. Es wurde um 1930 vermutlich an einem Seitenarm der Donau aufgenommen und zeigt Paula mit ihrer Schwester Rosa und ihrem Bruder Hermann. Im Wasser schwimmt Franz Cerny, ein Bekannter der Geschwister, der vielleicht damals schon mit Rosa liiert war. Ende September 1933 zog Paula für knapp drei Jahre in den Jakob-König-Hof zurück, bevor sie ihren Wohnsitz für neun Monate auf den Sterneckplatz verlegte, in dessen Nähe sie ihre frühe Kindheit in der Stuwerstraße verbracht hatte. Anschließend wohnte sie ein paar Monate zum dritten Mal im Jakob-König-Hof, bevor sie Anfang 1937 abermals in die Nähe der Stuwerstraße umzog. Binnen sechs Jahren hatte sie acht Mal ihre Unterkunft gewechselt.

Die drei Geschwister Paula, Rosa und Hermann und Rosas Freund Franz beim Baden an der Donau um 1930, Besitzer Harry Merl

Paula verdingte sich als Stickerin ihren Lebensunterhalt, aber auch mit dem Zeichnen von Stickereien. Dies war für Frauen ein verbreiteter Beruf. Sie entwarfen Stickmuster für Oberbekleidung, Wäsche und Heimtextilien und setzten die Vorlagen für die Stickerei um. Sie führte seit Ende der 20er-Jahre eine Beziehung zu dem Kommunisten Friedrich Broz, genannt Fritz, der am 20. Oktober 1896 in Wien geboren wurde und sich während des Austrofaschismus illegal für die Kommunistische Partei betätigte, die im Mai 1933 von der austrofaschistischen Regierung unter Engelbert Dollfuß verboten wurde. Fritz arbeitete als Werkführer bei der Eisenbahn, wo er für die Inspektion, Wartung und Entstörung der Signaltechnik verantwortlich war. Er war Jude, allerdings war er 1915 aus der Kultusgemeinde ausgetreten und Mitglied der evangelischen Kirche geworden. Von

Hermine, der Mutter des am 12. September 1924 geborenen Sohnes Paul, war Fritz geschieden. Ich nehme an, dass seine Beziehung zu Paula der Grund für die Scheidung gewesen sein muss. Obwohl Fritz und Paula nicht verheiratet waren, wohnten sie zeitweise in den Jahren 1935 und 1936 im Jakob-König-Hof und am Sterneckplatz zusammen und bis zum „Anschluss" als Nachbarn am Sterneckplatz, was in den 30er-Jahren natürlich ungewöhnlich war. Das Zusammenwohnen eines unverheirateten Paares galt als unanständig und wurde missbilligend als „wilde Ehe" diffamiert.

Paula und Fritz sind auf zwei undatierten Gruppenbildern gemeinsam abgebildet, die wahrscheinlich in Wohnungen in Wien aufgenommen wurden. Auf dem ersten Bild sitzt Fritz in schützender Pose neben Paula, die weiteren Personen, die dicht gedrängt stehen und sitzen, sind unbekannt. Auch ist unklar, warum die Personen nachdenklich und traurig zugleich blicken. Möglicherweise lauschten sie der Musik des Schallplattenspielers. Auf dem zweiten Foto sitzen Fritz und Paula an einem Tisch mit weißer Tischdecke. Der unbekannte Anlass für dieses Treffen dürfte das Porträt eines Mannes sein, das auf dem Tisch steht. Ganz rechts sitzt Fritz' Sohn Paul, bei den weiteren Personen könnte es sich um die Familie von Fritz handeln. Da Paul auf diesem Bild vermutlich knapp volljährig war, muss das Foto nach dem „Anschluss" aufgenommen worden sein.

Was für ein Mensch war meine Urgroßtante? Häufige Wohnungswechsel, Mitgliedschaft in einem sozialistischen FKK-

Paula und Fritz mit Freunden, Besitzer Maximilian Wanderer

Paula und Fritz vermutlich mit Fritz' Verwandtschaft, Besitzer Maximilian Wanderer

Jetti Merl 1929,
Besitzer Leonard Brillson

Verein und eine Beziehung zu einem illegalen Kommunisten ergeben für mich das Bild einer Frau mit einem für die 30er-Jahre unsteten Lebenswandel, sozialistisch politisiert, freiheitsliebend und den Moralvorstellungen der Kirche und des autoritären Ständestaats der Kanzler Dollfuß und Schuschnigg nach unsittlich und unschicklich. Auffällig ist, dass sie die Einzige der Geschwister war, die nicht heiratete und eine Familie gründete, obwohl sie nach Willi die Zweitälteste war.

Ihre jüngere Schwester Jetti zog als Letzte der Geschwister Anfang Jänner 1937 aus und wohnte in der Nähe ihrer Eltern in der Engerthstraße. Sie besuchte eine Handelsschule, um als Schreibkraft zu arbeiten, aber als sie sich für eine Stelle bewarb, machten die Arbeitgeber Annäherungsversuche, sodass sie ihre

Bewerbung zurückzog. So begann sie in einem renommierten Hutsalon in der Inneren Stadt die Lehre als Modistin. Die Ausbildung dauerte zwei Jahre und war sehr hart, weil „(...) man dich als Lehrling in Österreich wirklich zu Tode schindet. Du musst beweisen, dass du von Beginn der Herstellung an einen Hut anfertigen kannst“.[21] Es sei nicht wie in den USA, wo Hüte maschinell produziert würden, vielmehr erwartete Jettis Arbeitgeber handwerkliches Geschick, Genauigkeit und eine bedachte Auswahl an Materialien. Fähigkeiten, die einen vollwertigen Modisten ausmachten. In ihrem Beruf erging es Jetti gut, sodass sie privat von Kunden Aufträge annahm und sich damit ihr Einkommen aufbesserte.

„Ich war sehr rebellisch“,[22] meinte der erwachsene Hermann Merl über den jungen. Er war 13 Jahre alt, als er mit seinem Freund Hans Pitterstein aus Protest gegen die Annäherung seines Vaters an die Tante protestieren wollte und von zu Hause davonlief. Sie versorgten sich, indem sie von Bauernhöfen Essen stahlen. Am Tag schliefen sie in Wäldern, während sie in der Nacht unterwegs waren. Nachdem sie Österreich verlassen hatten, kamen sie in die Schweiz, wo sie bei einer Firma, die Lastwagen produzierte, arbeiteten. Als Hans in Frankreich beim Stehlen erwischt wurde, wurden die Ausreißer von der Polizei nach Wien zurückgeschickt. Hermann betätigte sich als junger Mann sehr sportlich. Einige Zeit spielte er im Amateurteam eines jüdischen Fußballvereins. Zudem ging er boxen und ringen. Die Not und das Elend in Wien veranlassten ihn, an den Arztberuf zu denken. Um Geld zu verdienen, wollte Hermann aber einen Beruf erlernen und entschloss sich, eine Lehre als Mechaniker zu beginnen. Vater Littman begleitete seinen Sohn zur Staatsprüfung, einer Aufnahmeprüfung bei der Firma A. Fross-Büssing in der Nordwestbahnstraße in der Brigittenau. Die Fabrik produzierte seit 1907 in Lizenz der deutschen Büssing AG Schwerfahrzeuge und Motoromnibusse. Das Werk lieferte den Großteil der Autobusse für den öffentlichen Verkehr in Wien. Nach bestandener Prüfung begann Hermann mit der dreijährigen Lehre als Mechaniker, die den Lehrling zu Beginn körperlich sehr forderte. An den Abenden besuchte er zeitgleich vier Jahr lang die Arbeitermittelschule am Rainergymnasium im Bezirk Margareten und betrat die Abendklassen mit Schmierfett an den Händen, wie er später erzählte. Die Zeit bis zur Externistenmatura muss eine sehr anstrengende Zeit gewesen sein, jedoch bewies sich Hermann mit Fleiß und Geschick und lernte bis in die späten Abendstunden. Schließlich wechselte er zur Firma Neuhaus & Derflinger. Der Eigentümer war der jüdische Arzt Heinrich Neuhaus, sein Partner war Friedrich Derflinger. Die Fabrik im 3. Bezirk, in der Hermann von nun an arbeitete, ist in einem Wiener Adressbuch unter den protokollierten Firmen als „Gewindeschneidwerkzeugerzeuger" angeführt. Sie stellte Werkzeug für die Medizintechnik her. Doktor Neuhaus leitete neben der Firma im Alsergrund ein Institut für medizinisch-chemische Diagnostik, das Laboratorium für Mikroskopie und Bakteriologie. Der Arzt war froh, dass Hermann für ihn arbeitete, und regte ihn an, in seinem Labor zu arbeiten. Dieser Kontakt brachte Hermann zur Labormedizin. Von nun an war er die Hälfte der Arbeitszeit im Labor und die andere Hälfte in der Fabrik angestellt.

Hermann Merl als Student an der Medizinischen Fakultät 1935,
Besitzer Roderick Merl

Nach der Matura im Oktober 1934 begann Hermann mit dem Medizinstudium an der Universität Wien. Die Medizinische Fakultät zählte zu Beginn des 20. Jahrhunderts, aber auch noch in der Ersten Republik zu den international renommiertesten Forschungsinstituten. Sie hatte einen überdurchschnittlich hohen Anteil an jüdischen Studenten und jüdischem Lehrpersonal. Ab 1902 lehrte auch Sigmund Freud als Privatdozent für Neuropathologie an der Medizinischen Fakultät. Wie Hermann später berichtete, belegte er als *ordentlicher Hörer* eine Vorlesung bei Professor Freud. Aus Hermanns Inskriptionsunterlagen geht hervor, dass er im Wintersemester 1937/1938 mehrere Vorlesungen bekannter Dozenten besuchte: Anatomie und Sezierübungen bei Gustav Sauser, Professor für Anatomie, Physiologie bei dem Physiologen Arnold Durig, Histologie bei dem Histologen Viktor Patzelt und „Über die ideellen und geschichtlichen Grundlagen Österreichs" bei dem Historiker und Archivar Heinrich Kretschmayr. „Mein Sohn, der Arzt",[23] pflegte Littman über Hermann zu sagen. Es muss ihn als armen Betreiber eines Süßwarenstandes mit unglaublichem Stolz erfüllt haben, zu sehen, wie der Sohn an der namhaften Medizinischen Fakultät studierte. Unter Juden gilt der Arztberuf neben dem Rabbinat als sehr angesehen. Die Lehren des Talmuds, einer der wichtigsten jüdischen Schriften, betrachten die Gesundheitsfürsorge und die Heilung von Krankheiten als besonders wichtige Pflicht. Für Littman als frommen, traditionellen Juden war Hermann der Medizinstudent wirklich etwas Besonderes. Der soziale Aufstieg, den der Familienvater nach seinem Umzug nach Wien geschafft hatte, sollte auch Hermann gelingen.

Hermann lernte seine Frau Helene Schreiber, eine Christin, im Frühling 1936 im Prater, dem Arbeitsplatz seines Vaters Littman, kennen. Im Varieté Leicht, einer Kleinkunstbühne, wurde eine Komödie aufgeführt. „Ich hatte kein Geld und schmuggelte mich rein",[24] erzählte er im Interview lachend. Er setzte sich zu Helene, die ihm als hübsche junge Frau gleich auffiel. Nach ihrer anfänglichen Zurückhaltung kamen sie ins Gespräch und nach dem Stück begleitete Hermann sie nach Hause. Seine Bedenken, dass er noch studierte und als Ehemann nichts bieten könne, vertrieben jedoch jegliche Träumereien von einer Heirat. Als Hermann wenig später die Stuwerstraße entlangging, um jemanden zu treffen, wurde er von Helene angesprochen. So freundeten sich die beiden an. Helly wurde am 11. Jänner 1916 in Wien geboren, arbeitete als Schneiderin und lebte wie er in bescheidenen Verhältnissen. Sie führte eine Beziehung zu einem Freund von Hermanns Bruder Wilhelm, konnte ihn jedoch nicht leiden und trennte sich von ihm, als sie bereits mit Hermann liiert war. Lediglich drei Monate waren Hermann und Helene ein Paar, als sie beschlossen zu heiraten. Obwohl Helenes wohlhabende Tante gegen die Heirat ihrer Nichte mit einem mittellosen Juden war, setzte sich Helene über sie hinweg und die beiden schlossen am 2. August 1936 die Ehe. Paula unterstützte ihren Bruder. Im Gegensatz zu Hermanns Vater und Stiefmutter wussten Wilhelm, Jetti und Rosa nichts von der Heirat und erfuhren erst später davon.

Er zog im Juni 1936 zu Hause aus, lebte in der Nähe seiner Eltern in der Engerthstraße und nach der Heirat gemeinsam mit seiner

Gattin Helly in der Nähe seiner Schwester Paula in Floridsdorf, bevor sie ab Juli 1937 einen kurzen Fußmarsch entfernt von der Alten Donau wohnten. Am Sandstrand, gegenüber der Badeanlage Gänsehäufel, befand sich die Kleingartenkolonie Neu-Brasilien, die vom Naturheilkundler Florian Berndl gegründet worden war. Das Paar muss die Nähe zum Wasser geschätzt haben. Das Baden in der Donau war unter Arbeitern eines der wenigen kostenlosen Freizeitvergnügen, sodass die Stadtverwaltung in den 20er- und 30er-Jahren vor allem an der Alten Donau einige Freibäder einrichtete.

Rosa, die Jüngste der Geschwister, war bereits als Jugendliche mit Franz Cerny bekannt und später liiert. Franz wurde am 20. September 1911 in Groß Heilendorf, tschechisch Postřelmov, im Norden der damaligen Markgrafschaft Mähren geboren, die 1918 der Tschechoslowakei zugeschlagen wurde. Er als Christ respektierte den Glauben seiner Freundin und wollte sie heiraten. Der Pfarrer der Johann-Nepomuk-Kirche an der Praterstraße wollte das Paar nur bei einem Übertritt Rosas trauen, woraufhin sie in der Sakristei der Kirche den katholischen Glauben annahm. Franz und Rosa schlossen als junges Paar am 11. Oktober 1932 die Ehe, als Rosa im siebten Monat schwanger war. Franzl konnte es nicht leiden, wenn man Ferzl zu ihm sagte. Er arbeitete als Friseurgehilfe. Rosa war als Miedermacherin in der Weißnäherwerkstatt Redl in der Haidgasse im 2. Bezirk angestellt. Ein Mieder ist ein Teil der Unterkleidung für Frauen mit stützender und formender Wirkung.

Mit der Geburt ihrer Tochter Margarete am 8. Jänner 1933 machte Littmans jüngstes Kind ihren Vater und ihre Stiefmutter zu Großeltern. Gretel wurde im Frauenhospiz Peter-Jordan-Straße in Währing zur Welt gebracht. Seit dessen Errichtung im Jahr 1909 wechselten vor allem Arbeiterfrauen von der bisher üblichen Hausgeburt unter mangelhaften hygienischen Bedingungen zur Entbindung in einem Krankenhaus. Zum damaligen Zeitpunkt lebte die Jungfamilie Cerny einige Monate lang als Nachbarn von Littman und Fanny ebenfalls in der Wehlistraße 218. Die Großeltern müssen ihre neugeborene Enkelin oft zu Gesicht bekommen haben. Dem ersten Enkelkind folgte bereits am 25. Jänner 1934 mit der Geburt von Rosas Sohn Robert ein zweites. Robert erzählte mir aus seinen frühen Kindheitserinnerungen. Das Bild vom Großvater Littman, wie dieser im Prater Mandeln anpries, hatte er noch vor Augen. Seiner Tante Paula stand Robert sehr nahe: „Die war eine Liebe. Ein fesches Madl."[25]

Mein Urgroßvater Willi besuchte von 1912 bis 1917 die Volksschule und anschließend die dreijährige Bürgerschule. Beide Schulen befanden sich in einem großen Gebäude in der Feuerbachstraße nahe Willis Zuhause. Von 1922 bis 1926 absolvierte er die Fachliche Fortbildungsschule für Juweliere, Gold- u. Silberarbeiter u. Graveure in der Sonnenuhrgasse im Bezirk Mariahilf. Neben dem Unterricht in Geometrie, Zeichnen und Modellieren erlernte er handwerkliche Fertigkeiten im Lehrwerkstättenunterricht. Für seine Tätigkeit als Lehrling bei der Firma Sommer, Walter & Co stellte ihm die Genossenschaft der

Wilhelm Merl als Jugendlicher, Besitzer Harry Merl

Juweliere, Gold- und Silberschmiede am 15. September 1926 einen Lehrbrief aus, in dem sie ihm bescheinigte, er habe *(...) während der Lehrzeit eine gute Aufführung bewährt und die zur Freisprechung vorgeschriebenen Pflichten erfüllt.*[26] Er bestand vor der Kommission die Gesellenprüfung mit sehr gutem Erfolg und führte seine Arbeit als Gehilfe bei der gleichen Firma fort. Anschließend wechselte er zur Gold- und Silberwarenfabrik S. Grosser in der Inneren Stadt und im Juni 1928 zum Goldarbeiter Alois Nöhmayer, einem Erzeuger von Zigarettendosen in Währing, wo er bis auf eine Unterbrechung sechs Jahre blieb. Willi zog als zweites der Geschwister im September 1932 aus der Souterrainwohnung seiner Familie aus. Er bezog eine Unterkunft in der Nähe der Eltern in der Engerthstraße, einer Parallelstraße der Wehlistraße.

Wilhelm (Zweiter von rechts) in der Werkstatt des Goldarbeiters Nöhmayer, Besitzer Harry Merl

Wilhelm beim Radfahren, Besitzer Harry Merl

Von meinem Großvater weiß ich, dass Wilhelm in seiner Jugend und Jungerwachsenenzeit einige Freunde hatte und sich gern sportlich betätigte. Fotos zeigen ihn beim Schifahren, Fußballspielen und Radfahren. Außerdem sang er gerne. Mit seiner optimistischen Art muss er als junger Mann jemand gewesen sein, zu dem man bewundernd aufschaute. Als Wilhelm Mitte zwanzig war, lernte er meine Urgroßmutter Sabine, eine polnische Jüdin aus Lemberg, kennen.

Lemberg, 1912

Meine Urgroßmutter kam am 20. November 1912 in Lemberg, der Hauptstadt Galiziens und viertgrößten Stadt Österreich-Ungarns, zur Welt. Im Erwachsenenalter beharrte sie darauf, 1913 geboren worden zu sein, da sich der zuständige Beamte des Israelitischen Matrikelamtes Lemberg bei der Eintragung in das Geburtsbuch verschrieben haben soll.

Ihre Eltern waren Amalie und Juda Julius Kornspan, der sich stets mit Julius ansprechen ließ. Beide Elternteile stammten aus Buczacz, ukrainisch Buchach. Die Stadt befindet sich im Südosten Galiziens an den Ufern des Flusses Strypa. Ende des 19. Jahrhunderts stellten Juden über 60 Prozent der knapp zehntausend Einwohner der Kleinstadt, die nach außen von einem jüdischen Bürgermeister, der überdies Abgeordneter des österreichischen Parlaments war, vertreten wurde. Viele Buczaczer Juden waren Misnagdim, Gegner des religiös-mystischen Chassidismus, einer Strömung des ultraorthodoxen Judentums, die sich unter den Juden Osteuropas verbreitete. Die Misnagdim propagierten, ausschließlich die Lehren des Talmuds zu befolgen. Amalies Eltern Sabine Beer und Ismael Durst führten, wie für viele Juden üblich, neben ihren deutschen oder polnischen Namen einen jüdischen Namen: Sprince Beer und Schmerl Durst. Die Eltern hatten elf Kinder, von denen sechs jung verstarben. Amalie war das jüngste der fünf überlebenden Geschwister. Die Namen ihrer Brüder und Schwestern sind Wilhelm oder Wolf, Frieda, jüdisch Frimme Golde, Jakob und Klara, jüdisch Chaje. Amalie ließ sich auch mit Malke oder Malka ansprechen.

Mutter Sabine verstarb bei der Geburt ihres jüngsten Kindes am 13. Mai 1889. In einer Liste der Hausbesitzer in Buczacz[27] aus dem Jahr 1879 scheint ein Ismael Durst als Besitzer des Hauses 470 auf. Er besaß ein Grundstück von 148 Sazni (galizisches Längenmaß), umgerechnet 532,32 Quadratmeter. Es deutet auf ein gewisses Maß an Besitz hin, was für einen galizischen Juden nicht selbstverständlich war, da die meisten Großgrundbesitzer Polen waren und nur wenige Juden in der Landwirtschaft arbeiteten. Ismael, dessen Beruf unbekannt ist, starb, als Amalie vier Jahre alt war. Ich vermute, dass die fünf überlebenden Geschwister bei Verwandten aufwuchsen.

Julius Kornspan wurde am 12. April 1884 als Sohn von Jeruchem Kornspan und Feige Malke Fuhrmann in Buczacz geboren. Der Vater, dessen Beruf nicht bekannt ist, zog später mit seiner Familie nach Lemberg. Sowohl Julius' Eltern als auch seine zehn Geschwister lebten bis 1911 in der Stadt und schlossen sich in jenem Jahr den tausenden Emigranten, darunter viele Juden, an und wanderten nach New York aus. Die schlechte wirtschaftliche Lage Galiziens und die Aussicht auf ein besseres Leben verlockten Polen, Ukrainer und Juden zur massenhaften Emigration nach Amerika. Letztere hofften zudem, dem Antisemitismus zu entkommen. Unter den Auswanderern hieß es, dass der Kaiser von Amerika die Neulinge in New York persönlich empfangen werde. Um 1910 zählte die Stadt bereits über eine Million jüdische Einwohner. Wie in den Schtetln Galiziens blieben New Yorks Juden überwiegend unter sich. Während einige Polen und Ukrainer lediglich, um Geld zu verdienen, nach Amerika kamen und regelmäßig zurück nach Galizien fuhren, kehrte die Mehrheit der rund 350.000 jüdischen Emigranten, die von 1880 bis 1914 Galizien verließen, ihrer Heimat endgültig den Rücken zu.

Als Einziger der Familie Kornspan verblieb Julius in Lemberg, wo er als Beamter und Musiker arbeitete. Seine Leidenschaft galt der Musik. Er war Kapellmeister im ruthenischen Nationaltheater Ruska Besida, auf Deutsch „Ruthenisches Gespräch", dem er seit Oktober 1906 angehörte. Als Dirigent schwang er nicht nur den Taktstock, sondern komponierte laut meiner Urgroßmutter eigene Stücke und konnte alle Instrumente spielen. Seine Bedeutung für das Theater schlug sich in seinem Gehalt nieder. In einer Liste[28] der Mitglieder von Ruska Besida scheint Julius mit 1320 Kronen als Jahresverdienst unter den Spitzenverdienern auf. Ruska Besida war Teil des gleichnamigen ukrainischen Geselligkeitsvereins, der Literatur-, Musik- und Tanzabende, Konzerte, Bälle und Vorträge veranstaltete. 1864 gründeten einige Mitglieder das Theater, das durch die Städte Galiziens und der Bukowina tourte und Gastspiele gab. Als mein Ururgroßvater als Kapellmeister dem Ensemble von Ruska Besida angehörte, erlebte es eine sehr erfolgreiche Periode. Das Theaterensemble spielte Varieté, Melodrama und Operette, übersetzte Stücke westeuropäischer Dramatiker wie Gerhart Hauptmann, Henrik Ibsen, Oscar Wilde und William Shakespeare und führte seine eigenen ukrainischen Dramen auf. Dem ukrainischen Publikum wurde ein internationales Spektrum an Theaterstücken dargeboten. Als erstes professionelles ukrainisches Theater trug es zum stärker werdenden Nationalbewusstsein der Ukrainer in Galizien bei, als von nationalistischen Strömungen

Das ruthenische Nationaltheater Ruska Besida, 1908, Wassyl-Stefanyk-Nationalbibliothek / Roman Lavrentiy

befeuerte Konflikte das Zusammenleben von Polen, Ukrainern und Juden bestimmten. Auch wenn beinahe alle Mitglieder Ukrainer waren, hatte man offensichtlich an einem talentierten jüdischen Musiker nichts auszusetzen. Ein schönes Gruppenbild aus dem Jahr 1908 zeugt von dem Renommee des Ensembles des ruthenischen Nationaltheaters. Unter den elegant gekleideten Frauen und Männern mit ihren Instrumenten sitzt der junge Kapellmeister Kornspan mit seiner markanten Vollglatze im Anzug ganz links in der ersten Reihe. In der zweiten Reihe hinter dem Transparent des Theaters sitzt aufrecht Direktor Yosyp Stadnyk, ein Ukrainer aus Walawa bei Przemyśl, der das Ensemble 1906 übernommen hatte.

Als Ruska Besida ein Gastspiel in der Hauptstadt Czernowitz des Herzogtums Bukowina gab, erschien am 26. April 1908 im deutschsprachigen Czernowitzer Tagblatt ein Artikel darüber:

Eine ruthenische Stagione in unserem Stadttheater. Am 1. Mai d. J. beginnt das ruthenische Nationaltheater aus Lemberg unter Leitung seines Dir. Herrn Osyp [sic!] Stadnyk in unserem Stadttheater eine Saison, welche auf einen Monat berechnet ist. Das ruthenische Theater, welches eine willkommene Belebung der Uebergangssaison in unserer Stadt bedeutet, gilt in interessierten und informierten Kreisen als bestakkreditiertes künstlerisches Unternehmen, dessen hervorragender Ruf besonders durch den vorletzten Direktor, den berühmten Schauspieler M. Sadowskyj, gegründet wurde. Sein gegenwärtiger Leiter hat das Unternehmen vom Standpunkt der Moderne gründlich reformiert. Er selbst ist einer der beiden dramatischen Kräfte seiner Truppe und ein überaus geschulter Regisseur, seine Gemahlin ebenfalls eine überaus talentierte Schauspielerin. Dem Ensemble gehören außer dem genannten Künstlerpaare durchwegs erstklassige Mitglieder an. Es führt ein eigenes Orchester unter Leitung der Kapellmeister Kossak und Kornspann. Der Chor (30 Personen) ist stimmkräftig und künstlerisch vollwertig. Das gesamte Ensemble zählt 70 Personen. (...) Das Repertoire wird alle drei Kunstgenres umfassen: Prosa, Operette und Oper.[29]

Mit Anfang 20 war Julius Kornspan bereits Kapellmeister. Er muss sehr talentiert gewesen sein, um in so einem jungen Alter bereits ein wichtiges Element eines Theaterensembles zu sein. Unter Theater und Kunst schrieb das *Czernowitzer Tagblatt* am

21. April 1911 über das Drama Mirele Efros: *Ein sensationelles Drama aus dem Leben der Juden mit Gesang und Tanz von Gordin, übersetzt von Poloner, Musik von J. Kornspan.*[30] In den Erzählungen über ihren Vater war meiner Urgroßmutter der Stolz über sein Schaffen als berühmter Kapellmeister anzumerken. Sie behauptete gar, er habe eine Oper geschrieben. Ihr Vater war so bekannt, dass er im *Adress- u. Geschäfts-Handbuch von Lemberg*[31] aus dem Jahr 1913 mit der Berufsbezeichnung Musiker angegeben wurde. Da er Deutsch, Polnisch und Ukrainisch beherrschte und es als Kapellmeister im ruthenischen Nationaltheater zu Renommee gebracht hatte, hatte er sicher eine gut dotierte Position im Verwaltungsapparat der Habsburger. Als Kapellmeister und Beamter gehörte er somit zur gehobenen Schicht Lembergs, des kleinen Wien, wie die Einwohner ihre Stadt nannten. Julius lernte seine Gattin Amalie Beer auf einem Theaterball kennen. Sie lebte ebenfalls in der Stadt, wo sie als Herren- und Damenschneiderin arbeitete. Das Paar heiratete am 11. Jänner 1910. Laut dem Adressbuch lebten die jungen Eltern mit ihrer Tochter Sabine in der Zródlana 2a, auf Deutsch Quellengasse. In diesem Stadtteil nördlich der ehemaligen Stadtmauern, der bis heute noch als Krakauer Vorstadt bekannt ist, lebte ein Großteil der Lemberger Juden. Die übrigen wohnten im mittelalterlichen Ghetto nahe dem Marktplatz. Meine Urgroßmutter verbrachte ihre ersten Lebensjahre in einem zweisprachigen Haushalt, da sich ihre Eltern sowohl auf Polnisch als auch auf Deutsch unterhielten. Deutsch war die Sprache der Beamten gewesen, doch setzte sich in der Verwaltung der Habsburger zunehmend Polnisch in der von Polen dominierten Stadt durch. Mein Groß-

Sabine Kornspan und ihr Kindermädchen, Besitzer Harry Merl

vater erzählte mir, dass seine Mutter bis ins hohe Alter auf Polnisch fluchte oder Schimpfwörter rief, was nicht selten der Fall war.

Es gibt eine Aufnahme von ihr als etwa einjähriges Baby mit einem Mädchen, das vielleicht ihr Kindermädchen war, das Sabines Vater in seiner Position sicher gut entlohnen konnte. Für das Foto hatten die stolzen Eltern wohl diese Babykleidung gekauft, die für die damalige Zeit luxuriös wirkt. Sabine, oder auch Sabinska in der polnischen Verniedlichungsform ihres Namens, trägt eine dicke weiße Jacke mit Kapuze und weißen Schuhen. Das jugendliche Kindermädchen hält meine Urgroßmutter mit ihren kräftigen Händen fest und blickt mit ernstem Gesichtsausdruck in die Kamera. Ich könnte mir vorstellen, dass auch sie Jüdin war, da meine Ururgroßeltern im jüdischen Viertel Lembergs lebten und die polnischen, ukrainischen und jüdischen Einwohner der Stadt üblicherweise mehr mit der eigenen Volksgruppe verkehrten. Im Kontrast zu meiner Urgroßmutter muss sie ihrer Kleidung nach aus einfachen Verhältnissen gestammt haben. Durch ihre Kleidung und die kräftigen Hände, die auf harte Arbeit schließen lassen, wirkt das Mädchen älter, als es vielleicht tatsächlich war. Sie muss einerseits zu dem Baby eine enge Bindung, andererseits zu den Eltern eine gute Beziehung gehabt haben, was der Grund für die gemeinsame Fotografie gewesen sein könnte. Rechts und links der beiden bilden zwei dorische Säulen auf der Wand den Hintergrund des Fotos, das zweifelsohne im Studio eines Fotografen aufgenommen wurde.

Amalies Geschwister lebten in kleineren Städten Galiziens. Wolf heiratete 1903 im östlich von Lemberg gelegenen Tarnopol Gnendel Palster. Er gehörte der Armee an, denn laut der Heiratsmatrik war er k.u.k. Unteroffizier. Bereits vor der Heirat waren seine Kinder Sabine und Moritz, die später als seine Kinder legitimiert wurden, zur Welt gekommen. 1905 wurde das dritte Kind Siegfried in Tarnopol geboren. Frieda arbeitete als Privatlehrerin und heiratete 1910 in Horodenka Leibisch Löbel, dessen Beruf in der Hochzeitsmatrik als Solizitator, ein Gehilfe eines Rechtsanwalts, angegeben wird. 1912 und 1914 brachte Frieda in der Kleinstadt Zaleszczyki ihre Kinder Jakob und Rozia zur Welt. Jakob wurde mit der polnischen Koseform seines Namens Kuba angesprochen. Der jüngere Bruder Jakob Durst wurde angeblich als junger Mann während einer Zugfahrt entführt und nicht mehr gesehen. Wo Klara lebte und was sie arbeitete, ist nicht bekannt.

Flucht nach Wien

Dem friedlichen Familienleben von Julius, Amalie und Tochter Sabine Kornspan setzte der Ausbruch des Ersten Weltkriegs ein jähes Ende. Nach jahrelangen Spannungen zwischen Österreich-Ungarn und Russland auf dem Balkan, als dessen Schutzmacht sich das Zarenreich unter Nikolaus II. sah, sollte nun das Kriegsziel, die Slawen Galiziens unter russische Herrschaft zu bringen, erreicht werden. Der Kriegserklärung Deutschlands an Russland folgte jene der Österreicher am 6. August 1914. Der Einberufung musste auch mein Ururgroßvater Julius Folge leisten, der im August auf Urlaub war und als Reservist eingezogen wurde. Viele Grundbuchblätter Galiziens, die über die Truppenzugehörigkeit Aufschluss geben, sind vernichtet, so auch jenes von Julius. Sicher ist, dass er wie Littman Merl, der spätere Schwiegervater seiner Tochter Sabine, dem in Lemberg stationierten XI. Armeekorps der k.u.k. Armee zugeteilt wurde. Auch Julius' Truppe setzte sich überwiegend aus Polen und Ukrainern zusammen.

Ich gehe davon aus, dass das einzige aus dem Nachlass meiner Urgroßeltern erhaltene Foto von Julius Kornspan an der Front aufgenommen wurde, da der Hintergrund auf einen Schützengraben schließen lässt. Mein Ururgroßvater trägt die Uniform der k.u.k. Infanterie und hält eine Zigarette zwischen den Fingern eingeklemmt, während er mit ernstem Gesichtsausdruck in die Kamera blickt. Gehörte er als assimilierter Jude zu jenen Glaubensgenossen, die mit Begeisterung und Patriotismus für Gott, Kaiser und Vaterland in den Krieg zogen? Oder stand er wie Littman Merl dem Krieg ablehnend gegenüber? Denn der

Julius Kornspan als Soldat an der Ostfront, Besitzer Harry Merl

Aufruf zum Kampf bedeutete für ihn als Kapellmeister und die männlichen Mitglieder des Ensembles von Ruska Besida, ihre Vorstellungen zu beenden und ihre Instrumente gegen Gewehre und Bajonette einzutauschen.

Während Österreich-Ungarn 37 k.u.k. Heeresdivisionen aufbot, sollte eine Übermacht von 71 russischen Divisionen Galizien für den Zaren einnehmen. Nach anfänglichen Erfolgen im Norden Galiziens vernachlässigte der österreichisch-ungarische Generalstab den Osten und ermöglichte den Russen, einen Gegenangriff zu starten. Nachdem die russischen Truppen die Landesgrenze überschritten hatten, schlugen sie die zur Verteidigung angerückte dritte k.u.k. Armee in der Schlacht um Lemberg in die Flucht. Viele slawischen Soldaten ergaben sich kampflos den Russen. Bereits am 2. September mussten die Österreicher die Haupt- und Garnisonsstadt Lemberg räumen. Dieser Verlust wenige Wochen nach Beginn der Kämpfe bedeutete eine empfindliche Niederlage für die Doppelmonarchie. Auch Buczacz, der Geburtsort des Ehepaars Kornspan, war von den Kampfhandlungen betroffen, sogar noch stärker als Lemberg. Etwa die Hälfte der Häuser wurde bei Kämpfen zerstört oder schwer beschädigt. Während der zwei russischen Besatzungen kam es zu zahlreichen Übergriffen auf jüdische Einwohner, Vergewaltigungen von Jüdinnen und Plünderungen jüdischer Geschäfte. Nach der Besetzung durch die zaristischen Truppen flohen aus Furcht vor Pogromen tausende Juden aus Lemberg. Nachrichten von Pogromen in Russland, die in den Jahrzehnten vor 1914 viele jüdische Flüchtlinge nach Galizien getrieben hatten, waren den Juden Lembergs noch sehr präsent. In zwei Wellen, 1915 und 1917, flohen ungefähr 66.000 Juden aus Galizien und der Bukowina nach Wien. Meist erfolgte die Flucht per Bahn. Aufgrund der Menge an Menschen wurden auch Züge mit Viehwaggons für den Transport eingesetzt. Wer sich die Bahn nicht leisten konnte, legte die Strecke zu Fuß oder im Pferdewagen zurück. Den Flüchtlingsströmen in die sichere Hauptstadt der Monarchie schlossen sich im Herbst 1914 Amalies Bruder Wolf und seine Familie an. Die Familie floh über die ungarische Reichshälfte der Monarchie, denn vor ihrer Meldung in Wien war Wilhelm in der ungarischen Stadt Debrecen gemeldet. Er bezog mit seiner Familie eine Wohnung in der Salzachstraße 11 im Bezirk Brigittenau und bekam eine Anstellung als Krankenhausverwalter. Warum Wolf als k.u.k. Unteroffizier nicht einrücken musste oder ob er desertiert war, vermag ich nicht zu sagen. In Wien brachte seine Frau Gnendel, die neben ihrem jüdischen Namen den deutschen Namen Eugenie führte, 1915 ein Mädchen namens Helene zur Welt.

Die jüdische Bevölkerung Wiens reagierte zwiespältig auf die Ankunft der Flüchtlinge. Viele hatten Verwandte unter den Vertriebenen, jedoch fürchteten insbesondere Wiens assimilierte Juden einen Anstieg des Antisemitismus durch die Einwanderung der Ostjuden. Bereits im September 1914 richtete die Gemeinde Wien die Zentralstelle der Fürsorge für die Flüchtlinge aus Galizien und der Bukowina ein. Die meist völlig mittellosen Flüchtlinge erhielten kostenlose ärztliche Betreuung und Medizin, Kleiderspenden, Kostgeld und Wohnungszuschüsse, und wenn nötig Unterkunft in einer Notschlafstelle.

Während Bruder Wolf, dessen Familie und schließlich auch die jüngere Schwester Klara in Wien in Sicherheit waren, hielten sich Mutter Amalie und Tochter Sabine im von den Russen besetzten Lemberg auf. Russland betrieb eine Politik der Russifizierung der Ukrainer und verfolgte Juden, die als loyale Unterstützer des Kaisers angesehen und deswegen der Spionage und des Verrats bezichtigt wurden. Versorgungs- und Nahrungsmittelknappheit sowie Hunger und unzureichende medizinische Versorgung erschwerten den Alltag der Bewohner unter russischer Besatzung. Amalies Ehemann Julius war weiterhin an der Ostfront im Einsatz. In der Schlacht von Gorlice-Tarnow gelang es deutschen und österreichischen Truppen, den Russen, die beinahe ganz Galizien besetzt hatten, schwere Verluste zuzufügen. Infolgedessen eroberten die Österreicher am 22. Juni 1915 Julius' Heimatstadt Lemberg zurück. Schließlich stießen die Mittelmächte im Feldzug nach Rowno sogar über die Grenzen Ostgaliziens in russisches Territorium vor.

Die Befreiung Lembergs dürfte mein Ururgroßvater wahrscheinlich noch als freier Soldat erlebt haben, bevor er vermutlich im Herbst 1915 oder Winter 1915/1916 in russische Kriegsgefangenschaft geraten sein muss. Das genaue Datum konnte ich nicht eruieren, da Julius im Gegensatz zu Littman nicht auf einer Verlustliste des k.u.k. Kriegsministeriums als kriegsgefangen aufscheint. Zu diesem Zeitpunkt befanden sich bereits hunderttausende Soldaten der Doppelmonarchie in russischer Haft in den Verbannungsorten des zaristischen Systems in Sibirien und entlang der Transsibirischen Eisenbahn in den russischen Gouvernements Transbaikalien und Priamur, so auch Julius Kornspan, der zwei Postkarten aus dem Kriegsgefangenenlager der Stadt Werchne-Udinsk schickte. Russland unterschied in der Behandlung der Kriegsgefangenen Österreich-Ungarns zwischen den feindlich gesinnten Deutschösterreichern, Ungarn und Juden und den freundlich gesinnten Italienern, Rumänen und den verschiedenen slawischen Völkern. Als Jude gehörte mein Ururgroßvater zu den feindlichen Gefangenen, obwohl er neben Deutsch auch Polnisch und Ukrainisch beherrschte und sich mit letzterer Sprache, die Russisch ähnlich ist, gut verständigen konnte. Die Adresse der ersten Karte ist mit *Werchne-Udinsk, Eisenbahnpark* angegeben, was auf ein Depot der

Eisenbahnwerke hindeutet, wo sich das Gefangenenlager befunden haben muss. Die Kriegsgefangenen wurden in Russland zur Arbeit herangezogen. Sie wurden für Aufbau und Instandhaltung der Lager, in der Landwirtschaft und in der Industrie eingesetzt. Laut der Karte gehörte Julius als Kriegsgefangener der 7. Rotte an. Die Züge, Halbkompanien und Kompanien (Rotten) dienten der Einteilung der Gefangenen nach der Registrierung bei der Ankunft im Lager. Oft waren sie national gegliedert und wurden von einem Offizier geleitet. Wie der französisch-russischen Aufschrift der ersten Karte zu entnehmen ist, stammte diese aus einem Druck der Internationalen Zentralstelle für Kriegsgefangene, einer Zweigstelle des Internationalen Komitees vom Roten Kreuz in Genf, die im August 1914 gegründet wurde. Als Anlaufstelle für die Angehörigen setzten sich die Delegierten für den Schutz der Gefangenen ein, sammelten Informationen über sie und inspizierten die Gefangenenlager. Julius erhielt diese Karte von einem Delegierten. Angesichts der Tatsache, dass mein Ururgroßvater weit von zu Hause entfernt in einem Gefangenenlager in einer Gegend, die für ihre brutalen Winter, die bis zu minus 30 Grad erreichen, berüchtigt war, festsaß, ist es erstaunlich, dass er dem Wortlaut der ersten Karte vom 21. Jänner 1916 (laut dem in Europa gebräuchlichen gregorianischen Kalender 3. Februar) nach augenscheinlich sehr gelassen wirkte:

Teure Mutter!

Es ist schon die 2. Woche, dass ich keine Nachricht von dir habe. Deshalb bitte ich dich, schreibe mir gleich und schicke mir die Foto-

grafie. Ich bin gesund. Ich habe heute eine Karte von der Fr. Klara aus Wien erhalten. Wo ist Frieda? Antworte gleich. Ich küsse dich und das teure Kind

Dein Kornspan[32]

Die zweite Karte aus Werchne-Udinsk wurde den Gefangenen von den Russen ausgehändigt. Sie ziert der russische Doppeladler, das Staatswappen des Zarenreiches, und ist datiert vom 29. März 1916 (11. April), die Julius abermals auf Polnisch, diesmal an *Panna Sabina Kornspan*, Fräulein Sabina Kornspan, richtete, die er in der polnischen Verniedlichungsform ihres Namens ansprach. Gekünstelt vorwurfsvoll schrieb der Vater seiner dreieinhalbjährigen Tochter:

Liebe Sabinska!

Warum schreibst du deinem Papa nicht? Ich habe schon viele Male geschrieben und du kein Wort. Warum? Ich bemühe mich sehr, sogar einen Verlobten habe ich schon ausgesucht. Dieses Mal antworte mir sofort. Sei auch ruhig und der Mama gehorsam. Dafür kaufe ich dir einen neuen (…). Ich küsse dich. Dein Papa.

Julius Kornspan

Der versprochene Verlobte fügte hinzu:

Grüße vom unbekannten Verlobten Eremia[33]

Julius und sein Mithäftling Eremia, der rumänischer Herkunft gewesen sein könnte, müssen sich beim Schreiben einen Spaß gemacht haben. Vielleicht auch um mit den Verhältnissen im Lager fertigzuwerden. Zensuriert wurden beide Karten zuerst durch die Militärzensur der Stadt Irkutsk und auf österreichischer Seite durch die Zensurabteilung des Gemeinsamen Zentralnachweisbüros, was zu Julius' Schönfärberei geführt haben könnte. Beide Karten sandte er an die Adresse in der Zródlana in Lemberg, wo seine Familie wohnte.

Schließlich wurde Julius Kornspan in ein Kriegsgefangenenlager ins 3800 Kilometer weiter westlich gelegene Jekaterinburg im Gouvernement Perm überstellt. Wie Ulan-Ude ist der Bahnhof ein Knotenpunkt der Transsibirischen Eisenbahn. Jekaterinburg war bereits damals eine bedeutende Industriestadt am Uralgebirge. Das Lager befand sich am Gelände der Werch-Isietski Zawod, ein Stahl- und Eisenwerk am Fluss Isset. Der Standort des Lagers lässt vermuten, dass Julius in diesem Industriewerk zur Zwangsarbeit eingesetzt wurde.

Obwohl Lemberg befreit war, war die Stadt bis zur Russischen Revolution 1917 während der Brussilow-Offensive im Sommer 1916 mehrmals gefährdet, sodass in jenem Jahr schließlich auch Frieda und Amalie mit ihren Familien nach Wien flohen, wo sie auf die Unterstützung ihrer Geschwister zählen konnten. Beide bezogen in der Nachbarschaft ihres Bruders Wolf Wohnungen in der Salzachstraße. Klara, die eine Stelle als Sekretärin bekam, wohnte wie ihre drei Geschwister ebenfalls in der Salzachstraße.

Julius' Frau Amalie schrieb aus Wien eine Karte an ihren Mann ins Lager Jekaterinburg. Auf dieser undatierten Karte, die auf der Rückseite eines professionell aufgenommenen Fotos ihrer Tochter klebt und deren polnischer Text nur teilweise lesbar ist, drückte sie ihre Verzweiflung, Sorge und Sehnsucht nach ihrem Mann aus:

(...) auf der Fotographie. (...) der Tochter, sie ist viel schöner, in einem Wort: wunderhübsch. (...) bemühe Dich zurückzukommen, es ist schon genug, (...) Jahre hören wir nichts über Deiner H., die wollten uns etwas helfen und wir können es nicht mehr so, Erbarmung! (...) und komme schnell zurück, wir lieben Dich,

Deine Frau Malka Kornspan[34]

Wie bereits auf dem Bild mit dem Kindermädchen ist meine Urgroßmutter für das Foto hübsch angezogen, ihr Blick ist ernst. Erzählte Mama Amalie ihrer Tochter vom Verbleib ihres Papas? Erstaunlich ist, dass sie trotz ihres Flüchtlingsdaseins für eine Karte an ihren gefangenen Gatten in einem Fotostudio ein Bild ihrer Tochter aufnehmen ließ. Die Aufnahme sollte ihn wohl von den tristen Zuständen des Gefangenenlagers ablenken und an seine kleine Tochter denken lassen.

Der Postverkehr zwischen dem Ehepaar hörte schließlich auf. Julius galt zunächst als vermisst und wurde für tot erklärt. Einer der gefangenen k.u.k. Soldaten des Lagers konnte 1916 durch Entlassung oder Flucht nach Wien zurückkehren und ihm ge-

Sabine, fotografiert in einem Fotostudio in Wien, Besitzer Harry Merl

lang es – vermutlich durch Sabines Foto, auf dessen Rückseite die Adresse Salzachstraße 7 angegeben ist –, Amalie ausfindig zu machen, um ihr von Julius' Schicksal zu berichten. Der Erzählung des Soldaten nach verliebte sich Julius Kornspan im Lager in eine Russin und wurde daraufhin von ihrem eifersüchtigen Mann zu einem Duell aufgefordert. Als Lemberger Jude war Julius mit dem Duellieren, das in der polnischen Oberschicht Galiziens verbreitet war, bekannt, genauso wie sein Gegner, dessen Ehre durch Julius' Avancen verletzt worden war. Während sich in Galizien die Kontrahenten traditionell mit Säbeln duellierten, war unter russischen Adeligen der Gebrauch von Pistolen üblich. Einen Häftling eines Kriegsgefangenenlagers mit einer Waffe auszustatten war sicher verboten, jedoch könnte die Lageraufsicht zur Unterhaltung der Gefangenen darüber hinweggesehen und das Duell gestattet haben. Der Soldat wurde Zeuge der Auseinandersetzung, bei der Julius Kornspan unterlag und ums Leben kam. Daraufhin wurde seine Leiche am Gelände des Lagers in Jekaterinburg verscharrt.

Der tragische Tod meines Ururgroßvaters steht im Kleinen symbolisch für den Untergang der Donaumonarchie, deren Ende er im Jahr 1918 nach fast 650 Jahren Herrschaft der Habsburgerdynastie nicht mehr erleben durfte. Als polnisch-jüdischer Beamter im multikulturellen Lemberg repräsentierte er die mehrsprachige Beamtenschaft, die neben Kaiser Franz Joseph und der k.u.k. Armee als drittes verbindendes Element die durch Nationalitätenkonflikte kriselnde Monarchie zusammenhielt. Mit der Funktion des Kapellmeisters im ruthenischen Nationaltheater bereicherte er mit seiner Leidenschaft, der Musik, das kulturelle Leben der Hauptstadt Galiziens und trug zum Kulturleben Österreich-Ungarns vor 1914 bei. Das Theater Ruska Besida, dem Julius als Kapellmeister angehört hatte, wurde Anfang der 1920er-Jahre aufgelöst. Als erstes professionelles ukrainisches Theater schuf es die Grundlage für das moderne Theater in der Zentral- und Ostukraine.

Der Erste Weltkrieg hatte die Kornspans auseinandergerissen und Amalie und meine Urgroßmutter nach Wien vertrieben. Nun war das Familienoberhaupt tot. Es muss für Amalie Kornspan ein zugleich trauriger und bitterer Moment gewesen sein, von den bizarren Todesumständen ihres Mannes zu erfahren. Dem Wortlaut der Postkarten nach schätze ich ihre Ehe als glücklich und von gegenseitiger Wertschätzung geprägt ein. Mit dem frühen Ableben ihres Papas wurde meine Urgroßmutter bereits als Kleinkind Halbwaise. Ich bezweifle, dass sie noch Erinnerungen an ihren Vater hatte, da sie – abhängig von ihrem Geburtsjahr – ein oder knapp zwei Jahre alt war, als er zur Armee eingezogen wurde. Ohne ein verzeichnetes Grab blieben der Kriegswitwe und ihrer Tochter lediglich ein Foto und zwei Postkarten des Ehemanns und Vaters sowie die Erinnerung an einen talentierten Musiker. Erst als junge Frau erfuhr Sabine durch Amalie von den Todesumständen ihres Vaters, zu dem sie möglicherweise ein zwiespältiges Verhältnis hatte.

Lwiw, 2021

Ausgangspunkt der Reise meines Vaters, meines Onkels und von mir in das ehemalige Galizien ist Lemberg, die Geburtsstadt meiner Urgroßmutter Sabine. Die Stadt befindet sich in der Westukraine und heißt heute Lwiw. Im Gegensatz zu den jüdischen Auswanderern, die von Lemberg über Galizien, Österreichisch-Schlesien und Mähren stets in der österreichischen Reichshälfte der Doppelmonarchie nach Wien reisten, fahren wir von Wien über den ungarischen Grenzort Hegyeshalom nach Budapest und Debrecen, bis wir um ein Uhr früh im nordostungarischen Grenzort Záhony ankommen. Da wir eine EU-Außengrenze überqueren, kontrollieren zuerst ungarische und im ukrainischen Grenzort Chop ukrainische Grenzbeamte unsere Reisepässe, zweitere auch unsere Impfpässe. In Chop wird der Schlafwagen aufgebockt, um seine Radsätze von der europäischen Normalspur auf die in der Ukraine verwendete russische Spurweite umzustellen, bevor es nach Lwiw weitergeht. Vor dem Ersten Weltkrieg dauerte die Reise zwischen den beiden Städten 14 Stunden, mehr als hundert Jahre später aufgrund der Grenzkontrollen und der verschiedenen Radsätze 18 Stunden.

Während der Fahrt grüble ich, wie oft ein Angehöriger meiner Urgroßeltern die Strecke zwischen Lemberg und Wien zurücklegte. Es ist anzunehmen, dass sie auf dieser Strecke mit der galizischen Carl-Ludwig-Bahn bis Krakau und der Kaiser-Ferdinand-Nordbahn bis Wien fuhren. Allein Littman, der 1895 nach Wien zog, später mit seiner Familie zurückfuhr, um seine Eltern und Schwestern zu besuchen, und nach Ausbruch des Ersten Weltkriegs wohl wie die meisten Soldaten vom Nordbahnhof nach Lemberg an die Ostfront geschickt wurde und als Invalide heimkehrte, legte innerhalb von rund 20 Jahren die Strecke mehrere Male zurück. Amalie, die mit meiner Urgroßmutter 1916 nach Wien flüchtete und später nach Lemberg zurückkehrte, nahm diese Verbindung zweimal.

Nach einer Nacht im Schlafwagen fährt der Zug in der Früh durch die ukrainischen Vorkarpaten an Dörfern mit orthodoxen Kirchen und ihren Zwiebeltürmen vorbei und hält schließlich am Hauptbahnhof von Lwiw. Das Empfangsgebäude des Bahnhofs, der 1904 fertiggestellt wurde, ist ein bekanntes Baudenkmal der Stadt. Zur Zeit der Donaumonarchie gehörte der Bahnhof mit seiner gewaltigen Kuppel zu den modernsten Bahnhöfen Mitteleuropas, an dem Züge aus Warschau, Berlin, Paris und Wien ankamen.

Nicht nur der erste Eindruck von Lwiw erinnert uns an die Zeit von 1772 bis 1918, als der Westen der Ukraine unter der Herrschaft der Habsburger stand. Stuckverzierte Häuserzeilen, das Hauptgebäude der Iwan-Franko-Universität, das bis 1918 Sitz des galizischen Landtags war, das 1905 erbaute Gebäude des Nationalmuseums und das im Stil des Wiener Klassizismus erbaute Rathaus am Marktplatz mit seinen Bauwerken aus der Zeit zwischen dem 16. und 20. Jahrhundert, aber auch die kulinarischen Spuren, die sich in der an ihrem Wiener Vorbild angelehnten Kaffeehauskultur und Speisen, die österreichisch-ungarische Einflüsse aufweisen, offenbaren, verleiten uns zu dem Eindruck, in eine österreichische Stadt gereist zu sein. In unserer Vorstellung einer geographischen

Ordnung Europas gehört die Ukraine klar nach Osteuropa, und doch trägt Lwiw eindeutig mitteleuropäische Züge.

Unser Hotel, das Hotel Wien, und das dazugehörige Wiener Kaffeehaus befinden sich an der Hauptstraße und Spaziermeile Swobody-Prospekt, der 1912, im Geburtsjahr meiner Urgroßmutter, Carl-Ludwig-Straße hieß. Carl Ludwig war ein Habsburger Erzherzog und ein jüngerer Bruder von Kaiser Franz Joseph. Die Straße war schon vor dem Ersten Weltkrieg ein Boulevard mit Hotels, Restaurants, eleganten Passagen und Geschäften. Einer der Prachtbauten ist die 1900 eröffnete Lemberger Oper, die heute nach der ukrainischen klassischen Sängerin Salome Kruschelnytska benannt ist und vom ukrainischen Nationaltheater Ruska Besida für Aufführungen gemietet wurde.

Wir machen uns zur Adresse von Ruska Besidas Kapellmeister Julius Kornspan und seiner Familie auf, die nur wenige Minuten entfernt im Stadtteil Krakauer Vorstadt liegt. Vor dem Zweiten Weltkrieg lebten knapp 100.000 Juden, 30 Prozent der Einwohner, in der Stadt, viele davon in der Krakauer Vorstadt. Von den einst zahlreichen jüdischen Institutionen existiert heute nur mehr ein Bruchteil, da sich die jüdische Gemeinde Lembergs nur schwer von den Gräueltaten und Massenmorden an ihren Mitgliedern während des Holocausts erholte. Heute leben ungefähr 1500 Juden in Lwiw.

Die Zródlana heißt heute Dzherelna. Das Wohnhaus der Familie Kornspan in der Dzherelna 2a, deren Name noch immer

Die Adresse der Familie Kornspan in Lwiw 2021, ©Pascal Merl

Quellengasse bedeutet, ist mit Sicherheit das gleiche Gebäude, in dem die Familie vor und während des Ersten Weltkriegs lebte. Von der schmutzig beigen Hausmauer blättert der Verputz herunter, kleine Risse sind zu sehen und mehrere verblasste Graffiti verunzieren das zweistöckige Gebäude. Der Balkon über der metallenen Eingangstür im ersten Stock wirkt baufällig. Sein Geländer ist notdürftig mit einer Plane bedeckt.

Ein Mann mit schütterem Haar und Schnauzbart in Trainingsjacke und kariertem Hemd, der am Stock geht, steht an der Tür und lässt uns in das Haus hinein. Im Parterre ist der Boden mit schönen blauen Fliesen mit detailreichen floralen Motiven verfliest. Das untere Drittel der Wände ist sandfarben, das obere Drittel weiß. 20 blitzblaue metallene Postfächer befinden sich an der linken Wand. Rechts führt ein eisernes Stiegengeländer in den ersten Stock. Durch eine braune Doppeltür kommt man aus dem Parterre hinaus auf den offenen Gang der Hofseite des Hauses, über den weitere Wohnungen zugänglich sind. Der Mann murmelt etwas auf Ukrainisch, weist auf den Boden und sagt mehrere Male „Austri" und meint wohl damit, dass der Fliesenboden aus österreichischer Zeit stammte, als die Familie Kornspan hier ein und aus ging.

Wir verlassen die Dzherelna und besuchen das wenige Schritte entfernte jüdische Spital, das auf einer kleinen Erhebung liegt. Bereits aus der Ferne sticht dieses große maurische Gebäude mit seiner Kuppel ins Auge und erinnert mehr an eine Moschee. Als wir uns dem Spital, das heute ein Entbindungsheim ist, nähern, erkennen wir an der auffälligen, rotbraunen backsteinernen Fassade drei Davidsterne. Jedoch erinnert keine Gedenktafel an die Geschichte des Spitals. Wurde meine Urgroßmutter Sabine hier geboren? Die Abschrift der Geburtsmatrik, die im März 1929 vom Matrikelamt der Kultusgemeinde Lemberg ausgestellt wurde, enthält keine genaue Adresse. Die Nähe zur Zródlana macht es aber sehr wahrscheinlich, dass Mutter Amalie zur Entbindung ihrer Tochter die wenigen Schritte hierherkam.

Wie auch in anderen Teilen der Stadt fallen uns neben deutschen, polnischen und ukrainischen hier insbesondere jiddische Aufschriften auf Hausmauern, die nach dem Krieg übermalt wurden, auf. Da die Farbe abblättert, kommen diese Aufschriften wieder zum Vorschein. Diese warben einst für Produkte, Marken oder Unternehmen, die nicht mehr existieren. Sie wirken wie Erinnerungen an eine vermeintlich gute alte Zeit, in der noch niemand die drohende Katastrophe erahnen konnte.

Wenige Meter entfernt stehen an der Fassade eines Kaffeehauses unter anderem die polnischen Wörter für Warenlager, Accessoires, Utensilien und Schneiderei. Es dürfte sich um ein Großhandelslager, in dem verschiedene Güter verkauft wurden, gehandelt haben. Links von der Eingangstür sind neben jiddischen Aufschriften, die wohl dieselbe Bedeutung wie die polnischen Wörter haben, Stoffbänder und Nähgarne abgebildet. Ob Amalie Kornspan Stoffe für ihre Arbeit als Herren- und Damenschneiderin von diesem Großhandelslager bezog?

Jiddische und polnische Hausinschriften, ©Mario Merl

Ein paar Straßen weiter erblicken wir an der Fassade eines Supermarkts neben polnischen weitere jiddische Aufschriften. Auf eine hat jemand einen Galgen, an dem ein Davidstern hängt, geschmiert. Wir haben nicht nur Spuren der Lemberger Juden und ihrer Institutionen gefunden, sondern auch Spuren von Antisemitismus in einer Stadt, in der die Judenfeindschaft unter der Herrschaft der Nazis während des Krieges vollends eskalierte und trotz der beinahe vollständigen Auslöschung jüdischen Lebens bis heute nicht aus der Stadt verschwunden ist.

Mamme und die fleißige Sonja

Das Kriegsende, die Niederlage und die Kapitulation Österreich-Ungarns am 12. November 1918 hatten massive Auswirkungen auf die jüdische Bevölkerung der Monarchie. Waren sie bisher die einzige transnationale Gruppe gewesen, wurden sie schließlich innerhalb der Bevölkerung verstärkt als Juden wahrgenommen. Das Ende der Kampfhandlungen in Galizien, das nach den Forderungen polnischer Politiker, der Niederschlagung der ukrainischen Autonomiebewegungen in Ostgalizien und dem Polnisch-Sowjetischen Krieg dem neu geschaffenen Staat Polen zugeschlagen wurde, veranlasste viele jüdische Flüchtlinge, in ihre alte Heimat zurückzukehren. Während Klara und Amalie in Wien blieben, kehrten Frieda und Wolf mit ihren Familien im Oktober 1918 beziehungsweise im August 1920 nach Polen zurück. Trotz der Rückkehr riss der Kontakt zur Verwandtschaft in Wien nicht ab. Das deutschösterreichische Staatsbürgerrecht machte Amalie und Klara zu Polinnen, da sie vor ihrer Flucht nach Wien im Kronland Galizien heimatberechtigt gewesen waren. Als Witwe bezog Amalie vom polnischen Staat eine Witwenpension.

Am 28. Dezember 1919 heiratete ihre Schwester Klara im Favoritner Tempel, einem Kuppelbau mit mehreren Zwiebeltürmen, Jehuda Hersch Husmann. Das Paar wurde vom Rabbiner der Synagoge Doktor Aron Mandel getraut. Als zweiter Trauzeuge fungierte Klaras Bruder Wolf. Jehuda Hersch wurde Julius genannt und war Kaufmann. Er wurde 1889 im russischen Proskurow geboren. Die Stadt, die heute in der Ukraine liegt und Chmelnyzkyj heißt, war bis Kriegsende lediglich 70 Kilometer östlich von der Grenze zu Galizien entfernt. 1899 wanderte er mit seinen Eltern Hersch und Chaja Husmann und fünf Geschwistern nach Zürich aus. Die Gründe für die Auswanderung dürften der wachsende Antisemitismus im Zarenreich und die Perspektiven in der wohlhabenden Schweiz gewesen sein. Durch seine Tätigkeit als Kaufmann dürfte er mehrere Male den Wohnort gewechselt haben, da aus den Jahren 1905 bis 1915 mehrmonatige Aufenthalte in Galizien und Russland dokumentiert sind. So kam Julius möglicherweise aus geschäftlichen Gründen in die von den Wirren des Krieges gebeutelte Donaumonarchie. Den Meldeunterlagen nach hielt er sich im Frühling 1918 im Südosten der Markgrafschaft Mähren in Ungarisch Hradisch, dem heute tschechischen Uherské Hradiště, auf, wo er von der k.k. Perlustrierungskommission registriert wurde. Laut einem Artikel des *Evangelischen Gemeindeblatts für Galizien und die Bukowina* vom März 1917 wurden Flüchtlinge von *(...) der dort amtierenden Perlustrierungskommission nach sanitärer und staatspolizeilicher Perlustrierung* [Untersuchung] *nach Nationalitäten getrennt und (...) nach den augenblicklichen Platzverhältnissen bekanntgegebenen Flüchtlings=Niederlassungen oder Flüchtlings=Gemeinden (...) angemeldet.*[35] Demnach wurde Julius Husmann, der russischer Staatsbürger war, als Flüchtling oder Ausländer aufgegriffen und vielleicht von der Kommission nach Wien geschickt. In den ersten beiden Aprilwochen war er an der Adresse des Spitals der Barmherzigen Brüder in der Großen Mohrengasse im 2. Bezirk gemeldet. Das Ordensspital diente während des Krieges als Militärlazarett, in dem Soldaten, Offiziere und mittellose Patienten, darunter wohl auch Julius, versorgt wurden. Nach seiner Entlassung wohnte er bis Ende Juni 1918 in der Leopoldstadt, bevor er nach Zürich zurückging und Ende 1919 abermals nach Wien kam und Klara Durst heiratete. Wo und wie sich die beiden kennenlernten, ist nicht überliefert. Nach der Hochzeit zog das Ehepaar Husmann bei Amalie und Sabine in der Salzachstraße 7 ein.

Amalie war nach Kriegsende weiterhin als Schneiderin tätig und betrieb mit zwei Gehilfinnen in der Wohnung in der Salzachstraße, die von ihr stets gewissenhaft in Ordnung gehalten wurde, eine Schneiderei. Meine Urgroßmutter sprach mit großer Achtung und Liebe von ihrer Mutter und bezeichnete sie als „beste Mutter aller Zeiten". Sie erzählte, diese versuchte, für ihre Tochter ihren verstorbenen Mann zu ersetzen, konnte sehr gut kochen und sang gerne. Aufgrund einer Kindheitserfahrung, als Amalie von einem Sturm beinahe ins Wasser getrieben worden war, ging sie nicht über Brücken und zog es vor, bei vielen Wolken oder Sturm nicht hinauszugehen. Sie hatte Platzangst und war selten krank. Das Judentum spielte in Amalies Leben keine Rolle, da sie keine orthodoxe Jüdin war. Ihr Glaubensbekenntnis dürfte bereits während ihrer Ehejahre nicht von Bedeutung gewesen sein und wurde sicher nicht an meine Urgroßmutter vermittelt.

Mit ihrem Kochtalent, dem Gesang und dem Willen, einige Jahre später ihre Tochter als junge Frau unter die Haube zu bringen, erinnert mich meine Ururgroßmutter an das Klischee der vielfach besungenen und beschriebenen jiddischen Mamme, der jiddischen Bezeichnung für Mutter. Die jüdische Mutter sorgt als gute Köchin für kontinuierliche Nahrungszufuhr, bewältigt den Haushalt mit Leichtigkeit und sieht die Verheiratung ihrer Kinder als Herzensangelegenheit an. Letztendlich will sie wie alle Mütter das Beste für ihre Kinder, nur dass die jiddische Mamme selbst entscheidet, was das Beste ist. Entsprechend diesem Klischee sprachen meine Urgroßeltern von Littman als Vater Merl und von Amalie als Mutter Kornspan.

Meine Urgroßmutter wurde noch während des Ersten Weltkriegs in den letzten Monaten der Monarchie im September 1918 in der Volksschule am nahen Allerheiligenplatz in der Brigittenau eingeschult. Auch wenn ihre Eltern in ihren ersten beiden Lebensjahren mehr Polnisch als Deutsch sprachen, kam sie als Kleinkind in Wien vermehrt mit der deutschen Sprache in Kontakt, um schließlich in der Volksschule die Sprache gezielt zu erlernen. Vielleicht hatte sie in ihrer Kindheit und Jugend einen Akzent, der sich mit den Jahren verlor. Als Flüchtlingskind war sie kein Einzelfall, denn die Brigittenau war nach der Leopoldstadt der Bezirk mit dem zweitgrößten jüdischen Bevölkerungsanteil, wo einige Kinder galizischer Flüchtlinge die Schule besuchten. Viele dieser Kinder wurden in separierten Klassen unterrichtet. Ihre Lehrer waren teilweise ebenfalls geflüchtet. Nach der Volksschule besuchte Sabine von 1923 bis 1926 die Bürgerschule für Mädchen in der Stromstraße. Ein Klassenfoto erinnert an ihre Schulzeit. Anschließend wechselte Sabine in die zweijährige Privathandelsschule Allina, wo sie unter anderem in Stenografie, Buchhaltung und kaufmännischem

Sabine Kornspan (Sechste von rechts, mittlere Reihe) als Schülerin in der Bürgerschule, Besitzer Harry Merl

Rechnen unterrichtet wurde. Die Schule war nach ihrem jüdischen Gründer und Direktor Max Allina, der auch Erzieher bei den Kinderfreunden war, benannt und befand sich in der Rauhensteingasse 3 in der Inneren Stadt nahe dem Stephansdom und der Wohnung von Tante Klara und Onkel Julius Husmann in der Weihburggasse 26. Das prächtige Portal der Schule in der Ballgasse existiert noch immer. Es wird von zwei Skulpturen, die Weisheit und Handel darstellen, geschmückt.

Ich bin sicher, dass Sabines Mutter Amalie diese Schule bewusst für ihre Tochter wählte, um ihr eine gute Schulbildung zu ermöglichen. Es war für ein Kind einer alleinerziehenden Schneiderin aus dem Arbeiterbezirk Brigittenau keine Selbstverständlichkeit, eine Privathandelsschule im noblen 1. Bezirk zu besuchen, aber Sabine, die sich als junge Frau mit Sonja ansprechen ließ, sollte es eines Tages besser als ihre Mutter haben und enttäuschte deren Erwartungen nicht. Im Juni 1929 schloss sie die Handelsschule mit Vorzug ab. Sie bestach durch ihren Fleiß und wurde dafür in ihrem Abgangszeugnis in jedem Fach mit einem „Sehr gut" belohnt.

Schließlich bekam Sabine eine Anstellung als Beamtin, wie Angestellte in Unternehmen damals genannt wurden. Ihr Arbeitgeber war das „Modewarenhaus der kleinen Preise" Josef Zwieback & Bruder und befand sich auf der Mariahilfer Straße 111. Es war eine Dependance des bekannten jüdischen Kaufhauses Ludwig Zwieback & Bruder, das 1895 in der Kärntner Straße errichtet worden war und sich mit seinem Angebot an Wiens gehobene Kundschaft richtete. Sabines erstes Gehalt betrug 104 Schilling und 65 Groschen. Die Auswirkungen des New Yorker Börsenkrachs vom Herbst 1929 hatten weiterhin Folgen für die österreichische Wirtschaft und äußerten sich in Wirtschaftskrisen und Massenarbeitslosigkeit. Im Juni 1932 ging das Modewarenhaus in Konkurs, woraufhin alle Angestellten entlassen wurden. Meine Urgroßmutter wurde im Zeugnis für ihre *außerordentliche Intelligenz, ihren ungewöhnlichen Fleiß* und ihre *absolute Zuverlässigkeit*[36] gelobt, die sie in ihrer Tätigkeit als Sekretärin, Buchhalterin, Kassierin, Telefonistin und Verkäuferin bewiesen hatte. Deshalb empfahl die Leitung von Josef Zwieback & Bruder das Fräulein Kornspan als pflichtgetreue Mitarbeiterin. Nach dem „Anschluss" wurden wie bei allen jüdischen Kaufhäusern die Liegenschaften des Unternehmens „arisiert" und die Eigentümer vertrieben. Auch Sabines zweiter Arbeitgeber, die Kreditgenossenschaft AL-MI-TA auf der Mariahilfer Straße 64, entließ sie im Oktober 1933 nach nur einem Jahr. Als Buchhalterin hatte sie die ihr übertragenen Agenden laut ihrem Arbeitszeugnis zur *vollsten Zufriedenheit*[37] der Genossenschaft erledigt.

Wer weiß, was aus meiner Urgroßmutter hätte werden können, wenn sie die finanziellen Mittel und den Rückhalt einer Familie, sie als Frau zu unterstützen, gehabt hätte? Ein Studium war für Mädchen aus dem Arbeitermilieu praktisch undenkbar. So blieb ihr lediglich die Befriedigung, die Schule mit Leichtigkeit geschafft und ihre Arbeitgeber durch ihren Fleiß beeindruckt zu haben, was diese dem Fräulein Kornspan bei den durch die Wirtschaftskrise bedingten Entlassungen bescheinigten.

Unter Verrückten und Narren

Auch privat musste die Familie Kornspan Anfang der 30er-Jahre einen schweren Schicksalsschlag hinnehmen. Tante Klara und Onkel Julius bezogen im August 1920 die Wohnung von Klaras Bruder Wolf, der mit seiner Familie nach Polen zurückging. Klara war schwanger und wurde im November im fünften Monat der Schwangerschaft mit ihrem Mann *delogiert.* Da sie zuvor bei Amalie in Untermiete wohnten und nun aus ihrer Wohnung in der Kreuzgasse im Bezirk Währing geworfen wurden, vermute ich, dass das Ehepaar kein regelmäßiges Einkommen hatte, um die Miete zu bezahlen. Daraufhin zogen sie zurück zu Amalie und Sabine in die Salzachstraße, wo das Baby großgezogen werden sollte. Klara gebar am 31. März 1921 im Brigittaspital, einem Entbindungsheim der Stadt Wien in der nahe gelegenen Stromstraße, ein Mädchen namens Hermine. Nach wenigen Wochen starb Hermine am 21. April in der Wohnung an Darmkatarrh, einer Erkrankung als Folge von verdorbenen Lebensmitteln oder bakteriellen Infektionen, nachdem das Baby an Fraisen, wie Krämpfe genannt wurden, gelitten hatte. Sie wurde am neuen jüdischen Friedhof begraben, allerdings ist ihr Grab nicht mehr erhalten. Vom hohen Gras umwachsene benachbarte Gräber ebenfalls früh gestorbener Säuglinge lassen vermuten, dass an dieser Stelle einige in den 20er-Jahren verstorbene Kinder begraben wurden. Die Inschriften *Unser Schorscherl, Unser Suserl* und *Unser Hanserl* legen nahe, dass auch der kleinen Cousine meiner damals achtjährigen Urgroßmutter ähnlich liebevoll gedacht wurde.

Neben dem frühen Tod ihrer Tochter erlitt Klara tragischerweise gleich fünf Fehlgeburten, sodass das Paar kinderlos blieb. Aus den Krankenakten des Wiener Stadt- und Landesarchivs geht hervor, dass sie insgesamt vier Mal in der Frauenabteilung der Psychiatrischen Klinik Am Steinhof, dem Otto-Wagner-Spital, stationär behandelt wurde. Die Klinik galt 1907, in dem Jahr ihrer Gründung, als eine der modernsten und größten psychiatrischen Kliniken in Europa. Die Behandlung von psychisch Kranken hatte um die Jahrhundertwende einen Wandel weg von der Verwahrung und Wegschließung zu Behandlung und Beschäftigung der Patienten erlebt. Das Pflegepersonal arbeitete mit Elektrotherapie, Hydrotherapie und Mechanotherapie. Einen Schwerpunkt in der Behandlung sah man in der Beschäftigung der Patienten durch Arbeit, durch die der Eigenbedarf des Otto-Wagner-Spitals weitestgehend gedeckt werden sollte. Spöttisch nannte man das Spital im Volksmund Irrenanstalt. Jemand, der *Am Steinhof* behandelt wurde, galt in der Gesellschaft als Narr und Idiot. Erstmals psychiatrisch untersucht wurde Klara am 13. Mai 1931 von einem Polizeiarzt, woraufhin sie von ihrer Schwester Amalie aufgenommen wurde. Der Grund dafür, dass sie nicht von ihrem Mann gepflegt wurde, muss Julius' Affäre gewesen sein, von der mir meine Großeltern erzählten. Wie schon Amalie wurde auch Klara von ihrem Mann hintergangen. Er hatte eine Affäre mit der polnischen Jüdin Hania Grünberg, die aus Tarnopol stammte und vermutlich während des Ersten Weltkriegs nach Wien geflüchtet war. Zudem schrieb Julius im Jahr 1931 neben seiner Arbeit, die in verschiedenen Dokumenten jener Jahre mit Beamter, Korrespondent, Büroleiter oder Vertreter angegeben wird, an einem Buch über die Straßennamen Wiens, die nach Dichtern und Schriftstellern benannt waren. In den Krankenakten pflegte er großspurig als Schriftsteller zu unterschreiben. Er betrachtete seine kranke Ehefrau wohl als lästiges Hindernis bei seinen Recherchen und dem Schreiben.

Im *Abgangsbogen für die Irrenanstalt*[38] der psychiatrischen Station des Allgemeinen Krankenhauses wurde Klara am 29. Juli 1931 *Manisches Zustandsbild. Paranoia*[39] diagnostiziert, woraufhin sie in das Otto-Wagner-Spital überwiesen wurde. Ihr Aufenthalt dauerte nur wenige Tage, bis sie in Julius' Pflege übergeben wurde. Am 25. September wurde Klara erneut aufgenommen. In den Notizen der Besprechung heißt es:

Sie wisse nicht, warum sie hierher gekommen sei. Sie sei in letzter Zeit weder besonders deprimiert gewesen, habe gut geschlafen, leide nicht an Kopfschmerzen. Sie glaube, daß ihr Mann sie aus der Wohnung haben wollte und daß er sie deshalb nach Steinhof gegeben habe. (...) Sie wisse nicht ob er jemand andern habe, aber sie vermute das. Anhaltspunkte dafür habe sie nicht.[40]

Die Akten enthalten zwei Aufnahmen von Klara, eine von vorne und eine seitlich aufgenommen, auf denen sie eine karierte Bluse trägt, die ihr vom Pflegepersonal des Spitals gegeben wurde. Klaras große Augenringe deuten auf starke Schlaflosigkeit und Unruhe hin. Ihre Vermutung, dass ihr Gatte eine Affäre hatte, wurde vom Spitalspersonal nicht ernst genommen, denn im ärztlichen Gutachten vom 31. Oktober heißt es, dass sie an *rezidivierendem klimakterischen Depressionszustand mit Eifersuchtsideen und auch sonstiger vager Verfolgungswahnbildung*[41] litt.

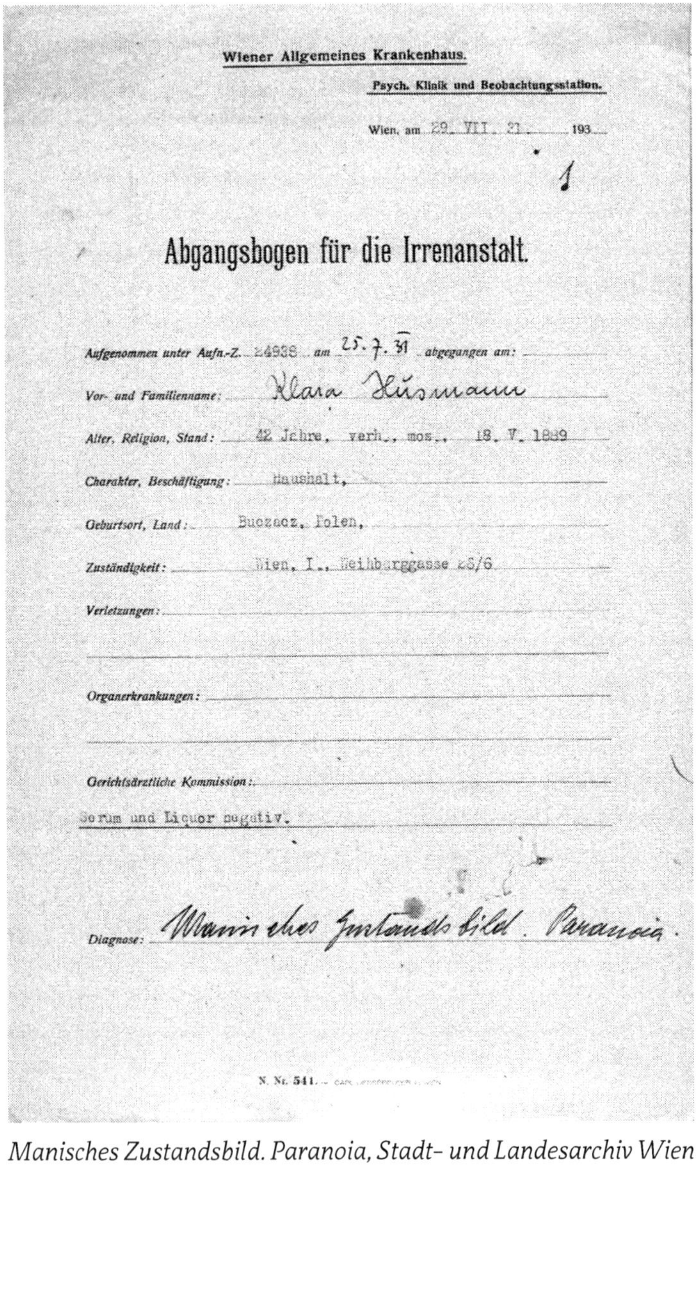

Wiener Allgemeines Krankenhaus.

Psych. Klinik und Beobachtungsstation.

Wien, am 29. VII. 31. 193..

1

Abgangsbogen für die Irrenanstalt.

Aufgenommen unter Aufn.-Z. 24938 *am* 25.7.31 *abgegangen am:*

Vor- und Familienname: Klara Hüsmann

Alter, Religion, Stand: 42 Jahre, verh., mos., 18. V. 1889

Charakter, Beschäftigung: Haushalt,

Geburtsort, Land: Buczacz, Polen,

Zuständigkeit: Wien, I., Weihburggasse 28/6

Verletzungen:

Organerkrankungen:

Gerichtsärztliche Kommission:

Serum und Liquor negativ.

Diagnose: Manisches Zustandsbild. Paranoia.

N. Nr. 541.

Manisches Zustandsbild. Paranoia, Stadt- und Landesarchiv Wien

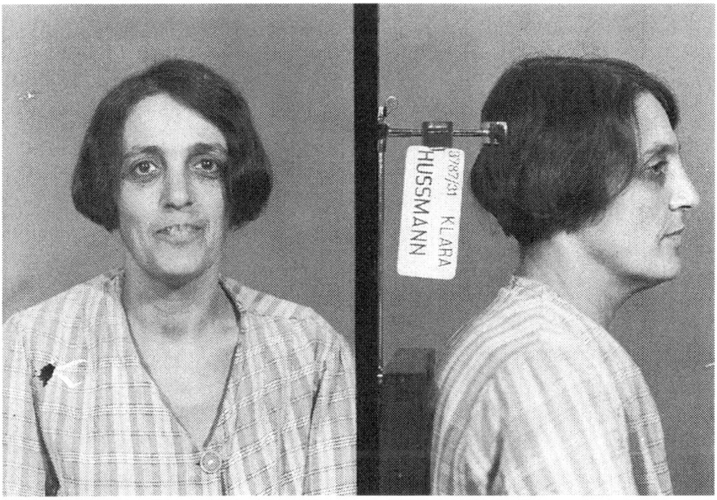

Klara Husmann als Patientin im Otto-Wagner-Spital, Stadt- und Landesarchiv Wien

Da sich Schwester Amalie bei der Anstalt beschwerte, dass sich Julius nicht um seine Frau kümmere, laut Vermieterin eine Affäre habe, nie zu Hause sei und Klara erst auf Aufforderung der Anstalt zu sich nehme, verpflichtete sich Amalie, Klara bei sich und Tochter Sabine nach der Entlassung am 7. November in der Wohnung in der Salzachstraße aufzunehmen.

Kurz wohnte Klara bei ihrer Schwester und Nichte, bis sie zurück zu ihrem Gatten zog. Einen Monat nach ihrer Entlassung versuchte sich Klara das Leben zu nehmen. Unter dem Titel *Lebensmüde* berichtete die Zeitung *Freiheit!* am 2. Dezember von ihrem Suizidversuch:

Die 42jährige Private Klara Hußmann [sic!] *versuchte heute nachts in ihrer Wohnung, 1. Bez., Weihburggasse 26, sich mit Leuchtgas zu vergiften. Sie wurde bewußtlos aufgefunden und von der Rettungsgesellschaft ins Wiedner Krankenhaus gebracht. Ursache der Tat ist ein Nervenleiden.*[42]

Das Einatmen von Leuchtgas, das in Wohnungen für Beleuchtung oder Gasherde verwendet wurde, führt zu einer Kohlenmonoxidvergiftung und war eine verbreitete Methode, sich das Leben zu nehmen, da es ein unsichtbares und geruchloses Gas ist, das die Atemwege nicht reizt. Nach der Aufnahme im Allgemeinen Krankenhaus wurde sie wieder ins Otto-Wagner-Spital geschickt. Sie bestritt den Suizidversuch, denn sie habe sich nur Tee kochen wollen. Am 7. Jänner wurde in der Krankheitsgeschichte notiert:

Sehr erregt, misstrauisch; man mische ihr Gift in die Speisen daher habe sie nach dem Essen immer brennende Schmerzen im Bauche. Unverträglich, geht manchmal in die Nähstube arbeiten.[43]

Und am 12. Jänner: *Drängt sehr hinaus; geht sehr oft auf den Gang um dort zu schreien; unzufrieden, will sich nicht beschäftigen.*[44]

Ende Jänner wurde sie schließlich entlassen, bevor sie Ende Februar erneut aufgenommen wurde. Im Parere der Bezirkshauptmannschaft Hietzing-Umgebung heißt es:

Klara Hussmann (...) wurde am 24.2.1932 von der Sicherheitswache in Mauer bei Wien wegen ihres verstörten Wesens aufgegriffen. Sie weinte auf der Strasse, redete laut vor sich, hatte eine Flasche Lysol und Lysoform bei sich und bestand der Verdacht des Selbstmordes. Sehr unruhig, muss mit Gurten versichert werden. Die Kranke ist einer Geistesstörung verdächtig und wegen Suizidabsicht zur Beobachtung auf die psych. Klinik überstellt.[45]

In der Aufzeichnung zur Aufnahme wurde festgehalten:

Sie bestreitet im tatsächlichen alle Angaben des Pareres. Sie habe sie [sic!] *absolut nicht auf der Strasse auffällig benommen (...) ‚Bei Gott und meiner Gesundheit', schwört sie unter lebhaften Gestikulationen. ‚Gott soll mich behüten, das soll mir noch fehlen.'*[46]

Klara bestritt einen Suizidversuch und beteuerte, dass sie mit ihrem Mann gut lebe. Er meinte nur, *sie solle sich beherrschen.*[47]

Ob Klara Schläge durch das Pflegepersonal erlitt? In ihrer Krankengeschichte heißt es am 3. März: *Orientiert Pat., die sich krank fühlte, aber nicht geisteskrank, ist nicht geordnet, Lebensüberdruß in Frage bittet man möge sie gut behandeln i.e. nicht strafen.*[48]

Weitere aufschlussreiche Notizen sind nicht vorhanden. Am 12. April wurde sie in *häusliche Pflege entlassen und vom Gatten gegen Verpflichtung übernommen.*[49]

Lediglich neun Tage danach suizidierte sich Klara mit Leuchtgas, worüber mehrere Zeitungen berichteten. Der Artikel in der Freiheit! am 22. April 1932 bezeugt detailliert die dramatischen Umstände ihres geglückten Selbstmords und des Auffindens ihrer Leiche:

Die 44jährige Schriftstellersgattin Klara Hußmann wurde gestern abend um halb 9 Uhr in der mit Leuchtgas erfüllten Küche ihrer Wohnung Weihburggasse 26, von ihrem Gatten tot aufgefunden. Frau Hußmann [sic!] *ist erst kürzlich aus der Heilanstalt Steinhof entlassen worden und hat wiederholt Selbstmordversuche unternommen. Frau Hußmann dürfte die Tat in einem Anfalle von Geistesstörung begangen haben. Der Mann gebärdete sich nach dem Tode der Frau wie wahnsinnig und wollte durchaus Selbstmord verüben sodaß er von der Polizei unter Beaufsichtigung genommen wurde.*[50]

Schwester Amalie und Nichte Sabine müssen mit einem Gefühl der Hilflosigkeit die Zuspitzung von Klaras gesundheitlichem Verfall zwischen Spitalsaufenthalten und Entlassungen in Julius' Pflege verfolgt haben. Als Einzige dürften sie Klaras Vermutung von Julius' Affäre Glauben geschenkt haben. Ich nehme an, dass Sabine und Amalie zu ihrem Onkel und Schwager Julius, der mehr als zehn Jahre mit Klara verheiratet gewesen war, nach ihrem Suizid ein sehr ambivalentes Verhältnis hatten. Seine Affäre und seine Gleichgültigkeit gegenüber seiner psychisch kranken Frau hatten zu ihrem Tod beigetragen.

Meine Urgroßmutter erwähnte gegenüber meinen Großeltern nie, dass ihre Tante im Otto-Wagner-Spital stationär behandelt wurde. Kein Wort über eine psychische Erkrankung. Zu groß

Klara Husmann, Besitzer Harry Merl

muss die Hemmung gewesen sein, von einer nahen Angehörigen zu berichten, die Patientin unter Verrückten und Narren in einer Irrenanstalt war, wie der Volksmund spöttisch über die Klinik *Am Steinhof* sprach. Julius' Affäre, so die Nichte Sabine, sei der Grund, warum sich ihre gutaussehende Tante mit Leuchtgas das Leben nahm.

Neben dem Grab der Tochter Hermine ist auch das Grab der früh verstorbenen Mutter Klara am jüdischen Friedhof nicht mehr erhalten. Zu ihrer Person gibt es einige Überlieferungen, aber ein Grabstein, der an einen verstorbenen Menschen erinnert, existiert nicht mehr. Ein einziges Foto aus dem Nachlass meiner Urgroßeltern zeigt Tante Klara in einem vergnüglichen Moment. Im feinen Mantel und mit Hut sitzt sie am Steuer eines offenen Wagens und blickt wie die unbekannte, ebenfalls elegant gekleidete Dame hinter ihr in die Kamera. Schnell fällt auf, dass der Hintergrund und das Auto lediglich Kulisse sind. Die beiden Frauen schlüpften durch Aussparungen in der Kulisse und vermitteln den Eindruck, in einem schicken Wagen zu sitzen. Die Kleidung der beiden Frauen könnte von dem Betreiber zur Verfügung gestellt worden sein. Vielleicht ist das Foto während eines Besuchs eines Fotostudios im Prater entstanden.

Die Trauer des Gatten um seine verstorbene Frau dürfte nicht groß gewesen sein, denn bereits am 8. August 1933 heiratete Julius Hania Grünberg im Stadttempel in der Seitenstettengasse. Im Eigenverlag veröffentlichte er im Herbst 1932 sein Buch *Miniatur-Heimatkunde. Straßennamen als Kulturträger. Dichter, Schriftsteller, Fachschriftsteller.* Die linke Zeitung *Der Abend* lobte das Buch in ihrer Kritik vom 26. Oktober 1932:

Julius Husmann legt ein nettes, handliches Büchlein „Miniatur-Heimatkunde" vor, das in übersichtlicher Anordnung eine lückenlose Aufzählung der Wiener Straßennamen enthält, soweit sie auf historische Ereignisse und Persönlichkeiten, Dichter und Gelehrte zurückgehen. Als Nachschlagewerk bestens zu empfehlen.[51]

Auch die Kritiken im Buch sind voll des Lobes für das Werk. Doktor Anton Becker, Lektor an der Universität und ehemaliger Landesschulinspektor für Wien und Niederösterreich, äußerte sich wie folgt:

Besitzer Pascal Merl

Mühevolle, fleißige, dabei gewissenhafte Arbeit. Ein wertvolles Hilfsbuch für die Heimatkunde von Wien. Die Schulen aller Kategorien werden es als Unterrichtsbehelf, der an das Leben anknüpft, zweckmäßig verwerten können.[52]

Der Wiener Stadtschulrat folgte dieser positiven Rezension und empfahl das Buch im Verordnungsblatt des Stadtschulrates für Wien vom 1. Jänner 1934. Es wurde im Unterricht an Mittel- und Volkshochschulen eingesetzt.

Julius dürfte oft Gast im benachbarten Familien-Café Parkring in der Weihburggasse 28 gewesen sein, denn das Kaffeehaus wirbt in seinem Buch um gut betuchte Gäste:

Jeder Intellektuelle hat nach der Tagesarbeit das Bedürfnis sich auszuruhen. – Das vornehme Familien-Café Parkring mit dem schönen Schönbrunner Saal bietet die beste Gelegenheit.[53]

Sein Buch ist nach wie vor in Antiquariaten erhältlich. Zwei Exemplare, aus Antiquariaten in Wien und Salzburg, enthalten sogar eine persönliche Widmung des Autors. Eine vom 19. April 1933, beinahe ein Jahr nach dem Suizid seiner Frau: *Herrn Amtsleiter Julius Rosenfeld vom Verfasser verehrt. Julius Husmann*. Julius Rosenfeld war von 1905 bis 1946 ohne Unterbrechung Leiter des Matrikelamtes der Kultusgemeinde Wien. Die zweite vom 9. Juni 1933 galt Arthur Freud, einem langjährigen Journalisten der zionistischen Wiener Morgenzeitung: *Herrn Arthur Freud ist diese lokale Heimatkunde vom Verfasser freundlichst verehrt. Julius Husmann*

In der Einleitung seines Büchleins kündigte Julius Husmann, der sich in intellektuellen Kreisen bewegt haben dürfte, die Vorbereitung der Broschüre *Straßennamen als Kulturträger, II. Tonträger* an. Ob es dazu kam und ob der Onkel meiner Urgroßmutter danach weiterhin erfolgreich als Schriftsteller publizierte, ist unbekannt. Bereits vor dem Erscheinen des Buches beschäftigte er sich mit Kartografie und Landeskunde, denn vom März 1927 existiert eine Korrespondenz zwischen ihm und Josef Bick, dem Generaldirektor der Österreichischen Nationalbibliothek, der Julius' Angebot von Hilfe bei der Beschaffung von Neuerscheinungen auf dem Gebiet der schweizerischen Landeskunde dankend annahm. Offensichtlich hatte Julius noch Kontakte in sein früheres Heimatland. In einem Antwortschreiben teilte er mit, dass er das Ansuchen an die Sektion Uto des Schweizer Alpenklubs in Zürich weitergeleitet habe.

Nach dem „Anschluss" wurden Prominente, Beamte, Politiker des Ständestaats und Juden, darunter auch Julius, verhaftet und im Polizeigefangenenhaus an der Rossauer Lände interniert. Vorbereitet wurden diese Verhaftungen noch vor dem deutschen Einmarsch durch die Erstellung von Listen der zu verhaftenden Personen, die ausschließlich aufgrund einer polizeilichen Anordnung ohne Haftprüfung inhaftiert wurden. Im Nationalsozialismus hieß dies euphemistisch Schutzhaft. Am 23. Mai fuhren ein Transport mit 47 österreichischen Juden und ein Transport mit 118 österreichischen Schutzhäftlingen vom Wiener Westbahnhof ins Konzentrationslager Dachau. Julius, der sich bei den 47 jüdischen Häftlingen befand, wurde unter der Haftkategorie „Jude, Schutzhäftling" ins Lager gebracht. Dachau war das erste errichtete Konzentrationslager auf deutschem Boden. In Dachau, in der Nähe von München, erhielt er die Häftlingsnummer 14172. Am 22. September wurde Julius mit einigen weiteren Österreichern ins KZ Buchenwald nahe Weimar überstellt, wo er als Schutzhäftling die Häftlingsnummer 3530 bekam. In Dokumenten zu seiner Haft ist als Berufsbezeichnung Lehrer angegeben. Als Jude stand er an der untersten Stelle der Häftlingshierarchie. Nachdem sich viele Häftlinge verpflichtet hatten, Österreich zu verlassen, wurden sie freigelassen. Julius wurde am 6. Mai 1939 entlassen und kehrte nach Wien zurück. Er entschloss sich, mit seiner Frau Hania zu fliehen, und füllte einen Auswanderungsfragebogen der Auswanderungsabteilung der IKG aus. Julius gab als Sprachkenntnisse neben Deutsch, Französisch, Russisch und etwas Englisch die Plansprache Esperanto an. Überdies wurde im Fragebogen festgehalten, dass er seit der Entlassung vom Abverkauf der Möbel lebte. Ziel der Emigration war New York, wo Julius plante, eine *pädagogische Auskunftszentrale für die Schweiz*[54] zu gründen, vermutlich eine Institution, die Auskunft und Beratung zu Schulen und Universitäten in der Schweiz gab, wo Julius' älterer Bruder Max Schulleiter eines Internats in Zürich war.

Nachdem alle Formalitäten für die Emigration erledigt waren, flüchtete das Ehepaar Husmann im Oktober 1939 in die italienische Hafenstadt Genua, wo sie das Atlantik-Linienschiff Conte di Savoia bestiegen, nach New York fuhren und am 21. Oktober ankamen. Julius Husmanns Flucht reiht sich ein in jene der zahlreichen jüdischen Intellektuellen, die Österreich aufgrund ihrer Religion verlassen mussten. Zunächst wohnte das Ehepaar Husmann in New York im Stadtteil Manhattan, bevor es sich ab November 1940 für einige Monate im Flüchtlingswohnheim Quaker Hill Hostel in Richmond im Bundesstaat Indiana aufhielt. Das Heim wurde von Quäkern betrieben, die den Flüchtlingen Englischunterricht und Beratung für ihre weitere Zukunft in den USA anboten. Ende Februar 1941 verließen Julius und Hania das Heim und kehrten nach New York zurück, wo sie abermals in Manhattan wohnten. Sie bezogen eine Unterkunft im Viertel Manhattan Valley, wo viele deutsche und irische Einwanderer lebten. Julius, der in Dokumenten aus den 40er-

Jahren weiterhin als Schriftsteller bezeichnet wird, dürfte Mühe gehabt haben, eine geregelte Arbeit zu finden, denn eine Meldebescheinigung aus dem Jahr 1942 weist ihn als arbeitslos aus. Nach Kriegsende kehrte das Paar nicht nach Wien zurück und nahm im Herbst 1946 die amerikanische Staatsbürgerschaft an.

Julius starb im Alter von nur 58 Jahren am 23. Juli 1947 an einer Erkrankung der Herzkranzgefäße. Er verstarb im Knickerbocker-Krankenhaus im Stadtteil Harlem. Im Krankenhaus wurden vor allem Immigranten und arme Leute behandelt. Julius wurde am Mount Richmond Friedhof im Stadtteil Staten Island begraben. Der Friedhof, der von der jüdischen Wohltätigkeitsorganisation Hebrew Free Burial Association geführt wird, ist die letzte Ruhestätte mittelloser jüdischer Einwanderer. Hania Husmann überlebte ihren Mann um mehr als 20 Jahre. Sie wurde 80 Jahre alt und starb am 30. Juni 1969. Sie wurde wie ihr Mann am Mount Richmond Friedhof begraben. Im Nachlass meiner Urgroßeltern, zu denen der Kontakt nach der Flucht in die USA abriss, gibt es kein Foto von Julius Husmann.

In der Brigittenau

Sabine war Ende der 20er-Jahre im heiratsfähigen Alter. Um heiratswillige junge Männer kennenzulernen, schickte Mamme Amalie ihre Tochter *auf Beschau*. Mit zarten 16 Jahren sollte sie im Café Westend, einem klassischen Wiener Kaffeehaus an der Ecke Neubaugürtel/Mariahilfer Straße, die Augen nach guten Partien offen halten. Auch bei der Partnerwahl wollte Amalie nur das Beste für ihre Tochter, auch wenn es ungewöhnlich scheint, dass sie meine Urgroßmutter auf Beschau schickte und nicht wartete, dass Männer ihr Avancen machten. Offensichtlich wusste sie es besser und war entschlossen, Sabine alsbaldigst unter die Haube zu bringen. Sie sollte Julius, den Sohn des jüdischen Ehepaars Adolf und Genedel Gusti Kornspan, heiraten. Der Vater betrieb eine Margarinefabrik in der Brigittenau, die der Sohn eines Tages erben sollte. Obwohl meine Urgroßmutter behauptete, dass Julius ihr Cousin war, vermag ich nicht sicher zu sagen, ob das Ehepaar Kornspan tatsächlich verwandt mit Sabines Vater Julius war. Der Stammbaum der Familie Kornspan kann dies nicht bestätigen.

Mit Sicherheit taugte der Versprochene als idealer Ehemann, da er aus gutem jüdischem Hause stammte. Ob auch sein Vorname eine Rolle spielte? Jedenfalls kam die Verkupplung nicht zustande, vielleicht weil Sabine damals schon mit meinem Urgroßvater Willi bekannt war, den sie bereits als Jugendliche kennenlernte. Auch er hatte sich Vermittlungsversuchen widersetzt, als man ihm nahelegte, die Tochter einer Branntweinerfamilie zu heiraten. Meine Urgroßeltern verband, dass sie als Kinder während des Ersten Weltkriegs auf tragische Weise einen Elternteil

Willi und Sonja (mittlere Reihe links) mit Freunden an der Donau, Besitzer Harry Merl

verloren hatten und Armut erfahren mussten. Ein Foto aus der Zeit vor der Hochzeit zeigt die beiden in einer Gruppe von jungen Leuten an der Donau. Mein Großvater vermutet, dass sich seine Eltern in einer Gruppe junger Männer und Frauen kennenlernten. Sie waren drei Jahre liiert, bevor sie am 27. Mai 1934 im Leopoldstädter Tempel heirateten. Getraut wurden sie vom Rabbiner Doktor Israel Taglicht, der 1936 interimistisch Oberrabbiner Wiens wurde.

Da meine Urgroßmutter als Tochter einer polnischen Jüdin erst nach Kriegsbeginn nach Wien gekommen war, war sie bis zur Heirat polnische Staatsbürgerin. Erst durch die Ehe mit meinem in Wien geborenen Urgroßvater nahm sie automatisch dessen

Die Hochzeit im Leopoldstädter Tempel 1934, Besitzer Harry Merl

Staatsbürgerschaft an. Nach der Heirat zog der Bräutigam zu seiner Braut und seiner Schwiegermutter Amalie, mit der er sich nicht gut verstand. Die Gründe dafür sind mir nicht bekannt, aber ich könnte mir vorstellen, dass Mutter Kornspan, die ihre Rolle sehr ernst nahm, hohe Erwartungen an ihren Schwiegersohn hatte.

Als meine Urgroßeltern heirateten, war meine Urgroßmutter bereits mit meinem Großvater Harry schwanger, den sie nach einer schweren Geburt am 11. November 1934 im Brigittaspital zur Welt brachte. Er war das dritte Enkelkind von Littman und Chaje Feige und das erste von Amalie, die er Omama nannte. Sie sorgte sich liebevoll um den Enkel und fütterte ihn, wenn

Vater Willi und Sohn Harry in der Wohnung in der Salzachstraße 7, Besitzer Harry Merl

er hungrig war. Auch mein Urgroßvater nahm sich um seinen Sohn an und gab ihm angeblich Rindssuppe zu essen. Einige Fotos meines Großvaters als Kleinkind mit seinen Eltern in der Wohnung lassen erahnen, welche Bedeutung der kleine Bub für seine Eltern und seine Großmutter hatte.

Sabine kümmerte sich nun um ihren Sohn und den Haushalt, während Willi für den Lebensunterhalt der Familie sorgte. Nach Bestehen der Meisterprüfung vor der Prüfungskommission der Genossenschaft der Juweliere, Gold- und Silberschmiede machte er sich im Mai 1935 als Gold- und Silberschmied selbstständig und richtete in der Wohnung in der Salzachstraße eine kleine Werkstatt ein. Er hatte vor, ein Geschäft zu eröffnen, und stellte Dosen, Etuis, Entwürfe für Zigaretten- und Puderdosen sowie Fassungen für Juwelen und Silbergeschirr her. Manchmal fertigte er im Auftrag Eheringe und anderen Schmuck an.

Willi und Sabine waren Anhänger des Wiener Journalisten und Zionisten Robert Stricker. Dieser war am Aufbau der österreichischen Sektionen der Judenstaatspartei und des World Jewish Congress beteiligt. Mehr und mehr Anhänger des Zionismus wanderten in den 30er-Jahren nach Israel aus, wobei meine Urgroßeltern sicher nie daran dachten. Mein Großvater äußerte einmal die Vermutung, er habe den englischen Namen Harry bekommen, da seine Eltern in den 30er-Jahren eine Auswanderung in die Vereinigten Staaten erwogen. Ein Cousin der Geschwister, Jakob Bader, der Sohn von Moses und Sara Merls älterer Schwester Gitl, hatte in Wien als Friseur gearbeitet und zog mit seiner Mutter 1930 nach New York.

Gelegentlich besuchte Vater Wilhelm mit seinem Sohn eine Synagoge. Außerdem fastete die Familie am jüdischen Fasttag Jom Kippur, was für meinen Großvater als Kleinkind belastend war. Nicht nur durch die Traditionen, sondern auch durch Erzählungen seines Vaters wurde ihm das Judentum aus dem Alten Testament vermittelt. Die Familie besaß in ihrer bescheidenen Wohnung ein Klavier der bekannten Klavierbaufirma Rosenkranz, das Mutter Sabine gebraucht gekauft hatte. „Auf diesem Klavier spielte ich meine ersten Töne. Dadurch war ich für meine Eltern etwas Besonderes",[55] berichtete mein Großvater. Vater und Sohn besuchten die Großeltern Littman und Chaje Feige am Sabbat und an anderen jüdischen Feiertagen. Am Sabbat gab es in der Souterrainwohnung wie bei vielen aschkenasischen Juden immer einen Karpfen zu essen. Er schwamm in einer Blechschüssel am Fensterbrett, bevor er zubereitet und verspeist wurde.

Das einzige Foto, das Littman und Chaje Feige gemeinsam als Eheleute zeigt, muss in dieser Zeit aufgenommen worden sein. Mit Sicherheit wurden sie in der Souterrainwohnung fotografiert, da sich auf der Höhe der beiden ein Fenster befindet, durch das Passanten blicken konnten. Littman, der knapp 60 Jahre alt war, trägt einen abgetragenen Anzug. Sein rechter Arm liegt schützend auf der Schulter seiner Frau, als wollte er dem Fotografen seine Treue zu ihr betonen. Chaje Feige, die Ende 60 war, wirkt mit ihren grauen Haaren und dem rechten Auge, mit dem sie nur mehr schlecht sehen konnte, merklich älter und gebrechlicher als ihr Mann. Littmans Fotos zeigen seinen Werdegang des jungen Kaufmanns, den der Erste Weltkrieg zum Invaliden und Witwer gemacht hatte und der seine Familie durch einen Süßwarenstand über Wasser hielt. Nun war er gealtert und arm, jedoch durfte er zu seinem Glück mitansehen, wie seine Kinder gute Berufe ergriffen und selbst Familien gründeten. Auch sei-

Chaje Feige und Littman Merl in der Souterrainwohnung, Besitzer Harry Merl

ne Schwiegertochter Sabine, meine Urgroßmutter, hatte nach vielen Schicksalsschlägen mit der Heirat und der Geburt ihres Sohnes ihr privates Glück gefunden. „Das war eine gute Zeit",[56] beschloss mein Großvater einmal seine Erinnerungen an seine ersten vier Lebensjahre.

„Anschluss“ und Flucht

„Und dann kam ein Bruch."[57] So beschrieb mein Großvater mehrere Male den Umbruch, den der „Anschluss" Österreichs an Hitlerdeutschland brachte. Am 11. März 1938 überschritten Soldaten der Wehrmacht die deutsch-österreichische Grenze, Adolf Hitler beschloss in Linz den „Anschluss" Österreichs an Deutschland und verkündete diesen zwei Tage später vor den ihm frenetisch zujubelnden Massen am Wiener Heldenplatz. „Ein Volk, ein Reich, ein Führer!" und „Sieg Heil!" riefen die Wiener Hitler zu, als dieser in einer Autokolonne durch die mit Hakenkreuzfahnen geschmückte Stadt fuhr.

Das Leben der österreichischen Juden änderte sich nun schlagartig. Die antijüdische Politik, die in Deutschland seit der Machtergreifung Hitlers im Jahr 1933 zunehmend verschärft wurde, traf Österreichs Juden mit voller Wucht. Der Antisemitismus, durch Kirche und Politik seit langem in der Gesellschaft tief verankert, durfte nun offen gezeigt werden. Juden und Jüdinnen wurden Zielscheibe von Beschimpfungen, Misshandlungen, Prügeleien und Vergewaltigungen.

Vergeblich hatte Bundeskanzler Kurt Schuschnigg versucht, den „Anschluss" zu verhindern, und überhastet eine Volksabstimmung ausgerufen. Unter dem Druck Hitlers musste er diese zurücknehmen und beschloss, keinen militärischen Widerstand zu leisten, um kein „deutsches Blut" zu vergießen. Parolen der Vaterländischen Front auf Hauswänden und Gehsteigen zeugten von diesem letzten Versuch, Österreichs Unabhängigkeit zu retten. Robert, der Cousin meines Großvaters und Sohn von

Rosa und Franz Cerny, erzählte mir, wie er als Vierjähriger die sogenannten Reibpartien erlebte, bei denen Wiener Juden den Gehsteig von den Parolen reinigen mussten, während ringsherum Wiener ihnen höhnisch zusahen und sie verspotteten: „Die Juden mussten am Trottoir reiben. Sie hatten eine Tafel am Buckel: Ich bin ein Jude. Spucken Sie mich an!“[58]

Zwei handgeschriebene Bestätigungen vom März und April 1938 besagen, dass meine Urgroßeltern zu Reinigungsarbeiten in SS-Heimen gezwungen wurden. Auf dem Papier eines Notizblocks mit Werbeaufdrucken des deutschen Putzmittelherstellers Siegel und Co heißt es: *Merl Sabine Salzachstraße 7/38 hat heute im Heim Engerthstrasse gerieben. Am 22/3. 1938.* Und: *Bestätige das* [sic!] *Herr u Frau Merl das SS Heim am Tabor 3 heute Dienstag den 26. April 1938 gereinigt haben.*[59]

Warum besaßen sie Bestätigungen von dieser Arbeit? Dahinter steht wohl weniger der Sinn der Nazis für Ordnung und Genauigkeit, sondern vielmehr die Voraussicht meiner Urgroßeltern. In Hinblick auf die Zukunft erhofften sie sich vermutlich Vorteile von diesen Bestätigungen.

Mit der Volksabstimmung zum „Anschluss“ am 10. April sollte dieser scheindemokratisch legitimiert werden. Durch die Propagandaoffensive der Nationalsozialisten, die Einschüchterungen Oppositioneller und den Ausschluss von Juden von der Wahl erreichten die Nazis eine überwältigende Zustimmung von 99,73 Prozent. Am 20. Mai traten die Nürnberger Rassegesetze

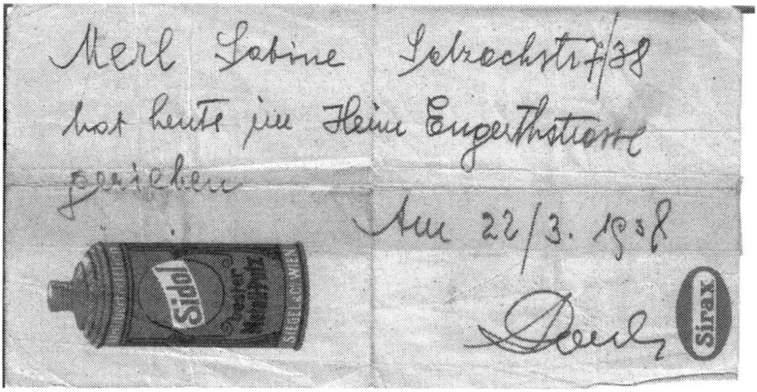

Merl Sabine Salzachstr 7/38
hat heute im Heim Engerthstrasse
gerieben
Am 22/3. 1938
[illegible]

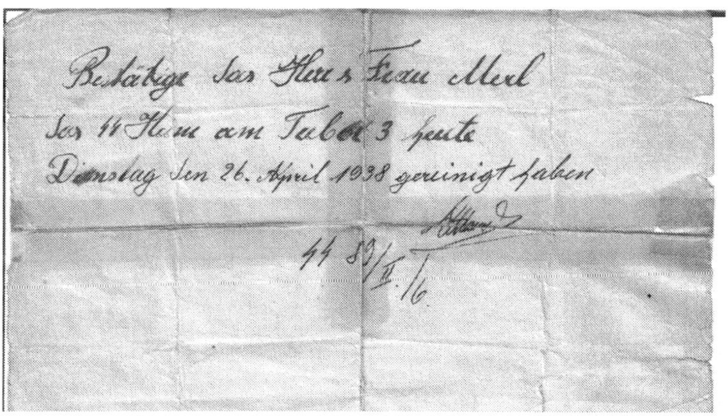

Bestätige das Herr u. Frau Merl
das SS Heim am Tabor 3 heute
Dienstag den 26. April 1938 gereinigt haben
[illegible]
SS 89/II/6

Besitzer Harry Merl

in Kraft. Sie bestimmten, wer als jüdisch galt oder als „Mischling" definiert wurde, und waren Voraussetzung, um gegen die nunmehr kategorisierten und definierten jüdischen Gruppen vorgehen zu können. Hermann Göring versprach, Wien innerhalb von fünf Jahren „judenfrei" zu machen.

Unter den neuen Umständen war der Großfamilie Merl wohl bald klar, dass die Gefahr einer Verhaftung und Deportation zunehmend wahrscheinlicher wurde. Mit dem Beginn der nationalsozialistischen Herrschaft in Österreich setzte eine Fluchtwelle unter den österreichischen Juden ein. Ab Mai konnten sich Österreichs Juden bei der Fürsorge-Zentrale der Kultusgemeinde Wien registrieren lassen. Diese Zentrale musste auf Anordnung der Gestapo eine Auswanderungsabteilung bilden, bei der Auswanderungswillige, sehr oft das Familienoberhaupt, einen Fragebogen ausfüllten, um Angaben über sich und die Familie zu machen. Mehr als 43.000 Personen machten für sich und 74.000 Angehörige Angaben in diesem Fragebogen.

Der Familienvater Littman kontaktierte seinen Neffen Jakob Bader in New York. Dieser nannte sich inzwischen Jack, lebte mit seiner Mutter Gitl in der Morris Avenue in der Bronx und arbeitete als Hufschmied. Als amerikanischer Staatsbürger konnte er der Verwandtschaft in Wien ein Affidavit verschaffen, eine beglaubigte Bürgschaftserklärung, in der er garantierte, im Notfall für den eingewanderten Verwandten aufzukommen, damit dieser dem amerikanischen Staat nicht zur Last fallen würde. Littman füllte am 17. Mai für sich, seine Frau Fanny und die Töchter Paula, Jetti und Rosa einen Fragebogen[60] aus. Er gab an, gemeinsam mit seiner Frau und seinen Töchtern auszureisen und bei der Verwandtschaft in New York arbeiten zu wollen. Die antijüdischen Gesetze, die nun auch in der Ostmark in Kraft traten, erschwerten der Familie zunehmend das Überleben. Den jüdischen Kriegsveteranen wurden ihre Entschädigungen entzogen. Littmans Süßwarenstand wurde beschlagnahmt. Das bescheidene Einkommen, das die Familie viele Jahre über Wasser gehalten hatte, war weg.

Hermann hatte mit Ende des Wintersemesters 1937/38 sein viertes Semester des Medizinstudiums abgeschlossen. Die ersten beiden der vier Teilprüfungen der I. Rigorosenprüfung, Chemie für Mediziner bei Professor Fürth und Physik für Mediziner bei Professor Schweidler, absolvierte er mit ausgezeichnetem Erfolg. Nach der Machtübernahme der Nationalsozialisten wurden jüdische Studenten gezwungen, ihr Studium abzubrechen. Jüdisches Lehr- und Verwaltungspersonal wurde entlassen. Hermann war zunächst weiterhin bei Neuhaus & Derflinger angestellt. Ein befreundeter Arbeitskollege warnte Hermann vor dessen Bruder, der ebenfalls in der Firma arbeitete und meschugge sei. Dieser war der SA beigetreten und demonstrierte seine Zugehörigkeit durch seine Uniform. Er beschimpfte und bedrohte Hermann: „Die Juden sollen vernichtet werden!" Genüsslich erzählte Hermann von einer Schlägerei mit dem Nazi: „Eines Tages ging ich mit Helly einkaufen. Da kam der Mann heraus und sagte: ‚Deine Frau ist eine Judenhure!' Ich schlug auf seine Nase, diese fing an zu bluten. Ich schlug ihn immer wieder. Er war so ein Feigling und rannte zu seiner Mutter. Seine Mutter kam mit einem Besen heraus und schrie: ‚Wir werden dich kriegen! Die SA wird dich kriegen und in ein Konzentrationslager stecken!'"[61]

Der befreundete Kollege warnte Hermann vor der SA, die von seiner Mutter gerufen wurde. Er drängte ihn, nicht nach Hause zu gehen und sich zu verstecken. Während Helene bei ihrer Tante untergebracht war, fand Hermann bei seinem langjährigen Freund Hans Pitterstein Unterschlupf und nicht bei seinen Geschwistern, um sie nicht in die Sache hineinzuziehen, denn er stand auf einer Liste der Nazis und war in großer Gefahr. Er war von Helly getrennt, sie war aber geschützt und wurde nie nach ihm befragt. Das Paar konnte sich heimlich treffen. Dennoch musste sich Hermann vor Gericht verantworten. Überraschend wurde er vom Richter freigesprochen, da er Hermann wohlgesonnen war. Dieser wies ihn an, das Gericht über einen Hinterausgang zu verlassen, da er befürchtete, Angehörige und Freunde des SA-Mannes könnten Hermann beim Haupteingang auflauern, um ihn zu verprügeln. Jedoch war klar, dass nur eine Flucht ihn in Sicherheit bringen würde. In der Zwischenzeit wurde Hermanns Firma Neuhaus & Derflinger „arisiert" und hieß nur noch Derflinger. Ab sofort waren jüdische Lehrlinge unerwünscht und Hermann war arbeitslos. Ohne Arbeit und in der Gefahr, verhaftet zu werden, füllte er nach seinem Vater Littman einen Fragebogen[62] der Kultusgemeinde aus. Ziele waren Nordamerika, Palästina, die britischen Kolonien, Australien und Kanada, wo er sich als Mechaniker oder notfalls in einem anderen Beruf über Wasser halten wollte.

Auch meine Urgroßeltern bemühten sich um eine Auswanderung für ihre Familie und Amalie Kornspan. Um die Chance auf eine Ausreise zu erhöhen, beschrieb Sabine, die am 30. Mai einen Fragebogen ausfüllte, ihren Mann als *Spezialisten in Gold und Silberwarenerzeugung von Zigaretten und Puderdosen, Käm-*

men, Lippenstiften sowie in allen einschlägigen Arbeiten bestens versiert. Ausserdem Kenntnisse in Schlosserei, Mechanik und Elektrotechnik. Zudem gab sie an, ihre Mutter sei eine *gelernte, erstklassige Schneiderin für Kleider, Mäntel, Kostüme.*[63] Wilhelm Merl plante, nach der Emigration in seiner Branche unterzukommen. Die Umstände zwangen sie, verfälschte und nur teilweise richtige Angaben bei Verwandtschafts- und Freundesbeziehungen zu machen. Sie schrieb, neben *9 Oheims, 9 Tanten, Großmütter, unzählige Cousinen und Cousins in New York auch 2 Cousins in Paris, 1 guten, reichen Freund in London und Pflege-Eltern und Cousins in Triest*[64] zu haben. Namentlich nannte meine Urgroßmutter keinen Verwandten, jedoch gab es neben Jack Bader die amerikanische Verwandtschaft ihres Vaters Julius Kornspan, wobei fraglich ist, ob diese für ihre Familie gebürgt hätte. Die Beziehungen nach Paris, London und Triest sind mit Sicherheit erfunden, jedoch muss meine Urgroßmutter fest entschlossen gewesen sein, aus Wien zu fliehen. Dabei war ihr jedes Mittel recht, dies zu erreichen. Als Auswanderungsziele gab sie New York, England, Italien, Frankreich und Belgien an.

Schließlich hatte Wilhelm den Plan, mit den sogenannten *Wind-Burschen* nach Belgien auszuwandern, wohin er seine Familie nachholen wollte. Bereits am 15. März beauftragte die belgische Regierung das Konsulat in Wien, keine Visa mehr an Österreicher zu erteilen, sodass sich Flüchtlinge zu Wucherpreisen illegal über die grüne Grenze bei Aachen schmuggeln ließen. Als mein Großvater in der Nacht vor der Abreise mitbekam, dass sein Vater Wien verlassen wollte, stellte er sich vor die Tür und sagte, dass Willi nicht wegdürfe. Daraufhin blieb Vater Wilhelm bei der Familie in Wien, wohl auch, weil er am Gelingen des Unternehmens zweifelte. Der Überlieferung nach wurden die *Wind-Burschen* in Belgien erwischt und erschossen.

Endlich erreichte Jack Baders Affidavit die Verwandtschaft in Wien. Mein Urgroßvater verzichtete, weil er seine Familie nicht zurücklassen wollte. Rosa und Franz lebten den Nürnberger Rassegesetzen nach in einer „privilegierten Mischehe", da der Gatte „Arier" war. Diese Paare wurden vom Großteil der antijüdischen Bestimmungen ausgenommen und konnten in ihren Wohnungen bleiben. Solange Franz sich nicht von Rosa trennte, erfuhren sie und ihre „halbjüdischen" Kinder Grete und Robert einen gewissen Schutz. Paula hatte keine Familie. Ich denke, dass sie verzichtete, weil sie sich imstande sah, gut für sich selbst zu sorgen. Jetti zog Mitte Mai zu ihren Eltern, vermutlich um ihnen in dieser gefährlichen Zeit beizustehen. Somit fiel die Wahl auf Hermann, der auf einer Liste der Nazis stand. Um ihn zu schützen, sollte er das Affidavit bekommen. Er war ein junger Medizinstudent mit Erfahrung in der Labormedizin und ein guter Mechaniker. Zudem sprach er Englisch und Französisch. Jemandem, der den Mut hatte, als Kind von zu Hause davonzulaufen und nach dem „Anschluss" einen Nazi zu verprügeln, sollte es gelingen, in den USA Fuß zu fassen.

Juden, die das Land verlassen wollten, mussten die im August 1938 von Adolf Eichmann im „arisierten" Palais Rothschild eingerichtete Zentralstelle für jüdische Auswanderung aufsuchen.

Sämtliche Auswanderungsanträge von Juden mussten über die Zentralstelle abgewickelt werden. Diese hatte den Zweck, die zwangsweise Emigration zu beschleunigen; tatsächlich wurden hier Juden oft unter Androhung von Gewalt systematisch enteignet. Da Hermann am amerikanischen Konsulat in der Lustig-Prean-Gasse 9 (heute Jaurèsgasse) im 3. Bezirk sein Affidavit vorweisen konnte, wurde ihm ein Einwanderungsvisum erteilt. Nach der Untersuchung am Konsulat musste nun seine Flucht finanziert werden. Die Kultusgemeinde unterstützte Auswanderer bei ihren Bemühungen auszureisen, so auch Hermann. Das Schreiben eines Mitarbeiters vom 22. September bezeugt das Elend, in das Hermann binnen weniger Monate geraten war:

Bittsteller arbeitsloser Werkzeugschlosser der ausser den Kleidern die er am Leibe trägt und der Arbeitslosen-Unterstützung nicht mehr besitzt. – Wohnt auf einem armseligen Kabinett unter angegebener Adresse [am Max-Winter-Platz, heute Sterneckplatz in der Leopoldstadt wie Schwester Paula] *als Untermieter und zahlt aus der Arbeitslosen-Unterstützung den monatlichen Zins von RM 10. – Der Notstand ist voll gegeben. Hat Zusage von Geeldemester, dass wenn wir erledigen, auch von dort ein Betrag zu haben sein wird. – Da der Bittsteller ganz mittellos ist und nichts aufbringen kann, befürworte ich volle Reisespesen zusammen mit Geeldemester.*[65]

Die „Aktion Gildemeester" ging von einigen jüdischen Unternehmern und dem dubiosen Niederländer Frank van Gheel-Gildemeester aus. Dieser hatte sich während des Austrofaschismus für inhaftierte Sozialdemokraten und Nationalsozialisten eingesetzt. Daher gestatteten ihm die ihm wohlgesonnenen NS-Behörden, eine Hilfsaktion aufzubauen. Diese hatte bis September ihren Sitz am Kohlmarkt in der Inneren Stadt und finanzierte sich über den „Gildemeester-Fonds", in den wohlhabende Juden, die auswandern wollten, 10 Prozent ihres Vermögens einzahlten. Auswanderungswillige wie Hermann stellten einen Antrag an das Auswanderungshilfsbüro, das sie bei der Bezahlung von Abgaben, Steuern und Reisespesen sowie bei der Beschaffung nötiger Dokumente unterstützte. Hermann erhielt aus dem Fonds 150 und von der Kultusgemeinde 180 Reichsmark, um seine Flucht zu finanzieren. Auch von seinem Bruder Willi und der Schwägerin Sabine erhielt Hermann Geld für die Flucht.

Um Helly zu schützen, beschloss Hermann, sich von ihr scheiden zu lassen. Am 28. September 1938 ließ der zukünftige Arzt seine Frau und seine Familie in Wien zurück, um in die belgische Hafenstadt Antwerpen zu reisen, wo er am 8. Oktober den Dampfer SS Koenigstein der belgisch-US-amerikanischen Red Star Line bestieg und über den Atlantik nach New York reiste.

Schwester Jetti wohnte wieder bei ihren Eltern in der Souterrainwohnung in der Wehlistraße. Sicher litt ihre Stiefmutter, der Jetti nahestand, unter den neuen Umständen. Fanny war 67 Jahre alt und ihr ging es gesundheitlich nicht besonders gut. Wie ihr Vater und ihre Geschwister war auch Jetti arbeitslos, nachdem im Juli ein Berufsverbot für unselbstständige Juden eingeführt worden war und da ihr Arbeitgeber, der Hutsalon, sie

Mitte September entließ. Aus einer handschriftlichen Notiz eines Mitarbeiters der Kultusgemeinde vom 19. Oktober geht hervor, unter welcher Not Jetti und ihre Eltern seit dem „Anschluss" litten:

Petentin Jetty Merl bis zum 14.9. als Modistin, mit einem wöchentlichen Einkommen von RM 20.- und seither lt. Karte arbeitslos, wohnt bei ihren in geradezu schauerlichen Verhältnissen wohnenden Eltern, welche durch I.K.G. Ausspeisung Wohlmutstraße 19 befürsorgt werden. Wohnung aus Zimmer Küche + Vorzimmer in den Hof gehend, finster und feucht, mit zerbrochenen Möbeln notdürftig eingerichtet.[66]

Die Armut muss derart groß gewesen sein, dass weder Jetti noch Vater Littman selbst Essen beschaffen konnten, sodass die Familie von der Ausspeisung der Kultusgemeinde lebte. Allein in der Leopoldstadt betrieb diese sechs Suppenküchen, die täglich eine Mahlzeit bestehend aus Suppe, Gemüse und Brot ausgaben. An Samstagen und jüdischen Feiertagen gab es zusätzlich eine Mehlspeise und eine Semmel anstatt des Schwarzbrots. Erneut kontaktierten Littman und Fanny ihren Neffen Jack Bader, damit er ein weiteres Affidavit schickte, das Jetti die Ausreise ermöglichen sollte. „Meine Tante liebte mich sehr, weil sie mich aufgezogen hatte und dachte, dass ich gerettet werden sollte",[67] meinte Jetti später.

Einen vorläufigen Höhepunkt der Gewalt an Juden im Deutschen Reich stellte die „Reichskristallnacht" dar. Als Vergeltungsmaßnahme für das tödliche Attentat des polnischen Juden Herschel Grynszpan auf den deutschen Diplomaten Ernst vom Rath in Paris initiierte Reichspropagandaminister Joseph Goebbels in der Nacht vom 9. zum 10. November 1938 einen gegen die jüdische Bevölkerung gerichteten Pogrom. In Wien wurden im Verlauf des Pogroms, der hier nicht nur eine Nacht, sondern mehrere Tage dauerte, 42 Synagogen und Bethäuser in Brand gesteckt und verwüstet. Vom Leopoldstädter Tempel, in dem meine Urgroßeltern geheiratet hatten, blieb lediglich ein Schutthaufen. Einzig der Stadttempel, in dem die Brüder Isak und Littman die Ehe schlossen, blieb erhalten, da die Nazis befürchteten, ein Feuer könnte die angrenzenden Wohnhäuser gefährden. Tausende jüdische Geschäfte und Wohnungen wurden, so sie nicht bereits in den Monaten vorher „arisiert" worden waren, geplündert, zerstört und beschlagnahmt. Insgesamt 6547 Wiener Juden kamen in Haft, knapp 4000 davon in das KZ Dachau.

Noch immer betroffen von den Ereignissen vor 45 Jahren erzählte Jetti, wie sie die Novemberpogrome erlebte: „Sie verhafteten alle Juden, die sie auf der Straße fanden, sogar kleine Kinder verhafteten sie und nahmen sie mit. Sie brachen in jedes Haus ein und zerstörten alles: Gläser und alles, was sie sahen, um es zu zerstören." Der Nazi-Mob machte auch vor der Familie Merl nicht Halt: „Mein Vater Littman wurde verhaftet. Sie brachten ihn fort, sperrten uns in der Wohnung ein und brachten außen ein Schloss an, sodass wir nicht rauskonnten. Die Leute, die in dem Wohnhaus lebten, kannten uns und protestierten und sagten: ‚Was wollt ihr von dieser Familie? Die sind nicht reich und haben niemandem etwas getan!' Sie gingen zu einem Hitler-Kommandanten und forderten ihn auf, das Schloss zu entfernen, weil wir sonst zu Tode verhungern würden. Sie nahmen das Schloss ab, aber sie belästigten uns ständig."[68]

Auch mein Großvater erinnerte sich an die Novemberpogrome: „Meine Eltern und unsere Nachbarn, die jüdische Familie Steinfeld, saßen ängstlich gespannt vor dem Radio in deren Wohnung. Draußen war es bereits dunkel. Alle erwarteten irgendetwas. Es herrschte eine spürbar angespannte Atmosphäre. Plötzlich läutete es an der Tür Sturm. Mein Vater schritt zur Tür, öffnete diese und versteckte sich, während er sie öffnete, dahinter. Zwei SA-Männer waren da. Sie stürmten in die Wohnung hinein, um die anwesenden Männer zu verhaften. Viele männliche Juden wurden während der Novemberpogrome in das KZ Dachau verschleppt. Während sie die Wohnung durchsuchten, stürzte mein Vater hinter der Tür hervor und aus der Wohnung hinaus. Ich bekam es mit der Angst zu tun und rief ihm nach: ‚Papa, Papa!' Er lief zurück, hob mich hoch und rannte mit mir zum Handelskai in der Brigittenau. Eine Zeitlang warteten wir auf einer Bank, wo meine Mutter uns fand, die nach uns gesucht hatte. Gemeinsam kehrten wir schließlich wieder in die Salzachstraße zurück."[69]

Nachdem das Schloss entfernt worden war, entschloss sich Jetti, nach ihrem Vater zu suchen: „Es war wirklich eine schreckliche Zeit und ich ging, um meinen Vater zu suchen. Ich dachte wirklich, dass er umgebracht worden war." Erschüttert von der Erinnerung unterbrach sie ihre Erzählung, bevor sie hinzufügte: „Ich konnte ihn nicht finden. Ich ging zu allen Polizeistationen und sie sagten, sie wussten nicht, wo er ist." Nach ein paar Tagen kam Vater Littman nach Hause. „Er war ganz grau. Er erzählte von den schrecklichen Dingen, die man den Leuten angetan hatte. Sie packten ihn und stellten ihn an die Wand. Sie folterten sie."[70]

Noch während ihr Vater inhaftiert war, füllte Jetti am 19. November einen Fragebogen der Kultusgemeinde aus. Der Bearbeiter von Jettis Antrag um Unterstützung schrieb: *Arbeitslos seit 14/9 38, Unterstützung RM 11,60. Wohnen bei den Eltern, 1 Z-Wohnung. Vater hatte einen Stand im Prater, Mai Gewerbe entzogen: Dzt in Haft. Lebt von der Ausspeisung der I.K.G. Kann sich nichts auftreiben.*[71]

Wie ihr Bruder Hermann wurde auch Jetti vom Auswanderungsbüro der „Aktion Gildemeester" finanziell durch einen Zuschuss von 150 Reichsmark unterstützt. Zusammen mit den 200 Reichsmark der Kultusgemeinde sollte sie damit ihre Reisekosten abdecken. In der Nacht vor Jettis geplanter Abreise ging sie allein durch die Straßen Wiens. Plötzlich begann ein Wagen der Nazis, sie zu verfolgen. Sie lief zum amerikanischen Konsulat, das sich in der Nähe befand und ihr Schutz bieten könnte. Die Nazis verfolgten Jetti auf das Gelände des Konsulats, aber die amerikanischen Marines, die sie beschützten, forderten die Nazis auf, das Konsulat zu verlassen. Jetti war in Sicherheit. Am nächsten Tag, am 28. November 1938, trat sie ihre Reise nach Amerika an. Viele Juden, die Europa in Zügen verlassen wollten, hatten Wertvolles in die Säume oder Nähte ihrer Kleidung eingenäht, denn häufig kamen die Beamten einfach in die Züge und schnappten sich alle Wertsachen. Schließlich erreichte Jetti die niederländische Hafenstadt Rotterdam, wo sie am 3. Dezember den Dampfer SS Volendam der Holland-America-Line bestieg und ihrem Bruder Hermann nach New York folgte.

Wie wohl der Abschied von Jetti und Hermann von der Familie ausfiel? Glaubte man einander wiederzusehen? Einer Zäsur gleich zerschlug der Naziterror des Deutschen Reichs die Familie Merl. Und dennoch zeigten Mitbürger wie der Richter, die Nachbarn in der Wehlistraße und die Marines, für die die Familie Merl mehr Wiener als Juden waren, Zivilcourage. Jetti und Hermann waren in Sicherheit, der Rest der Familie blickte bedrohlichen Zeiten entgegen. Flucht, Lager und Tod – die Wege der Eltern und Geschwister der Familie Merl sollten die Wege der europäischen Juden während des Nationalsozialismus und Holocausts widerspiegeln.

Beim Women's Army Corps

Jetti Merl 1940,
Besitzer Leonard Brillson

Jetti kam am 13. Dezember in New York an. Sie lebte in Untermiete bei einer Familie. Ihr Cousin Jack Bader hatte dies für sie arrangiert. Er verhalf ihr auch zu einer Anstellung als Hutmacherin im Geschäft von Sally Schwartz, der Frau seines Freundes Irving. Jetti adaptierte ihren deutschen Namen auf Yetty.

Um ihre Eltern auch aus den USA zu unterstützen, hatte Jetti vor ihrer Flucht eine Geldüberweisung an den Sohn einer Frau, der geflüchtet war, eingefädelt. Ihr jüdischer Mann war deportiert worden; und um ihren Sohn zu schützen, schickte sie ihn in die Schweiz. Er teilte seiner Mutter in Wien mit, dass er Jettis Geld bekommen habe. Daraufhin ließ die Mutter über einen Freund von Jetti das Geld an Littman und Fanny übergeben. Die Eltern sollten ihrer Tochter schreiben und bestätigen, dass sie das Geld erhalten hatten. Laut einer Einzahlungskarte aus dem Jahr 1941 versuchte Jetti über das New Yorker Jewish Transmigration Bureau des American Jewish Joint Distribution Committee mit 400 Dollar die Ausreise meiner Urgroßeltern und meines Großvaters zu finanzieren. Dazu überwiesen die Spender an ein Treuhandkonto des Büros eine Summe, die dem Auswanderungswilligen bereitgestellt wurde, wenn alle Formalitäten erledigt waren. Dies war für meine Urgroßeltern zwei Jahre nach Kriegsbeginn schwierig und nach dem Auswanderungsverbot vom Oktober 1941 gänzlich unmöglich. Das Jewish Transmigration Bureau erstattete Jettis Geld zurück.

Nach dem Überraschungsangriff der japanischen Luftstreitkräfte auf die in Pearl Harbor vor Anker liegende Flotte der USA, schlug die Meinung in der amerikanischen Bevölkerung zugunsten eines Eintritts der Vereinigten Staaten aufseiten der Alliierten um. Die USA erklärten Japan den Krieg, woraufhin die mit Japan verbündeten Staaten Deutschland und Italien den USA den Krieg erklärten, die nun auch auf dem europäischen Kriegsschauplatz kämpften.

Jetti nahm am 21. Februar 1944 die amerikanische Staatsbürgerschaft an und trat im Juni 1944 in die Luftwaffe ein, in der Hoffnung, nach Kriegsende mit der amerikanischen Armee nach Wien zurückzukehren und herauszufinden, was aus ihren Eltern geworden war. Sie arbeitete im Luftwaffenkommando in New Castle im Bundestaat Delaware an der Ostküste der Vereinigten Staaten. Da sie Deutsch sprach, übersetzte sie Artikel deutscher Zeitungen ins Englische und unterrichtete Deutsch für Offiziere und Soldaten, die nach Europa geschickt wurden. Man setzte sie als Meteorologin ein, die für Piloten Informationen über die aktuelle Wetterlage sammelte. Um weitere Frauen für das Women's Army Corps anzuwerben, nahm das Militär ein hübsches Foto von ihr auf, um es für ein Rekrutierungsposter zu verwenden, aber die Offiziere hatten Angst, dass die Deutschen sie erkennen und ihren Eltern nachstellen könnten. Man verweigerte ihr die Herausgabe des Fotos.

Am 8. November 1944 stellte das texanische *Fort Worth Star-Telegram* unter dem Titel *American Pageant. WAC Talent at work* in einem Porträt dreier Frauen des Women's Army Corps der New Castle Army Air Base Jetti vor:

Und dann ist da noch die Gefreite Yetty Merl, eine ehemalige Hutmacherin aus New York City – eine Frau mit der richtigen Einstellung und dem reizendsten Wiener Akzent, den man je gehört hat. Die Gefreite Merl, die seit sechs Jahren Staatsbürgerin der Vereinigten Staaten ist, erinnert sich an die Freiheit, die sie in Europa verloren hat, und möchte ihren Teil dazu beitragen, sie für andere wiederherzustellen. ‚Ich könnte keinen Frieden finden, wenn ich nicht in irgendeiner Weise helfen würde, und sei es auch nur ein bisschen', sagt sie. Die Gefreite Merl hilft als Meteorologin in New Castle in großem Stil mit. Sie erstellt Wind- und Wetterkarten für die Piloten und macht sie mit den Wetterbedingungen vertraut, denen sie begegnen werden. Sie weiß, wie wichtig es ist, ihre Arbeit nicht nur gut, sondern auch perfekt zu machen, denn der kleinste Fehler kann zu einer Katastrophe führen. Durch ihre technische Ausbildung vor Ort ist die Arbeit mit den Wetterkarten für sie eine Selbstverständlichkeit, denn sie hat ein tief verwurzeltes Interesse an den ‚Erscheinungen der Natur'. Dies führt sie auf jahrelange Bergsteigererfahrung zurück, als Wolkenformationen in schwindelerregender Höhe sie immer wieder faszinierten. In der Schule hat sie Physik und verwandte Fächer gelernt, aber sie hätte sich nie träumen lassen, dass sie diesen Hintergrund einmal beruflich nutzen würde. Ihre jetzige Arbeit ist spannender als die Hutgestaltung, verrät sie, und sie hofft, dass es nach dem Krieg einen Platz für ihre neu entdeckten Talente geben wird, möglicherweise im Zusammenhang mit dem zivilen Luftverkehr. Hier ist einer, der Sie sofort einstellen würde, Gefreite Merl![72]

Jetti wurde schließlich versetzt, da man ihr als Ausländerin verbot, diesen verantwortungsvollen Posten auszuüben. Sie wurde eingeteilt, in einem Krankenhaus zu arbeiten und sich um verwundete Soldaten zu kümmern, die aus Europa zurückgekehrt waren. Da sie Hutmacherin war, konnte sie ihnen beibringen, Dinge mit den Händen anzufertigen. Sie brachte ihnen Bücher aus der Bücherei des Krankenhauses. Am 30. November 1944 wurde Jetti im Artikel *Patients learn Arts and Skills* des *News Journal*, der wichtigsten Zeitung in Delawares größter Stadt Wilmington, genannt:

Das Freiwilligenkorps des Roten Kreuzes lehrt in zwei Stationskrankenhäusern den Blockdruck. (...) Die Patienten des Krankenhauses planen, ihre eigenen Weihnachtskarten herzustellen und werden auch Schals und Tücher mit dieser Methode bedrucken, die zu den ältesten Druckverfahren gehört. Der Unterricht in diesem Handwerk wird regelmäßig von Mitgliedern des Kunst- und Geschicklichkeitskorps in Zusammenarbeit mit den WAC-Gefreiten Yetti Merl und Edith Cohen durchgeführt.[73]

Nebenbei besuchte sie eine Abendschule, um Englisch zu lernen. Die Armee war sehr zufrieden mit ihrer Arbeit und plante, sie zum Captain zu machen und auf die Offiziersschule nach Virginia zu schicken. Doch im Frühling 1945 wurde Jetti schwanger, woraufhin sie ehrenhaft entlassen wurde. Sie war liiert mit Elihu Brillson, einem am 17. Oktober 1908 in New York geborenen Sohn jüdischer Einwanderer aus Osteuropa, der in der New York Naval Shipyard, der Marinewerft, als Elektriker arbeitete. Bereits bevor sich Jetti der Armee anschloss, hatten sich die beiden im Hutmachergeschäft von Sally Schwartz kennengelernt. Elihu wurde von seinen Mitarbeitern Al genannt. Er zog es vor, seinen jüdischen Vornamen nicht zu nennen, da er in der Vergangenheit deswegen antisemitisch beschimpft worden war. Al war so verliebt in Jetti, dass er ihr zum Luftwaffenstützpunkt nach Delaware folgte.

Als am 8. Mai der Zweite Weltkrieg in Europa endete, wusste Jetti – vermutlich durch Gerüchte und Berichte Überlebender – vom Massenmord der Nationalsozialisten an den europäischen Juden. Von ihren Geschwistern Willi, Paula und Rosa sowie deren Familien hatte sie nichts gehört. Durch die Briefe ihrer Eltern Littman und Chaje Feige, die ihr bestätigten, Jettis Geld erhalten zu haben, wusste sie, dass der Transfer funktionierte und ihre Eltern in Sicherheit waren. Nach ein paar Jahren kamen jedoch keine Antwortschreiben mehr. Jetti muss geahnt haben, dass Littman und Chaje Feige etwas zugestoßen war.

Die Ritchie Boys

Nach der Ankunft in New York am 21. Oktober setzte Hermann seine Reise nach Mexiko fort, um in Mexiko-Stadt sein Studium zu nostrifizieren. Offensichtlich erfolgte die Nostrifizierung rasch und unkompliziert, denn die Universität wollte junge Ärzte und Medizinstudenten aus Wien haben, so Hermann. „Mexiko war sehr schön“,[74] erinnerte er sich. Viele jüdische Ärzte waren aus Europa hierher geflohen.

Zurück in New York war Hermann bei seinem Cousin Jack Bader in der Bronx in der Morris Avenue untergebracht. Er lernte einige Leute kennen, mit denen er sich über Kalifornien unterhielt. Da diese der Ansicht waren, dass Kalifornien im Gegensatz zu New York mehr Zukunft, einen guten Ruf und ein angenehmes Klima habe, entschloss sich Hermann, in den Golden State zu reisen. Nach Absprache mit der jüdischen Gemeinde bestieg Hermann einen Greyhoundbus nach San Francisco. Die Gemeinde San Franciscos unterstützte den Flüchtling aus Wien und organisierte ihm eine Unterkunft bei einer jüdischen Familie. Beinahe ein Jahr blieb er in San Francisco. Arbeiten durfte Hermann als Ausländer nicht. In einem deutschen Klub lernte Hermann schließlich ein paar Geschäftsleute kennen. Diese hatten Verbindungen nach Los Angeles. Die Pacific Medical Laboratories brauchten jemanden mit medizinischer Ausbildung. Hermann entschloss sich, für ein Vorstellungsgespräch nach Los Angeles zu fahren, und wurde schließlich für die Röntgenabteilung engagiert. Das Labor befand sich in der 7th Street und arbeitete für die berühmten Filmstudios im Stadtteil Hollywood, wo Hermann von nun an wohnte.

Nach einigen Jahren in der Labormedizin entschied Hermann, amerikanischer Staatsbürger zu werden und zur Armee zu gehen. Im Jänner 1943 wurde sein Antrag, sich als Ausländer der Armee anzuschließen, positiv beschieden. Im Militärstützpunkt Fort MacArthur im Stadtteil San Pedro wurde er in die amerikanische Armee aufgenommen und im Oktober zum Medical Replacement Training Center Camp Grant im Bundesstaat Illinois geschickt. Es diente als Militär-Induktionszentrum und Trainingszentrum des militärischen Gesundheitswesens der USA. Hermann durchlief in 17 Wochen die Grundausbildung des amerikanischen Heers. Einige Wochen vor Verlassen von Camp Grant erhielt Hermann am 21. Jänner 1944 die amerikanische Staatsbürgerschaft.

Im März setzte der Wiener Rekrut seine militärische Laufbahn im Military Intelligence Training Center Camp Ritchie in den Blue Ridge Mountains im Bundestaat Maryland fort. Viele deutschsprachige Emigranten, darunter rund 500 Österreicher, absolvierten hier zwischen 1942 und 1945 ein spezielles Ausbildungslager der US-Armee, das sie auf ihren Einsatz in Europa vorbereitete. Die zumeist jüdischen Emigranten stellten aufgrund ihrer Sprachkenntnisse und ihres kulturellen Hintergrunds einen kriegswichtigen Teil der Armee dar. Die Absolventen des Trainingsprogrammes nannte man Ritchie Boys. Im Camp Ritchie wurden ihnen Konzepte der modernen psychologischen Kriegsführung beigebracht. Viele von ihnen sollten in Europa für Übersetzungen, Verhöre und Propaganda eingesetzt werden. Da Hermann Deutsch sprach, vier Semester an der renommierten Medizinischen Fakultät in der Freud-Stadt Wien studiert hatte und Erfahrung in der Labormedizin vorweisen konnte, war er ein wertvolles Mitglied der amerikanischen Streitkräfte. Er wurde der Composite School Unit, einer Feinddarsteller-Einheit, zugeteilt. Aufgabe der Einheit war es, für die Studenten der Aus- und Weiterbildung in Camp Ritchie den Feind mit erbeuteten Waffen, Uniformen und sonstigen Ausrüstungsgegenständen möglichst realitätsgetreu darzustellen, um einen Einblick in feindliche Organisation und Taktik zu geben. Des Öfteren kam es vor, dass Farmer in der Umgebung des Camps inmitten der Berge rund um das Camp auf eine im Stechschritt marschierende, deutsch sprechende Kompanie in Wehrmacht- oder Waffen-SS-Uniform trafen. Auch um Verhöre mit deutschen Kriegsgefangenen zu simulieren, wurden Mitglieder der Composite School Unit herangezogen.

Laut Hermanns Personalakt war es seine primäre Pflicht als Mitglied der Composite School Unit, Munition zu tragen. Ab März 1945 wurde er für schwere Mörser eingeteilt. Es existieren einige Bilder aus dieser Zeit. Hermann ist in Uniform abgebildet. Der selbstsichere, lässige Gesichtsausdruck lässt keinen Zweifel an seinem Willen, der amerikanischen Armee zu dienen, aufkommen. Ein weiteres zeigt ihn Arm in Arm mit Genevieve Kauffman, genannt Jenny. Sie war Nachfahrin deutscher Einwanderer und vierzehn Jahre jünger als Hermann. Jenny stammte aus Hagerstown, wo sie in einem Café arbeitete. Viele Soldaten kamen nach Dienstschluss nach Hagerstown, um sich zu amüsieren.

Hermann Merl in der amerikanischen Armee, Besitzer Roderick Merl

Hermann und Jenny in Hagerstown, Besitzer Roderick Merl

Hermann erinnerte sich an Camp Ritchie: „Dann kam das FBI und holte mich. Sie brauchten Leute für den Geheimdienst. Ich hatte die Ausbildung und so weiter. Sie brachten mich zum Camp Ritchie. Das ist dort, wo in der Nähe Jenny lebt. Dort traf ich Jenny. Camp Ritchie war eine große Gelegenheit. Dort waren alle großen Generäle. Präsident Roosevelts Haus in den Bergen war in der Nähe von Camp Ritchie. Ich zeigte Jenny Camp Ritchie."[75] Hermann und Jenny beschlossen zu heiraten. Sie wurden am 31. Oktober 1944 getraut.

Erst nach der Kapitulation Deutschlands und dem Ende des Krieges wurde Hermann am 27. Mai 1945 in den Einsatz geschickt. Er bestieg den Passagierdampfer RMS Queen Elizabeth, um nach Europa überzusetzen. Die meisten Soldaten gehörten dem Geheimdienst an. Die Einheit, der Hermann angehörte, bestand aus Leuten aus Mittel- und Osteuropa. „Es war eine geheime Sache",[76] so Hermann. Wie Schwester Jetti muss er vom Massenmord an Europas Juden aus Zeitungen und Gerüchten erfahren haben. Jedoch wusste er nichts vom Verbleib seiner Eltern und Geschwister in Wien.

Flucht nach Lemberg

Die zunehmende Bedrohung durch die Nationalsozialisten, die während der Novemberpogrome gewalttätig eskalierte, veranlasste die Familie meiner Urgroßeltern, Vorkehrungen und Entscheidungen zu treffen. Mein Urgroßvater zerkleinerte in seiner Werkstatt mit einer Feile Gold und versteckte es in einem Polster. Er wollte so einem eventuellen Raub durch die Nazis zuvorkommen. Nachdem die „Verordnung zur Ausschaltung der Juden aus dem deutschen Wirtschaftsleben" erlassen worden war, um Juden aus Handels-, Gewerbe- und Handwerksbetrieben zu vertreiben, musste Willi seine Werkstatt aufgeben und war – wie beinahe alle Wiener Juden – arbeitslos. Um einige ihrer Wertsachen in Sicherheit zu bringen, übergaben Willi und Sabine sie einer Freundin namens Mia Steiner, die als Friseurin arbeitete. Nach Ende des Krieges gingen sie wieder zu ihr, doch sie hatte die Wertsachen in der Zwischenzeit verkauft. Um an etwas Geld zu gelangen, verkaufte meine Urgroßmutter Sabine Ende Dezember um 190 Reichsmark das Klavier an Anna Pospisil, die ebenfalls in der Salzachstraße wohnte.

Amalie Kornspan bezog als polnische Staatsbürgerin weiterhin eine Witwenpension vom polnischen Staat. Da die rechtsnationale polnische Regierung damit rechnete, dass in Deutschland und Österreich lebende polnische Juden aus Furcht vor Verfolgung durch die Nationalsozialisten in ihre frühere Heimat flüchten könnten, erließ sie am 6. Oktober ein Gesetz, wonach sich Auslandspolen binnen 14 Tagen in Konsulaten Sichtvermerke in ihre Pässe stempeln lassen mussten, um die Berechtigung zur Einreise nach Polen zu erhalten. Ansonsten würde dies mit Ende Oktober den Verlust der Staatsangehörigkeit bedeuten und sie würden staatenlos werden. In Wien folgte ein Andrang polnischer Juden auf das Konsulat am Rennweg im dritten Bezirk. Auch Amalie, die einen Verlust der Staatsbürgerschaft und Witwenpension fürchtete, holte sich einen Sichtvermerk. Der 31. Jänner 1939 war der Stichtag für ihre Rückreise nach Polen.

Ein im Jänner 1939 mit der Hand beschriebener Zettel eines Mitarbeiters der Auswanderungsabteilung der Kultusgemeinde lässt darauf schließen, dass die Familie kurz in Erwägung zog, gemeinsam nach China zu flüchten. In die Stadt Shanghai konnte man als Ausländer ohne Visum einreisen. Von den über 18.000 jüdischen Flüchtlingen aus Österreich in China ließen sich fast alle in Shanghai nieder. In dem Schreiben der Kultusgemeinde heißt es, dass für *4 Personen nach China* die Fahrkarten (für drei Erwachsene und ein Kind) 1050 Reichsmark kosten würden. Jedoch konnte die Familie nur 300 aufbringen. Weiter verdeutlicht das Schreiben die Armut der Familie:

Bittsteller: Gold-Silberschmied, verdiente monatl. ca. S 650,- ab März arbeitslos: Keine Arbeitslosenunterstützung. Erlös des Mobilar: RM 300 zum Lebensunterhalt verwendet.
Von Verwandten unterstützt. Obg. wohnt bei seiner Schwiegermutter.
Die Schwiegermutter Amalia Kornspan erhält als Kriegswitwe RM 25.70 Rente (Polen). Es ist fraglich, ob diese Rente weiter bezahlt wird.

Amalie Kornspan 1939, Besitzer Harry Merl

Wohnung: Zimmer, Kab., Küche, Miete monatl. ca 13 RM,-
Die Wohnung fast leer; vollk. mittellos.
Not Ausspeisung
Kornspan schwer herzleidend, steht in Spitalsbehandlung.
Zustand: sichtbare Armut.
Antrag: vollkommene Stattgebung.[77]

Offensichtlich wurde dem Antrag stattgegeben, aber dennoch dürften meine Urgroßeltern die Überlegung, nach China auszuwandern, verworfen oder vielleicht auf die Kultusgemeinde gehört haben, denn diese riet Auswanderungswilligen davon ab, nach Shanghai zu gehen. So unterstützte die Auswanderungsabteilung Amalie bei den Vorbereitungen der Reise in ihre frühere Heimatstadt Lemberg. Mit Ablaufen der Frist für die Eintragung des Sichtvermerks wäre sie staatenlos geworden und hätte ihre Witwenpension verloren. Für den Pass benötigte Amalie ein Foto, das zweifellos von einem Berufsfotografen aufgenommen wurde. Ihr Blick ist ernst, Amalies Miene lässt vermuten, dass sie zu diesem Zeitpunkt ihrer nahen, erzwungenen Rückkehr nach Polen und dem damit verbundenen Abschied von ihrer Tochter Sabine und deren Familie mit Sorge entgegensah. Einen Abzug erhielten meine Urgroßeltern. Es ist das einzige Foto von Amalie. Ein Foto aus jüngeren Jahren existiert nicht, vielleicht weil sie sich nie fotografieren lassen wollte und sich als Mutter und Hausfrau lieber für ihre Familie aufopferte. Zum Zeitpunkt der Aufnahme war sie knapp 50 Jahre alt. Neben dem Foto waren ein Durchreisevisum für die Tschechoslowakei und ein Einreisevisum für Polen notwendig.

Amalie wollte, dass Sabine, Willi und Enkel Harry nach Lemberg nachkamen, was von meinen Urgroßeltern wohl nicht ernsthaft in Erwägung gezogen wurde. Ende Jänner 1939 verließ sie Wien, mit Sicherheit vom Nordbahnhof. Zu Zeiten der Habsburgermonarchie waren hier seit den 1860er-Jahren bis zum Beginn des Ersten Weltkriegs jüdische Zuwanderer aus dem Osten der Monarchie angekommen. Nun musste Amalie Wien, wo sie 25 Jahre gelebt hatte, zurücklassen, um sich wieder in ihrer früheren Heimatstadt Lemberg, die nun auf Polnisch Lwów hieß, anzusiedeln.

In Lwów traf sie wieder auf ihre ältere Schwester Frieda. Ein Foto von Frieda zeigt die Ähnlichkeit der beiden Schwestern.

Frieda Löbel,
Besitzer Yuval Ofir

Jakob Löbel und seine Frau Tova,
Besitzer Yuval Ofir

Frieda dürfte verwitwet gewesen sein, da sich von Friedas Mann Leibisch Löbel nach dem Ersten Weltkrieg keine Spuren mehr finden.

Friedas Sohn Jakob, den meine Urgroßmutter als Kleinkind kannte, schloss sich als Jugendlicher den zionistischen Jugendorganisationen Hashomer-Hatzair und Hechaluz an und wanderte mit letzterer 1929 nach Israel aus. Er ließ sich im Kibbuz Kfar Masaryk im Norden des Landes nieder. Seine jüngere Schwester Rozia lebte wahrscheinlich an derselben Adresse wie ihre Mutter in Lemberg und hatte acht Kinder. Wo Amalies Bruder Wolf und dessen Frau Gnendel nach ihrer Rückkehr im August 1920 in Polen lebten, ist nicht bekannt. Wolf verstarb vermutlich vor dem Zweiten Weltkrieg, von seinem jüngeren Sohn Siegfried gibt es keine weiteren Spuren. Von der Tochter Sabine ist bekannt, dass sie Hochschulprofessorin in Moskau wurde, ihren Kollegen heiratete und ein Kind bekam. Der ältere Sohn Moritz wanderte nach dem Ersten Weltkrieg in die USA aus. Tochter Helene war verheiratet, hatte zwei Kinder und dürfte mit ihrer Familie in Ostgalizien gelebt haben.

Im Sommer 1939 war es mit dem Frieden in Europa vorbei. Deutschland und die Sowjetunion vereinbarten in einem geheimen Zusatzprotokoll des deutsch-sowjetischen Nichtangriffspakts die Aufteilung Polens. Am 1. September 1939 überschritten deutsche Truppen die Grenze und besetzten blitzartig den Westen Polens. Einige Tage belagerte die Wehrmacht Lwów, bis schließlich die Rote Armee anrückte, um Ostpolen und damit auch Lemberg für Josef Stalin einzunehmen. Während die polnischen Einwohner die Zerschlagung ihres Staates erleben mussten, erfuhren die Unabhängigkeitsbestrebungen der Ukrainer erneut einen Rückschlag. War die jüdische Bevölkerung während des Ersten Weltkriegs vor den Russen geflüchtet, nahm sie diesmal die russische Besatzung mit Erleichterung zur Kenntnis. Von den Sowjets war keine Bedrohung zu erwarten. Hingegen brachten nach Lwów geflohene polnische Juden grauenhafte Berichte über Massenerschießungen von Juden durch die Deutschen.

Nisko

Um die Auswanderungsmöglichkeiten der arbeitslosen Juden zu verbessern, bot die IKG eine „Berufsumschichtungs-Aktion" an. Auswanderungswillige konnten in Umschulungskursen Grundkenntnisse von Berufen erlernen, die in bestimmten Zielländern gefragt waren. Insgesamt wurden rund 100 Berufe angeboten. Mein Urgroßvater besuchte im Frühling 1939 eine Umschulung zum Schlosser und Schweißer im dritten Bezirk. Als Gesellenstück stellte er in der Schlosserlehrwerkstätte ein Gartentor her. Mein Großvater war sehr beeindruckt davon. Beide waren stolz auf dieses schöne, schmiedeeiserne Tor.

Wilhelm Merl (Zweiter von rechts) bei der Umschulung zum Schlosser, Besitzer Harry Merl

Im Oktober 1939 wurde die Wohnung meiner Urgroßeltern in der Salzachstraße „arisiert“ und von den Nachbarn ausgeräumt. Einen Monat lang wohnte die Familie bei einem „Mischehepaar“ in einer Sammelwohnung am Fleischmarkt 18 im 1. Bezirk. Zunehmend wurden Juden aus ihren Wohnungen vertrieben, um sie gemeinsam mit anderen Juden in Wohnungen zu konzentrieren. Unter dem Vorwand, die Wohnungsnot lösen zu wollen, schuf die Stadt Wien auf diese Weise Platz für „arische“ Mieter. Mein Großvater erinnert sich, dass das eine merkwürdig kleine Wohnung war, mit Holzkisten als Möbel. Die Datenbank Memento Wien listet insgesamt 41 Juden auf, die während der NS-Zeit an der Adresse Fleischmarkt 18 in Sammelwohnungen wohnten, bevor sie deportiert wurden.

Ab November 1939 wurde die Familie im Obdachlosenheim Gänsbachergasse im Bezirk Favoriten interniert. Das Gebäude wurde zu einem „Judenlager“ umfunktioniert. Vor ihrer Internierung waren die jüdischen Bewohner für einen Transport nach Polen gemeldet. Zuvor hatte Hitler den Plan genehmigt, auf polnischem Gebiet nahe der Kleinstadt Nisko ein „Judenreservat“ zu errichten, das nicht zur „Germanisierung“ vorgesehen war. Die Nationalsozialisten in Wien befahlen der IKG, Listen für die Transporte aus Wien ins südpolnische Nisko zusammenzustellen. Dem Aufruf, sich freiwillig zu melden, kamen viele Juden nach, die hofften, dem nationalsozialistischen Wien zu entkommen und sich im „Judenreservat“ eine neue Existenz aufzubauen. Vorgesehen waren vor allem arbeitsfähige Juden, die ein Handwerk ausübten, wie auch mein

Urgroßvater. Die meisten der ahnungslosen Wiener Juden, die in den beiden Transporten nach Nisko überstellt wurden, blieben nicht in dem Barackenlager. Sie händigten ihren Besitz aus und wurden mit Waffengewalt über die Grenze des Generalgouvernements in die Sowjetunion vertrieben. Der Nisko-Plan wurde schließlich abgebrochen, da der Generalgouverneur Hans Frank auf seinem Gebiet kein „Judenreservat" wollte und weitere Transporte dorthin ablehnte. Das Unternehmen Nisko war überhastet und schnell geplant worden, galt aber später als Grundkonzept für Deportationen in die Konzentrationslager Osteuropas.

Von der Familie war allein mein Urgroßvater als kräftiger und arbeitsfähiger Jude für den dritten Transport am 4. November vorgesehen, woraufhin die IKG meine Urgroßeltern beruhigte und ihnen mitteilte, sie könnten gemeinsam fahren und sollten sich am Tag davor im Obdachlosenheim Gänsbachergasse einfinden. Da die Aktion Nisko abgebrochen wurde, blieben alle gemeldeten Männer, Frauen und Kinder im Obdachlosenheim. Mehrere Male kam Adolf Eichmann zur Inspektion, der zusammen mit Alois Brunner nach dem „Anschluss" die berüchtigte Zentralstelle für jüdische Auswanderung in Wien aufgebaut hatte. Sohn Harry erinnerte sich an das Obdachlosenheim: „Es gab mehrere riesige Schlafsäle. Frauen und Kinder waren von den Männern getrennt und schliefen zusammen in einem Saal. Diese Abteilungen waren nur durch Tücher abgetrennt. Meinen Vater sah ich kaum. Ich lief oft im Saal und im Haus umher und spielte mit anderen Kindern, besonders mit einem Mädchen mit dunklen Haaren namens Sylvie Schwarz. Gemeinsam stocherten wir in den Toiletten herum und lachten dabei."[78]

Herr Gierzig, der Stenograf und Maschinenschreiber des Obdachlosenheimes, verhalf meiner Urgroßmutter zu einem Posten als Sekretärin. Mein Urgroßvater, dessen Tag mit dem Appell um sechs Uhr früh begann, arbeitete als Hausschlosser. Im Februar 1940 wurden die Juden entlassen und kamen in Sammelwohnungen unter. Der Familie wurde ein Zimmer in einer Sammelwohnung in der Wipplingerstraße 12 im 1. Bezirk zugewiesen.

Im Arbeitslager

In der Sammelwohnung erlebte mein Großvater völlig überraschend das Verschwinden von Vater Wilhelm. Dieser war Ende April 1940 von Wien in ein Arbeitslager am Präbichl-Pass in der Nähe von Eisenerz in der Steiermark gebracht worden. Um sich die Arbeitskraft der vielen arbeitslosen Juden zunutze zu machen, wurden diese als Zwangsarbeiter eingesetzt. Das Arbeitsamt Wien schickte hunderte Wiener Juden, darunter meinen Urgroßvater, in die Arbeitslager Kremplhof, Bründlgschütt und Präbichl. In Eisenerz wurde eine Straße über den Präbichl-Pass errichtet. Telegrafenmasten wurden aufgestellt. Die Lagerinsassen waren für bestimmte Baufirmen tätig. Untergebracht wurden sie in Baracken. Sie durften das Lager nicht verlassen und wurden nur unzureichend ernährt. Als kräftiger Mann tat sich Willi hervor, indem er sich für besonders schwere Arbeiten meldete. Er wusste, dass es ihm das Überleben sichern würde. Um als Juden erkennbar zu sein, mussten die Arbeiter einen fünfzackigen Stern auf dem Rücken und später eine gelbe Armbinde mit einem schwarzen Stern tragen. Für die Schwerstarbeit, die sie leisten mussten, bekamen die jüdischen Zwangsarbeiter einen geringen Lohn, der manchmal nicht ausbezahlt wurde.

Meine Urgroßmutter Sabine stand brieflich mit ihrem Mann in Kontakt. Es gibt aus seiner Zeit in Eisenerz viele Fotos. Auf die Rückseite eines Fotos, auf dem er mit nacktem Oberkörper neben einem Baumstamm steht, schrieb er: *Eine etwas undeutliche Aufnahme vom Sommer oben am Berg, beim Steinbruch von Schaffer aufgenommen. Da hab ich noch besser ausgesehen. Wenn sie dir nicht gefällt, dann bitte wegwerfen. Willi*[79]

Wilhelm Merl auf einem Masten 1940, Besitzer Harry Merl

Wilhelm Merl, Besitzer Harry Merl

Reichsstraßenbau-Wohnlager Traunsee,
Zeitgeschichtemuseum Ebensee

Die Nachricht sowie die zahlreichen, wohl zu propagandistischen Zwecken aufgenommenen Fotos lassen vermuten, dass von offizieller Seite versucht wurde, die wahren Verhältnisse im Arbeitslager zu vertuschen. Da vermutlich die Post zensiert wurde, äußerte sich Wilhelm nur vage über seinen tatsächlichen Zustand. Während der Zeit in der Steiermark saß mein Urgroßvater einen Monat in Dunkelhaft im Gerichtsgefängnis von Eisenerz ein. Er wurde der Sabotage bezichtigt und verhaftet, da aufgrund der Kälte die Leitungen einiger Telegrafenmasten gerissen waren.

In Eisenerz arbeitete Willi bis Ende Dezember. Anschließend wurde er in das Reichsstraßenbau-Wohnlager Traunsee im Gau

Reichsstraßenbau-Wohnlager Traunsee, Zeitgeschichtemuseum Ebensee

Oberdonau gebracht, das für den Reichsstraßen- und Reichsautobahnbau errichtet worden war. Wie schon in Eisenerz waren die jüdischen Zwangsarbeiter im von Stacheldraht umgebenen Lager Traunkirchen von den „arischen" Arbeitern getrennt untergebracht. Zudem waren sie durch gelbe Stoffflecken an der Oberbekleidung gekennzeichnet. Sie mussten im Auftrag mehrerer Baufirmen arbeiten und waren polizeilich gemeldet. Das Lager Traunkirchen hatte ein kleineres Nebenlager im zwischen Ebensee und Bad Ischl gelegenen Mitterweißenbach, wo mein Urgroßvater für einen gewissen Zeitraum arbeiten musste. Der Höchststand an Gefangenen betrug etwa 50 Personen. Diese wurden beim Straßenbau eingesetzt. Persönliche Erinnerungen zu diesem Lager gibt es von meinem Urgroßvater keine.

Abgeholt

Nach dem plötzlichen Verschwinden von Vater Wilhelm lebte Mutter Sabine mit Sohn Harry allein in einem Zimmer in der Sammelwohnung in der Wipplingerstraße im 1. Bezirk. Meine Urgroßmutter, die gelernte und erfahrene Buchhalterin war, brachte die Buchhaltung einer Lebensmittelhandlung in Ordnung. Das Geschäft war von einem Nazi namens Rudolf Schneeweiss „arisiert" worden. Meine Urgroßmutter arbeitete manchmal bis in die Nacht hinein an einem Berg Rechnungen. Wie sie zu der Anstellung kam, ist nicht bekannt, jedoch vermute ich, dass sie durch Geschick und Voraussicht die Stelle erhielt. Da ihre Arbeitskraft gebraucht wurde, waren sie und Sohn Harry vor einer Deportation geschützt.

In der Sammelwohnung in der Wipplingerstraße lebte ein älterer Anwalt namens Alfred Jokel mit seiner Frau Irene. Herr Jokel war der eigentliche Besitzer der Wohnung, war aber gezwungen, fremde Juden in seine Wohnung aufzunehmen. Er war schwer leberkrank, was ihn nicht vor der Deportation schützte. Mein Großvater erinnerte sich: „Eines Nachts kam ein Lastwagen und der Anwalt wurde abgeholt. Als meine Mutter und ich in der Nacht in unserem Zimmer schliefen, hörten wir plötzlich Lärm aus dem Nebenzimmer. Ich erinnere mich, dass er liegend hinausgetragen wurde. Vermutlich ging er im KZ elendig zugrunde, weil er wirklich schwer krank war. Ich wusste nicht, was mit ihm passieren würde. Aber sobald es an der Tür Sturm läutete, wusste ich, dass da etwas Bedrohliches war und Leute abgeholt werden würden. Die Angst, deportiert zu werden, war für uns allgegenwärtig."[80]

Manche Juden wurden von jüdischen Ordnern und sogenannten „Aushebern" abgeholt. Diese bestanden aus Juden, die auf Druck der Nationalsozialisten von der IKG zur Verfügung gestellt worden waren und von den Nationalsozialisten missbraucht wurden, um Juden aus ihren Wohnungen zu holen und sie in die Sammellager Kleine Sperlgasse, Castellezgasse und Malzgasse zu bringen.

Da Juden weder in Parks spazieren gehen noch bestimmte Straßenbahnen benutzen durften, gingen Sabine und Harry oft auf den Zentralfriedhof. In der israelitischen Abteilung des Friedhofs war es Juden erlaubt, sich aufzuhalten. Mein Großvater spielte dort oft allein zwischen den Gräbern. Wenn die beiden durch die Straßen gingen, versuchte mein Großvater durch das Entziffern von Straßen- und Firmenschildern lesen und schreiben zu lernen. Meine Urgroßmutter half ihm dabei.

Ein Foto aus dieser Zeit zeigt meinen Großvater mit seinem Freund Heinz Viola. Beide waren an Mumps erkrankt, weswegen sie im Bett bleiben mussten. Die Familie Viola wurde im Juni 1942 ins KZ Maly Trostinec in Weißrussland deportiert und ermordet.

Eine markante Erinnerung meines Großvaters, die ich bereits als Kind kannte, ist jene an einen Besuch einer Konditorei im 3. Bezirk: „Eines Tages gingen meine Mutter und ich in eine Konditorei in der Ungargasse. Sie wollte für mich Schaumrollen kaufen. Vielleicht um mir eine Freude zu machen. Die Verkäuferin

Heinz Viola und Harry Merl,
Besitzer Harry Merl

sah mich und sagte zu mir: ‚Na, du bist aber ein hübscher Junge mit schönen blauen Augen und blonden Haaren, wirst ja mal ein strammer Hitlerjunge werden. Wie heißt du denn?' Ich antwortete: ‚Harry Merl Israel.' Das waren Beinamen, sehr schöne Namen, für Männer Israel, für Frauen Sara, die Juden tragen mussten, um sie als Juden kenntlich zu machen. Meine Mutter erschrak natürlich, packte mich und wir liefen aus der Konditorei hinaus, da es Juden gesetzlich verboten war, Geschäfte zu betreten."[81]

Möbelpacken für die Vugesta

Zum Erstaunen meines Großvaters stand Papa Willi im Frühling 1941 vor der Tür. Er war mehr als ein Jahr weg gewesen. Bei seiner Rückkehr trug er einen Verband an der Hand. Über die Umstände seiner Rückkehr nach Wien bestehen einige Unklarheiten. Er äußerte sich in den Jahren nach dem Zweiten Weltkrieg kaum darüber. Die Überlieferungen meiner Großeltern und Aufzeichnungen meines Onkels Oliver lassen folgenden Verlauf vermuten: Unter den Zwangsarbeitern des Reichsstraßenbau-Wohnlagers Traunsee gingen Gerüchte um, dass sie nacheinander in Konzentrationslager deportiert werden würden. In dieser Zeit brach sich mein Urgroßvater die Hand. Ob er sich die Hand vorsätzlich brach oder sich beim Arbeitseinsatz verletzte, ist nicht klar. Er wurde zu einem Primararzt eines städtischen Spitals, vermutlich Gmunden, gebracht, der von seiner Hand ein Röntgenbild machen ließ und sie verband. Um wieder Frau und Sohn sehen zu können, bat er den Primararzt, ihn ins Rothschild-Spital nach Wien zu schicken. Zudem gab er an, dass seine Schwester Paula dort als OP-Schwester arbeite. Das Rothschild-Spital war das einzige in Wien, das jüdische Patienten behandeln durfte. Der Primararzt meldete ihn krank und ließ meinen Urgroßvater nach Wien fahren, um behandelt zu werden. Danach sollte er wieder ins Lager Traunkirchen zurückkehren. Nachdem der Scharführer des Lagers die ärztliche Bescheinigung akzeptiert hatte, konnte Willi mit einem Zug Traunkirchen verlassen. Da er als Jude befürchtete, während der Fahrt von einer Streife der Nazis aufgegriffen zu werden, sprang er aus dem fahrenden Zug und schlug sich zu Fuß nach Wien durch. Von wo mein

Urgroßvater den Weg nach Wien zu Fuß zurücklegte, ist nicht überliefert. Karl Ebner, der stellvertretende Leiter der Gestapo Wien, meldete dem Arbeitslager Traunkirchen, dass sich Wilhelm in Wien befand, da er natürlich in Traunkirchen als abgängig gegolten haben muss. Wie war der Kontakt zwischen meinen Urgroßeltern und der Gestapo zustande gekommen? Darüber lässt sich lediglich mutmaßen. Möglicherweise über jüdische Bekannte, denn die Aufzeichnungen meines Onkels erwähnen einen Bekannten, den meine Urgroßeltern verächtlich als *Paradejuden* der Gestapo-Beamten Johann Rixinger und Karl Ebner bezeichneten. Dieser arbeitete für die IKG, deren Mitarbeiter oft von der Gestapo zur Kollaboration gezwungen wurden.

Für meinen Großvater war mit der Rückkehr seines Vaters sein Held zurückgekommen. Jedoch hatte sich Wilhelm verändert. Nach dieser langen Zeit in den Lagern war er verschlossen und freudlos geworden. Der Familienvater war nicht mehr der optimistische und fröhliche Mensch, den mein Großvater vor dem Krieg erlebt hatte.

An die Zeit, in der Willi als Zwangsarbeiter in Traunkirchen arbeitete, erinnert heute ein Denkmal nahe der von den Arbeitern gebauten Bundesstraße 145 und des Bahnhofs Traunkirchen: eine Fünfergruppe Sitzhocker, auf deren gläsernen Flächen die Namen aller jüdischen Zwangsarbeiter, darunter auch mein Urgroßvater, stehen. Durch die Namen in den unterschiedlichen Glasschichten der Hocker soll veranschaulicht werden, wie

Familie Merl während des Krieges, Besitzer Harry Merl

schnell ein einzelner Mensch in der Geschichte vergessen ist, wenn sein Name nicht irgendwo festgehalten wird.

Schließlich wurde Willi Bernhard Wittke einem Schätzmeister der Vugesta, der Verwertungsstelle für jüdisches Umzugsgut der Gestapo in Wien, unterstellt. Die Dienststelle Vugesta kümmerte sich ab September 1940 zunächst um das Eigentum jener Juden, denen die Flucht ins Ausland gelungen war. Mit Beginn der Deportationen im Jahr 1941 war sie für die Räumung von Wohnungen bereits deportierter Juden zuständig. Anton Grimm und Bernhard Wittke, die von der Zentralstelle für jüdische Auswanderung die Adressen und Schlüssel bekamen, teilten sich die Wohnungen auf. Grimm übernahm die Wohnungen der nach Polen Deportierten, Wittke jene der nach Theresienstadt überstellten Juden. Das gesamte Mobiliar wurde in Möbelverwertungsstellen gesammelt und zu Spottpreisen verkauft.

Wittke sah meinen Urgroßvater am Bahnhof und da er durch seinen kräftigen Körperbau auffiel, rief er ihm zu: „Willi, du arbeitest bei mir!“[82] Die Familie war geschützt, da mein Urgroßvater und später auch meine Urgroßmutter als Zwangsarbeiter gebraucht und deswegen von der Deportation verschont wurden. Neben dem Schleppen der Möbel aus den Wohnungen in die Depots mussten sie Listen erstellen und führten private Lieferungen an Parteigenossen durch, die sich an dem jüdischen Eigentum bereicherten. Diese Arbeiten waren unter Juden entsprechend begehrt. Der Schutz galt so lange, bis man nicht mehr gebraucht wurde. Nach Ende der großen Deportationen wurden die meisten Zwangsarbeiter selbst abtransportiert. Von den 180 jüdischen Zwangsarbeitern der Vugesta sollten nur 18 die Befreiung Österreichs erleben.

Es muss für meine Urgroßeltern als Juden demütigend gewesen sein, Wohnungen von deportierten Juden auszuräumen, aber sie äußerten sich kaum dazu, weil sie sich vielleicht schuldig fühlten, auf diese Weise überlebt zu haben. Während die Eltern arbeiteten, wartete Sohn Harry allein im Zimmer der Sammelwohnung auf ihre Rückkehr. Sie ließen ihm eine Thermoskanne mit Tee und etwas zu essen da. Einmal gingen mein Großvater und sein Cousin Robert vor der Urania, einem Volksbildungshaus, betteln „um ins Kasperltheater gehen zu können. Wir bekamen aber nur ein paar Pfennige. Robert musste als ‚Halbjude' keinen Stern tragen. Er war ein Lausbub, mit ihm konnte man so etwas machen. Wir brachten uns zum Entsetzen meiner Mutter in große Gefahr".[83]

Eva

Im März 1942 zog die Familie von der Wipplingerstraße in eine Sammelwohnung am Nestroyplatz im 2. Bezirk. Laut einer Hausliste vom Nestroyplatz 1 mit allen im Haus wohnhaften Personen teilte sich die Familie die Wohnung mit dem Ehepaar Karl und Marie Kandl und einem Alexander Grün. Die Liste zeigt, dass alle Bewohner des Gebäudes Nestroyplatz 1 entweder für die Vugesta oder Rudolf Schneeweiss arbeiteten. Unter dem Eintrag meiner Urgroßeltern und dem Ehepaar Kandl findet sich unter *In Arbeit für* der Eintrag *Möbelverwertungsstelle Schätzmeister Wittke*.[84]

Das Ehepaar Kandl war mit Willi und Sabine befreundet. Man kannte sich bereits aus den Jahren vor dem Krieg, da auch Karl und Marie Kandl in der Salzachstraße wohnten. Es gibt eine undatierte Fotografie der beiden Familien, die in der Sammelwohnung aufgenommen wurde. Auf den ersten Blick scheint es merkwürdig, dass sich diese jüdischen Familien fotografieren ließen, während ihre Mitmenschen deportiert wurden. Vielleicht aber versuchten sie, einen Alltag abseits des Krieges zu leben, um sich davon abzulenken. Mein Großvater erinnerte sich an Kabarett, das in der Sammelwohnung gespielt wurde. Sketche des jüdischen Kabarettisten Fritz Grünbaum, der im Konzentrationslager Dachau starb, wurden zu Silvester aufgeführt. „Die Leute lebten in der Gewissheit, jederzeit deportiert werden zu können, sodass sie versuchten, die Umstände mit Humor zu bewältigen. Es war Humor in der Verzweiflung.“[85]

Neben dem Haus Nestroyplatz 1 befand sich die Ruine des Leopoldstädter Tempels, der während der Novemberpogrome zer-

Die Familien Merl und Kandl in der Sammelwohnung am Nestroyplatz, Besitzer Harry Merl

störtwurde. Die beiden durch Höfe vom Tempel getrennten Seitentrakte, in denen sich Wohnungen, Büros, das Archiv und die Bibliothek der Kultusgemeinde befanden, waren noch intakt. Anstelle des geschlossenen Archivs und der Bibliothek waren in den beiden Trakten nun weitere Sammelwohnungen. Im linken Trakt richtete die Kultusgemeinde Schulkassen ein, die mein

Eva und Peter Preis, Besitzer Harry Merl

Großvater besuchte, „[...] die aber nur für wenige Wochen bestanden. Aber es gefiel mir, da ich dort andere Kinder und Familien kennenlernte".[86] Im rechten Seitentrakt bestand seit 1941 ein Kinderspital.

Für meine Urgroßeltern war die Tempelgasse, die 1939 nach dem 1925 ermordeten illegalen Nazi Josef Mohapel in Mohapelgasse umbenannt wurde, vor ihrem Zuzug im März 1942 ein bedeutsamer Ort ihrer Großfamilie, den diese mit Sicherheit immer wieder am Sabbat oder anderen jüdischen Feiertagen besuchte. Im Verwaltungsgebäude der Kultusgemeinde an der

Ecke Tempelgasse/Ferdinandstraße wurde am 9. April 1905 die rituelle Trauung von Willis Eltern Littman und Sara formell anerkannt. Und am 27. Mai 1934 wurden Wilhelm und Sabine im Leopoldstädter Tempel vom Rabbiner Doktor Israel Taglicht, der nach dem „Anschluss" gedemütigt und nach England vertrieben wurde, getraut. Nun wohnten sie an dem zerstörten Ort, an dem sie acht Jahre zuvor geheiratet hatten.

Ein paar Gehminuten entfernt wohnte die Familie Preis mit ihren beiden Kindern Eva und Peter in der Hofenedergasse 6. Die Eltern Felix und Elsa waren Besitzer eines Konfektionsgeschäftes in Klagenfurt gewesen. Während der Novemberpogrome wurden Felix und seine Brüder ins KZ Dachau deportiert. Nach seiner Rückkehr einen Monat später zogen die Eltern mit ihren Kindern nach Wien, um sich um eine Ausreise aus Österreich zu bemühen, die aber abgelehnt wurde. Mein Großvater kannte die ein Jahr jüngere Eva: „Ich war in Eva verliebt. Sie kam mir wie ein Engel vor und ich freute mich sehr, wenn ich sie sah. Ich blickte oft aus dem Fenster unseres Zimmers auf die Straße und wartete, bis sie die Czerningasse entlangkam. In den Ruinen des Tempels spielte ich mit Eva und meinem Rivalen Gustl Rosenberg Schule. Auch er war in Eva verliebt. Wenn wir Schule spielten, war Eva immer die Lehrerin. Eines Tages war sie nicht mehr da. Da ich krank war, musste ich in unserem Zimmer bleiben und durfte nicht hinausgehen. Ich sah oft aus dem Fenster und wartete auf ihre Rückkehr. Das war ein schrecklicher Schock, mit dem ich bis ins Erwachsenenalter nicht wirklich fertiggeworden bin. Ich entwickelte Befreiungsfantasien und sprach mit mir selbst. Ich stellte mir vor, wie ich zu dem Lager gehe, den Stacheldraht aufschneide und Eva befreie. Aber ich konnte mit niemandem darüber reden, weil ich mich geschämt hätte, das alles zu erzählen. Ich erinnere mich, dass meine Selbstgespräche von einem unserer Nachbarn bemerkt wurden.“[87]

Das Verschwinden der Familie Preis fiel in die Zeit der großen Deportationen von Wien in die Ghettos und Lager Osteuropas in den Jahren 1941 und 1942. Vorausgegangen war den Deportationen die Entscheidung des Reichsicherheitsamtes in Berlin, die jüdische Bevölkerung aus dem Deutschen Reich ins Generalgouvernement Polen umzusiedeln. Wien sollte „judenrein“ werden. Am 15. Februar 1941 erfolgte vom Aspangbahnhof im 3. Bezirk der erste Transport in das polnische Opole Lubelskie, wo Wiener Juden in einem Ghetto unter katastrophalen Bedingungen hausen mussten. Aufgrund der Kriege gegen Jugoslawien und Griechenland und den bevorstehenden Angriff auf die Sowjetunion wurden die Deportationen für einige Monate gestoppt, bevor sie im Oktober wieder aufgenommen wurden. Zuerst erfolgten Transporte nach Łódź, Riga, Minsk mit Maly Trostinec und Izbica. In der zweiten Phase ab Juni bis Oktober 1942 wurden Wiens Juden bis auf einen Transport nach Auschwitz in das Ghetto Theresienstadt im Protektorat Böhmen und Mähren transportiert. Am 20. August 1942 wurde Eva, die Freundin meines Großvaters, mit ihren Eltern und ihrem Bruder nach Theresienstadt deportiert.

Deportation

Nach der Abreise von Tochter Jetti im Dezember 1938 waren der arbeitslose Littman und seine Frau Chaje Feige auf sich gestellt. An eine Ausreise war nicht mehr zu denken. Ich nehme an, dass sie weiterhin die Suppenküche der Kultusgemeinde aufsuchten. Paula kümmerte sich statt Jetti um ihre Eltern, denn ab April 1939 war sie erstmals seit ihrem Auszug im Jahr 1931 wieder in der Souterrainwohnung in der Wehlistraße amtlich gemeldet. Die Straße wurde im Dezember 1938 nach dem deutschen Admiral Reinhard Scheer in Admiral-Scheer-Straße umbenannt. Den Überlieferungen meiner Urgroßeltern nach war Paula nach dem „Anschluss“ eine Zeit lang Operationsschwester im jüdischen Rothschild-Spital. Weil es das einzige Spital in Wien war, das jüdische Patienten aufnehmen durfte, wurde die Kapazität des Krankenhauses bis Jänner 1939 von 250 auf 350 Betten erhöht. Da viele Ärzte und Pflegepersonal geflüchtet waren, richtete die Kultusgemeinde ab Sommer 1938 Umschulungskurse zur Ausbildung von Röntgenassistentinnen, Hilfskrankenschwestern sowie medizinischem Hilfspersonal ein.

Wie Sohn Wilhelm und Schwiegertochter Sabine wurde schließlich auch das Ehepaar Littman und Chaje Feige gezwungen, ihre Wohnung zu verlassen. Im Jänner 1941 zogen sie aus der Souterrainwohnung, in der sie 23 Jahre gewohnt hatten, in eine Sammelwohnung in der Rueppgasse 13 im 2. Bezirk. Zwei jüdische Bewohner des Gebäudes Admiral-Scheer-Straße 218 wurden am 2. November 1941 in das Ghetto Litzmannstadt deportiert. Mit Sicherheit kannten sie meine Ururgroßeltern. Ihre Namen sind David Mathes Stein und Rifka Pauker. Beide kamen im Holocaust ums Leben. Enkel Robert, der seine Großeltern in der Rueppgasse besuchte, beschrieb die neue Unterkunft der beiden als Loch. Die Bedingungen, unter denen die beiden alten Leute hausten, müssen sehr ärmlich gewesen sein. Die Datenbank Memento Wien listet insgesamt 20 Juden auf, die im Laufe des Krieges in der Sammelwohnung Rueppgasse 13 wohnten. Auch in den umliegenden Häusern wohnten zahlreiche Juden in Sammelwohnungen, so auch für wenige Tage im Dezember 1941 Tochter Paula in der Rueppgasse 19. An der Adresse waren vier Juden gemeldet, die deportiert wurden. Möglicherweise versuchte Paula von hier aus ihre Eltern zu unterstützen. Merkwürdig ist, dass Paula laut den Wiener Meldedaten nach ihrer Abmeldung von der Wehlistraße in Stendal, einer deutschen Kleinstadt in der Nähe von Magdeburg in der Provinz Sachsen, gemeldet war.

Im November 1941 fiel die Entscheidung der Nazis, Juden aus dem Protektorat Böhmen und Mähren in das Ghetto Theresienstadt nördlich von Prag zu deportieren. Die Garnisonsstadt wurde Ende des 18. Jahrhunderts von den Habsburgern errichtet und sollte nun als jüdisches „Vorzeige-Ghetto" und „Altersghetto" fungieren. Der internationalen Staatengemeinschaft sollten damit friedliche Umsiedlungen aus dem Deutschen Reich vorgetäuscht werden. Bisher von der Deportation ausgenommene Kinder und ihre Eltern, aber auch Alte und Kranke wie Littman und Chaje Feige sollten nach Theresienstadt deportiert werden. Auch Prominente und Veteranen des Ersten Weltkriegs, die bislang verschont worden waren, waren für Theresienstadt vorgesehen.

Im Juni 1942 erfolgten die ersten Transporte. Der Enkelsohn Robert war zufällig Zeuge, als seine Großeltern aus der Sammelwohnung in der Rueppgasse geholt wurden: „Am Weg zur Schule wollte ich sie besuchen. Dort sah ich sie auf einem Laster. Littman deutete mir mit einer Handbewegung an, wegzulaufen."[88] Sie wurden in das Sammellager Kleine Sperlgasse gebracht. Im Gebäude einer ehemaligen Schule, die 1940 aufgrund der hohen jüdischen Schülerzahl aufgelassen worden war, wurden Juden vor ihrer Deportation unter katastrophalen Bedingungen festgehalten. Die Menschen wurden in Klassenzimmern zusammengepfercht. Statt Bänken und Tischen lagen überall Matratzen, auf denen die internierten Juden lagen.

Auch der zweite Enkelsohn Harry sah seine Großeltern kurz vor ihrer Deportation, als er mit seinem Vater Willi in die Kleine Sperlgasse ging, um sich von ihnen zu verabschieden: „Hier sahen wir zum letzten Mal meine Großeltern. Sie sahen vom Fenster eines hohen Hauses herunter und winkten. Mein Vater winkte zurück und weinte. Zum ersten Mal in meinem Leben sah ich meinen Vater weinen. Es war ein kalter Tag."[89]

47 Jahre nach seiner Ankunft als 15-jähriger Jugendlicher im verheißungsvollen Wien, das ihm den sozialen Aufstieg ermöglicht und seine Familie nach dem Ersten Weltkrieg durch die Sozialpolitik des Roten Wien über Wasser gehalten hatte, wurden mein Ururgroßvater und seine Frau nach vier Jahren der Ausgrenzung, Diskriminierung und körperlichen Misshandlung schließlich gewaltsam aus ihrer langjährigen Heimatstadt

deportiert. Im Abmeldevermerk der Meldeunterlagen heißt es knapp: *mit Gattin (nach) Theresienstadt.*[90]

Theresienstadt

188.	TUSCHAK Hans Stefan Isr.	30.12.1885	o.B.
189.	TUSCHAK Gisela S.	5. 4.1887	Haushalt
190.	TUSCHAK Magdalena S.	1. 9.1922	Studentin
191.	KOHN Margarethe S.	3. 8.1900	Schwester
192.	SÜSZ Henriette S.	10. 9.1862	Haushalt
193.	LIFCZYC Herma Esthel S.	5. 5.1876	Haushalt
194.	GRONAWETTER Antonia S.	1.12.1865	o.B.
195.	MANDL Charlotte S.	20. 1.1876	o.B.
196.	MANDL Helene S.	2. 5.1906	Stickerin
197.	MANDL Frieda S.	29. 1.1908	Modistin
198.	LÖW Emma S.	10. 2.1888	o.B.
199.	FÜRNBERG Anna S.	15. 3.1864	Haushalt
200.	WERNER Julia S.	1. 5.1877	o.B.
201.	MERL Littmann Isr.	25.10.1879	Kaufmann
202.	MERL Chaje Feige S.	19.11.1870	Haushalt
203.	SCHECHTER Margarethe S.	6.12.1906	Haushalt
204.	KORITSCHONER Luise Maria S.	27. 8.1887	Bundesbeamtin
205.	KORITSCHONER Eugenie S.	7. 2.1863	Haushalt
206.	STIRER Osias Isr.	20. 6.1869	Altersrentner
207.	STIRER Olga S.	10. 1.1879	Haushalt
208.	WOLLNER Johanna S.	20. 2.1862	o.B.
209.	KOHN Ludwig Isr.	23. 8.1890	o.B.
210.	BUCHLER Emilie S.	16.10.1878	Haushalt
211.	HERNFELD Ludwig Isr.	2. 7.1883	Angest.
212.	HERNFELD Regina S.	6. 5.1888	Haushalt
213.	HERNFELD Edith Antonia S.	17. 8.1917	Schneidergeh.
214.	GROHS Lily Johanna S.	11. 5.1866	Haushalt
215.	SCHICK Malvine S.	8. 9.1879	o.B.
216.	NOWAK Berta S.	4. 9.1861	o.B.
217.	UJHELY Therese S.	13. 9.1875	o.B.
218.	BEER Salomon Isr.	9. 2.1870	Angest.
219.	BEER Josefa S.	22. 3.1873	Haushalt
220.	AGATSTEIN Georg Isr.	2. 4.1938	Kind
221.	KOHN Walter Isr.	15. 9.1905	Elektro Ing.
222.	KOHN Max Isr.	6. 7.1870	Kaufmann
223.	KOHN Serafine S.	19. 6.1877	Haushalt
224.	WINKLER Gisela S.	12. 4.1888	Hilfsarb.
225.	NEUSCHILLER Anna S.	7.11.1894	Beamtin
226.	SCHENIRER Elsa S.	1.11.1888	o.B.
227.	SCHENIRER Julius Isr.	29.12.1881	o.B.

Aus dem Dokumentationsarchiv des österreichischen Widerstandes

Am 24. September 1942 wurde das Paar zum Aspangbahnhof im 3. Bezirk gebracht. Um 19.25 Uhr fuhr der Zug Da 519 los. Es war der elfte Transport nach Theresienstadt. Dieser Zug transportierte 1300 Juden und war bekannt als „Alterstransport", da das Durchschnittsalter bei 58 Jahren lag und 673 Insassen älter als 61 Jahre alt waren. Einige jüdische Prominente, darunter Desider Friedman, der Präsident der Israelitischen Kultusgemeinde, sowie der Politiker Robert Stricker befanden sich ebenfalls unter den Deportierten. Auf der Liste der Deportierten des elften Transports scheinen Littman und Chaje Feige unter den Nummern 201 und 202 auf.

Die Gedenktafel am Gebäude des ehemaligen Sammellagers Kleine Sperlgasse sowie der Gedenkstein und das Mahnmal am Platz der Opfer der Deportation am Gelände des in den 70er-Jahren abgerissenen Aspangbahnhofs machen die Spuren des Verschwindens meiner Urgroßeltern aus ihrer Heimatstadt Wien sichtbar:

Zum Gedenken
an die 40.000 jüdischen Mitbürger
die in der Zeit
vom Oktober 1941 bis März 1943
in diesem Teil der Schule
in Gestapo-Haft waren
und von hier in Vernichtungslager
deportiert wurden.
Niemals vergessen

In den Jahren 1939–1942
wurden vom ehemaligen Aspangbahnhof
zehntausende österreichische Juden
in Vernichtungslager transportiert
und kehrten nicht mehr zurück.
Niemals vergessen

Über die Bahnhöfe Wien Nordbahnhof, Stockerau, Gmünd, Tabor und Prag kam der Zug schließlich am frühen Nachmittag des 25. September in Bauschowitz, tschechisch Bohušovice, an, da Theresienstadt keinen Bahnhof hatte. Der Transport wurde vom Lagerkommandanten Siegfried Seidl, SS-Männern und tschechischen Gendarmen erwartet. Die Wiener Juden wurden gezwungen, die zweieinhalb Kilometer bis zum Lager zu Fuß zurückzulegen. Nach der Ankunft im Lager wurden die Männer, Frauen und Kinder voneinander getrennt in den Kasernengebäuden und Häusern der Stadt untergebracht. Die nur notdürftig eingerichteten Gebäude waren hoffnungslos überfüllt. Die Häftlinge litten unter der mangelnden Hygiene. Insbesondere die alten Juden, die sich Theresienstadt als sichere Bleibe vorgestellt hatten, hatten mit den neuen Umständen zu kämpfen. Jeder arbeitsfähige und gesunde Ghettoinsasse, im Alter von 16 bis 60 Jahren unbedingt und 14 bis 65 Jahren bedingt, wurde zum Arbeitseinsatz in Theresienstadt eingeteilt. Die Arbeitsgebiete waren Produktionsbetriebe, Küchen, Krankenhäuser, Reinigung, Erdarbeiten, Werkstätten, Transport, Beerdigung, Landwirtschaft und Sicherheitswesen. Personen, die wie Littman über 60 Jahre alt waren, wurden ihrem Gesundheitszustand entsprechend eingesetzt.

Littmans Frau Chaje Feige überlebte die Zustände im Lager nicht lange. Sie starb bereits elf Tage nach ihrer Ankunft im Alter von 71 Jahren. In der Todesfallanzeige wird als Ursache Gehirnschlag, dem sie am 6. Oktober um 6.40 Uhr erlag, angegeben. Wohn- und Sterbeort war das Gebäude L 421, das Haus Nummer 21 in der Längsstraße 4. Die Anzeige wurde vom Totenbeschauer, dem Amtsarzt und dem Chefarzt unterschrieben. Angaben zu Chaje Feiges verwitwetem Gatten Littman wurden in der Rubrik *Verwandte in Theresienstadt/im Protektorat* keine gemacht. Ich bezweifle, dass man sich die Mühe machte, ihn persönlich vom Tod seiner Frau zu verständigen. Er dürfte aus zweiter Hand von ihrem Ableben erfahren haben.

Da die Sterblichkeit im Lager mit der Ankunft der Transporte aus dem Großdeutschen Reich im Sommer 1942 im September mit 127 Toten pro Tag ihren Höhepunkt erreichte, wurden die Verstorbenen anstelle der Bestattung in Massengräbern seit Oktober in die Kasematten der Befestigungswälle beim Bauschowitzer Tor gebracht, eingeäschert und im Krematorium verbrannt. Einige Tote wurden vor der Einäscherung im Obduktionsraum des Krematoriums von inhaftierten Ärzten obduziert, wenn die Todesursache nicht eindeutig war. Die Urnen mit der Asche der Toten wurden im Kolumbarium aufbewahrt, zu dem Häftlinge keinen Zugang hatten. Um die Spuren des Massenmordes zu beseitigen, befahl die SS-Kommandantur im November 1944, die mehr als 20.000 Urnen zum Großteil in den Fluss Eger zu schütten oder nahe dem wenige Kilometer entfernten Konzentrationslager Leitmeritz zu vergraben.

Wie zum Hohn und für jeden Wiener sichtbar scheinen Littman und Chaje Feige am 13. Juli 1943 in der Wiener Ausgabe des Nazi-Propagandablatts *Völkischer Beobachter* in einer Liste von Juden auf, die per Verordnung aus ihren Wohnungen geworfen worden waren und deren Vermögen in die Hände des Staates übergegangen war:

Einziehungserkenntnis. Das gesamte bewegliche und unbewegliche Vermögen sowie alle Rechte und Ansprüche der nachfolgend angeführten Personen werden [gemäß] § 1 der Verordnung über die Einziehung volks- und staatsfeindlichen Vermögens im Lande Österreich vom 18.11.1938, RGBI. I, S. 1620, zugunsten des Deutschen Reiches (Reichsfinanzverwaltung) eingezogen. Mit der Einziehung erlöschen alle Rechte und Ansprüche der bisherigen Eigentümer und gehen auf das Deutsche Reich über. Für die Verwaltung und Verwertung dieser Vermögenswerte ist der Oberfinanzpräsident Wien-Niederdonau, Wien, I., Hanuschgasse 3, zuständig: (...) Werner Julie S., 1.5.1877, II., Josefineng. 6. – Merl Littmann Isr., 25.10.1879, Merl Chaje Feige S., 19.11.1870, II., Rueppg. 13. – Schlechter Margarete S., 6.12.1906, II., Unt. Augartenstraße 21. (...) Geheime Staatspolizei, Staatspolizeistelle Wien. I. V.: Dr. Ebner.[91]

Zum Zeitpunkt der Veröffentlichung der Ausgabe war Chaje Feige bereits seit neun Monaten tot und Littman unter katastrophalen Bedingungen, die bei vielen zum Tod führten, in Theresienstadt interniert. Mit Sicherheit dürfte der eine oder andere Wiener beim Lesen des Blatts den Namen eines früheren Nachbarn entdeckt haben. Diese Juden, deren Namen, Geburtsdaten und letzten Adressen öffentlich gemacht wurden, waren weg und würden es auch bleiben. Der während des „Anschlusses“ und der Novemberpogrome bekannte Spruch „Der Jud muss weg, sei Gerstl [Geld] bleibt da!“ war erfüllt worden.

Es lassen sich nur Vermutungen anstellen, wie es dem Witwer Littman als Häftling in Theresienstadt erging. Robert erzählte mir, dass seine Eltern Littman und Chaje Feige Pakete nach Theresienstadt schickten, obwohl sie schon lange tot waren. Littman verbrachte eineinhalb Jahre in Theresienstadt, bevor er am 16. Mai 1944 ins Konzentrationslager Auschwitz deportiert wurde und Roberts Eltern die Mitteilung bekamen, dass Littman verstorben war. Zu seiner Deportation gibt es die unbestätigte schriftliche Überlieferung meiner Urgroßeltern, nach der sich ihr Vater und Schwiegervater Littman bei einem Häftlingsappell gemeldet haben soll, bei dem erhoben wurde, wer krank war. Seine Deportation steht im Zusammenhang mit den umfangreichen Verschönerungsaktionen als Vorbereitung auf den Besuch des Internationalen Roten Kreuzes am 23. Juni 1944. Im Ghetto, das die neue offizielle Bezeichnung „Jüdisches Siedlungsgebiet“ erhielt, wurden Pavillons und Parkbänke errichtet, die Läden instandgesetzt und verbessert und die Unterkünfte der Prominenten mit Möbeln ausgestattet. Neben ungarischen Juden und Waisenkindern befanden sich in den Transporten vom 15., 16. und 18. Mai unter den 7503 Häftlingen viele Tuberkulosekranke. Dieser Umstand allein stand im Widerspruch zum angeblichen Lebensstandard und den sanitären Bedingungen, die man dem Roten Kreuz präsentieren wollte.

Der Zufall wollte es, dass im Transport Ea, Nr. 940 nicht nur Littman Merl, sondern auch die mit seinem Enkelsohn Harry befreundeten Geschwister Eva und Peter Preis mit ihrer Mutter Elsa Theresienstadt verließen. Der Familienvater Felix war noch vor der Deportation am 28. Februar 1944 im Lager gestorben.

Auschwitz

Littman und die Familie Preis wurden in den Theresienstädter Familienlager genannten Lagerabschnitt B IIb im Vernichtungslager Auschwitz-Birkenau überstellt. Im Unterschied zu den anderen Häftlingen in Auschwitz wurden die Häftlinge aus Theresienstadt nicht selektiert, indem sie entweder vergast oder Arbeitskommandos zugeteilt wurden, sondern sie wurden geschlossen ins Familienlager gebracht. Die Männer und Buben dieses Transports wurden mit den Nummern A-843 bis A-1418 gekennzeichnet, Frauen und Mädchen erhielten die Nummern A-1000 bis A-1999 und A-2751 bis A-3621. A stand für Jude. Nach der Tätowierung der Häftlingsnummer wurden sie zur Aufnahmeprozedur in die „Sauna" geschickt, wo ihnen die Haare nicht abgeschoren wurden. Nach dem Entkleiden erhielten sie nicht die übliche gestreifte Häftlingskleidung, sondern Zivilkleidung. Einige Häftlinge wurden Arbeitskommandos, die für den Bedarf des Lagers eingesetzt wurden, zugewiesen. Um der Berichterstattung in den Westmächten über die Judenvernichtung entgegenzuwirken, durften die Häftlinge ihren Familien schreiben und Pakete empfangen. Für Kinder wurde in einer der Baracken eine Schule eingerichtet.

Die Sterblichkeit im Familienlager war nicht niedriger als in den anderen Lagerbereichen. Ein Großteil der im September und Dezember 1943 angekommenen Häftlinge wurde Anfang März 1944 vergast, nachdem sie auf Ende März datierte Briefe an ihre Angehörigen geschrieben hatten, in denen sie mitteilen mussten, dass es ihnen gut gehe. Nach ihrer Vergasung wurden die Briefe schließlich verschickt. Anfang Juli 1944 wurden von der SS einige Hundert Männer und Frauen zum Arbeitseinsatz bestimmt. Die verbliebenen 7000 Gefangenen wurden in den Nächten des 11. und 12. Juli 1944 in der Gaskammer ermordet. Das Theresienstädter Familienlager wurde daraufhin aufgelöst.

Zu meinem Ururgroßvater Littman, damals 64 Jahre alt, sowie der Familie Preis und ihrer Haft im sogenannten Familienlager existieren keine Zeugnisse. Sofern sie nicht schon davor an Hunger oder Krankheiten gestorben waren, wurden sie im Juli 1944 durch Gas ermordet.

Gedenken

Gemeinsam mit meinem Vater und meinen Großeltern besuche ich im August 2015 Prag und die Gedenkstätte Theresienstadt, das heutige Terezín. Nach unserer Ankunft in der tschechischen Hauptstadt besichtigen wir im jüdischen Viertel Josefov das jüdische Museum, die prachtvolle Spanische Synagoge und den alten jüdischen Friedhof aus dem 15. Jahrhundert. Augenscheinlich haben die Institutionen des jüdischen Lebens in Prag die Besetzung durch Nazideutschland glimpflicher als in Wien überstanden, jedoch vermutlich nur aufgrund des bizarren Motivs der Nazis, Prags altes Ghetto als „Museum einer ausgestorbenen Rasse" präsentieren zu wollen. Die Juden des Protektorats Böhmen und Mähren sollten gemeinsam mit ihren deutschen und österreichischen Glaubensgenossen in der vermeintlichen Mustersiedlung Theresienstadt darben, bevor sie in die Konzentrationslager Osteuropas deportiert wurden.

Am Tag danach fahren wir zur Gedenkstätte Theresienstadt, die sich rund 60 Kilometer nördlich von Prag befindet. Nachdem wir im Kinosaal des Ghetto-Museums eine einführende Dokumentation gesehen haben, beginnen wir mit der Besichtigung des ehemaligen Ghettos Theresienstadt, des Ortes, an den 73 Jahre zuvor die Großeltern meines Großvaters deportiert wurden. Von Beginn an ist es schwer, sich vorzustellen, dass in den teils heruntergekommenen, teils schön restaurierten Kasernen dieser ehemaligen österreichisch-ungarischen Garnisonsstadt tausende Juden interniert waren und für die Nazis den Zweck erfüllten, der internationalen Staatengemeinschaft vorzugaukeln, in dieser angeblichen jüdischen Musterstadt ein gutes

Leben führen zu können. Die Kasernen der großen Festung, in der es weder eine Hinrichtungsstätte noch eine Gaskammer gegeben hat, täuschen inmitten der spätsommerlichen Stille eine merkwürdige Idylle vor, als ob wir auf das Lügengespinst der Nazis hereinfallen würden.

Während wir durch Theresienstadt gehen, schüttelt mein Großvater immer wieder ungläubig den Kopf. Er kann es nicht fassen. Vor einem schön restaurierten weißen Gebäude machen wir Halt und nehmen ein Erinnerungsfoto auf. In diesem Haus, laut Plan die Nummer 21 in der Längsstraße 4, starb Chaje Feige am 6. Oktober 1942. Wie verbrachte sie ihre letzten Tage bis zu ihrem Tod? Bereits bettlägerig? Pflegte sie ein Mithäftling? Hatte ihr Mann Littman Zugang zu dem Haus?

Schließlich besuchen wir das Kolumbarium und den Friedhof mit dem Krematorium. Am nahen Fluss Eger, einem Nebenfluss der Elbe, befindet sich ein Mahnmal, das daran erinnert, dass an dieser Stelle die Asche der toten Häftlinge, die seit Oktober 1942 im Kolumbarium aufbewahrt wurde, in den Fluss geschüttet wurde. Am jüdischen Friedhof, markiert durch eine große steinerne Menora, lege ich am österreichischen Teil der Gedenkstätten der Nationen einen Stein für meine Ururgroßmutter Chaje Feige hin. Als ich meinem Großvater, der bereits beim Auto wartet, davon erzähle, bedankt er sich.

Die letzte Station unserer Reise ins ehemalige Galizien im August 2021 bildet das frühere Konzentrationslager Auschwitz-

Birkenau, wohin Littman Merl von Theresienstadt deportiert wurde. Die Schauplätze von seinen Jahren in Wien als Familienvater und Süßwarenverkäufer sind uns lange bekannt, genauso wie nun auch sein Herkunftsort Chocimierz. Auschwitz, der letzte Ort in Littmans Leben, lag wie seine frühere Heimat in Galizien und befand sich unweit der Bahnstrecke von Krakau nach Mähren, die Littman mehrere Male zurückgelegt hat.

Der geführte Besuch des Stammlagers Auschwitz I offenbart das sprachlos machende Grauen, unter dem Millionen Menschen leiden und sterben mussten. Nach dem Passieren des Lagereingangs mit seinem Schriftzug *Arbeit macht frei* erreichen wir die Backsteingebäude, den ehemaligen Häftlings-Lagerbereich. Hier werden Hinterlassenschaften der Häftlinge, die in den Augen der Nationalsozialisten von Nutzen waren, ausgestellt. Ein kleiner Haufen Brillen. Ein großer Haufen Schuhe. Ein Berg Koffer, die noch beschriftet sind. Und eine Masse von Haaren, die den Todgeweihten vor dem Duschen abgeschoren wurden, um sie zur Filz- und Garnherstellung zu verwerten. Es gibt braune, brünette und schwarze Haare. Lange, lockige und zu Zöpfen geflochtene Haare. Die Realität des grausamen Wahnsinns, die der Rundgang im Stammlager lediglich ansatzweise vermitteln kann, ist schwer zu akzeptieren.

Ein Shuttle bringt uns zum Lager Auschwitz-Birkenau. Hier waren Littman und die Familie Preis am 17. Mai 1944 im Transport Ea, Nr. 940, der das KZ Theresienstadt am Vortag verlassen hatte, angekommen. Was fühlten sie, als sich ihr Zug langsam dem

Eingangsgebäude näherte? Glaubten sie den Versprechungen, dass ihnen im Theresienstädter Familienlager nichts geschehen würde? Was hatten sie bis dahin über Auschwitz gehört?

Der erstmalige Anblick des markanten Eingangsgebäudes und der gewaltigen Ausmaße von Auschwitz-Birkenau macht uns betroffen und sprachlos. Wir hatten ein größeres Lager als Mauthausen oder Dachau erwartet, jedoch übertreffen die tatsächlichen Dimensionen jegliche Vorstellungen. Der geführte Rundgang beginnt entlang der Gleise, wo die angekommenen Häftlinge selektiert wurden. Arbeit hieß es für arbeitsfähige Gefangene, Tod durch die Gaskammer für jene in den Augen des NS-Regimes als nicht lebenswert befundenen Gefangenen. Nahe dem Ende der Rampe befindet sich das Internationale Mahnmal für die Opfer des Faschismus. Eine Gedenktafel erinnert an die Bedeutung des Ortes:

Dieser Ort sei allezeit
ein Aufschrei der
Verzweiflung und Mahnung
an die Menschheit.
Hier ermordeten die Nazis
etwa anderthalb Millionen
Männer, Frauen und Kinder.
Die meisten waren Juden
aus verschiedenen
Ländern Europas.

Auschwitz-Birkenau
1940–1945

Der Weg führt weiter zu den Überresten der ehemaligen Gaskammer. Ein großer Haufen aus Beton und Ziegelsteinen ist alles, was von den Gaskammern und den Krematorien übrig blieb. Um die Spuren des Massenmords zu beseitigen, hatte die SS die Gaskammern vor der Befreiung durch die Rote Armee gesprengt. Zu diesem Zeitpunkt war das Theresienstädter Familienlager bereits seit Juli 1944 aufgelöst und ein Großteil seiner Häftlinge in der Gaskammer ermordet worden. Die Asche der Häftlinge wurde in umliegenden Teichen versenkt. *Hier liegt ihre Asche. Mögen ihre Seelen in Frieden ruhen*, heißt es auf einem Gedenkstein davor. Mehrere Steine liegen auf dem Erinnerungsmal. Nach der Besichtigung einer originalgetreu eingerichteten Baracke und dem Ende des Rundgangs beschließen wir, den Abschnitt B II b zu besichtigen.

Vom Eingangsgebäude gehen wir entlang des Stacheldrahtzauns des Lagerabschnitts B II b. Auf einem der Wege um das Theresienstädter Familienlager waren auch Littman und die Familie Preis nach ihrer Ankunft in Auschwitz-Birkenau gegangen. Das Lager war von einem unter Strom stehenden Stacheldraht umgeben, der beleuchtet und durch Wachtürme befestigt war. Ein Schotterweg teilte den Abschnitt in zwei Hälften. Zu beiden Seiten befinden sich die Fundamente der zahlreichen Baracken. Mehr als die ziegelsteinernen Schornsteine und die Grundrisse der Mauern sind von den hölzernen Behausungen der Häftlin-

Eingang zum Theresienstädter Familienlager 2021, ©Pascal Merl

ge nicht übrig geblieben. Wie jahrzehntealte Bäume ragen die Schornsteine in den Himmel. Aus der Ferne betrachtet bilden sie die letzten Zeugen des Elends der Häftlinge in den Baracken.

Ein versperrtes metallenes Tor bildet den einzigen Eingang zum ehemaligen Theresienstädter Familienlager. Nach ihrem Gang entlang des Zaunes durchschritten Littman Merl und die Familie Preis das Tor diese Lagerabschnitts, wo sie ihre letzten Lebenstage verbrachten. Nachdem wir das Familienlager umrundet haben, fällt uns ein abgestorbener Baum auf. Seine schwarzbraunen Äste strecken sich Richtung Himmel.

Theresienstädter Familienlager, ©Patrick Merl

Bleibe immer mein Fritz, ich bin ewig deine Pauline

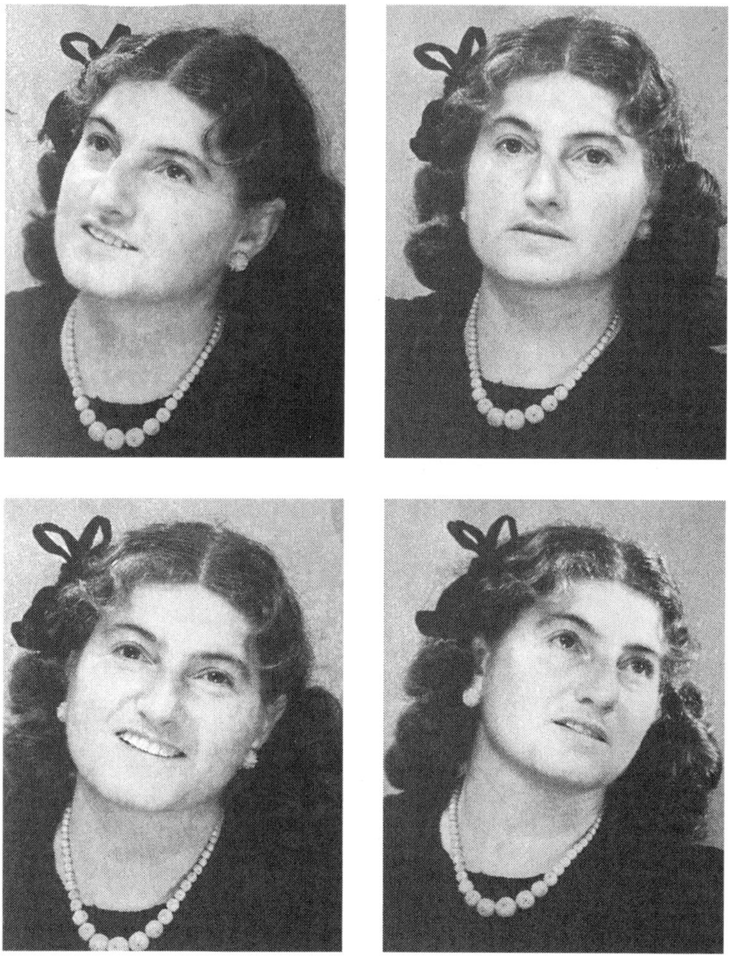

Paula Merl, Besitzer Maximilian Wanderer

Wie sich Paula während der NS-Zeit in Wien durchschlug, ist nicht vollständig bekannt. Durch ihre Umzüge und ihre Abmeldung in die deutsche Stadt Stendal versuchte sie möglicherweise ihre Spuren zu verwischen. Was sie dazu veranlasste, als Jüdin die gefährliche Reise nach Deutschland zu unternehmen, liegt völlig im Dunkeln. Am 17. August 1941 ließ sie in der 180 Kilometer weiter südlich gelegenen Kleinstadt Nordhausen vier Porträtfotos von sich anfertigen, die sie an ihren Freund Fritz schickte. Eine Perlenkette um den Hals und eine Masche im Haar schmücken ihr Bild. Auf jedem Porträt zeigt sie einen anderen Gesichtsausdruck. Auf der Rückseite der Bilder schrieb sie passend zu den unterschiedlichen Gesichtsausdrücken Kurztexte an Fritz, die ihre große Liebe und Sehnsucht nach ihm ausdrücken:

Immer bin ich bei Dir, bin ich noch so weit entfernt, denn eben durch unsere Trennung habe ich Deine Liebe erst so ganz richtig zu schätzen gelernt. Bleibe immer mein Fritz, ich bin ewig deine Pauline.

Geliebter Fritz, sehe ich auch jetzt sehr schlecht und traurig aus, bin ich wieder bei Dir und hältst Du mich in Deinen starken Armen, dann sehe ich sicher wieder besser aus. Denn Du bist mein Glück und Dich kann ich nimmer aus meinem Herzen verdrängen, Pauline.

Süßer Freund, ich lächle Dich an voll Liebe im Herzen, aber die Sehnsucht lässt sich daraus nicht ausmerzen. In ewig treuer Liebe, deine Pauline.

Voller Sehnsucht im Blick, erwarte ich mein wiederkehrendes Glück. Deine Pauline.[92]

Paula kehrte schließlich nach Wien zurück, wo sie von Dezember 1941 bis März 1942 in der Feuerbachstraße 8 in der Leopoldstadt gemeldet war. An derselben Adresse listet Memento Wien eine Elsa Hirschl, geboren 1890 im ungarischen Csepreg und deportiert am 5. Oktober 1942 nach Maly Trostinec, wo sie vier Tage später starb.

Paulas Freund Fritz Broz versteckte seine Freundin bei sich am Sterneckplatz, um sie zu schützen. Er lagerte Kleider, Wäsche und Schuhe befreundeter Juden in seiner Wohnung, um sie aufzubewahren. Paula muss geahnt haben, dass ihr Freund Gefahr lief, verhaftet zu werden, und verließ die Wohnung, bevor ihm am 8. August 1942 die Gestapo auf die Spur kam und zwei Beamte schickte, die die Wohnung durchsuchten und ihn verhafteten. Fritz Broz wurde in die Gestapo-Leitstelle im Hotel Metropol gebracht, das nach dem „Anschluss" beschlagnahmt wurde. Tag für Tag wurden hier bis zu 500 Menschen zur Einvernahme vorgeladen oder nach erfolgter Verhaftung eingeliefert. Die Verhafteten wurden in die Zellen und Verhörräume des Gebäudes gebracht, wo sie oft unter Misshandlungen und Folter ein Geständnis ablegen mussten. Zur Festnahme und zum Verhör von Paulas Freund Fritz heißt es im Tagesbericht Nr. 3 vom 8. bis 10. September 1942:

Der Mischling I. Grades Friedrich Broz, 20.10.1896 Wien geb., DRA, ev. AB, gesch., Wien II., Sterneckplatz 1 wh., wurde festgenommen,

Fritz Broz in Gestapo-Haft, Stadt- und Landesarchiv Wien

weil er von evakuierten Juden sehr grosse Mengen von Gebrauchsgegenständen übernommen und in seiner Wohnung untergebracht hatte. B. hat weiter von 1928 bis zu seiner Festnahme intimen Verkehr mit einer Jüdin unterhalten, der er Unterschlupf gewährte, um sie der Evakuierung zu entziehen. Gegen B. wird Schutzhaft und Einweisung in ein KL. beantragt.[93]

Von Fritz Broz wurden Fotos im Profil, en face und in Halbseitenansicht aufgenommen. Sein Blick wirkt müde. Paulas Neffe Robert beschrieb mir den Freund seiner Tante als „groß wie ein Kleiderkasten".[94] Ein kräftig gebauter Mann, der sich nicht scheute, sich während des Austrofaschismus illegal für die Kommunistische Partei zu betätigen, während des Nationalsozialismus befreundeten Juden zu helfen und seine jüdische Freundin bei sich zu verstecken. Sein resignierter Ausdruck lässt vermuten, dass sein Wille gebrochen wurde. Ob er unter Folter gestand, dass er Juden unterstützt und Paula versteckt hatte?

Paula ließ ihrem Freund über seine geschiedene Frau Hermine Wäsche und Essen bringen. Schließlich ließ die Gestapo Wien Fritz Broz am 6. November 1942 in das Konzentrationslager Mauthausen im Gau Oberdonau überstellen. Ihm wurde die Häftlingsnummer 13991 zugewiesen. Mauthausen mit seinen Steinbrüchen war das größte Konzentrationslager der Nationalsozialisten auf dem Gebiet Österreichs und hatte die Lagerkategorie III, was Vernichtung durch Arbeit bedeutete. Zu den Schrecken des Lageralltags erreichte Fritz die traurige Nachricht, dass sein Sohn Paul als Soldat der Wehrmacht an der Front gefallen war.

Ein falscher Personalausweis verschaffte Paula eine neue Identität. Von nun an hieß sie Johanna Pressl. Um sich über Wasser zu halten, nahm sie Arbeiten bei Bauern an und wechselte innerhalb des ehemaligen Österreich mehrere Male ihren Aufenthaltsort, um ihre Spuren zu verwischen. Sie hielt Kontakt zu ihrer Schwester Rosa, die ihr Lebensmittelmarken zukommen ließ. Als die Polizei am 23. Februar 1943 im sich in Bahnhofsnähe befindenden Salzburger Hotel Goldenes Lamm, in dem Paula wohnte, eine Kontrolle durchführte, entdeckte sie in Paulas Gepäck ihren jüdischen Ausweis, den sie fatalerweise noch bei sich führte. Sie wurde verhaftet und nach einem Monat Haft in Salzburg wie ihr Freund Fritz ins Gestapo-Hauptquartier im Hotel Metropol am Morzinplatz im 1. Bezirk gebracht. Im Tagesbericht Nr. 2 vom 2. bis 5. April 1943 der Gestapo heißt es zu ihrer Festnahme:

Am 5.4.1943 wurde die Jüdin Pauline Sara Merl, Stickerin, 18.12.1907 Wien geb., DRA., mos., led., Wien II., Feuerbachstr. 8 wh., festge-

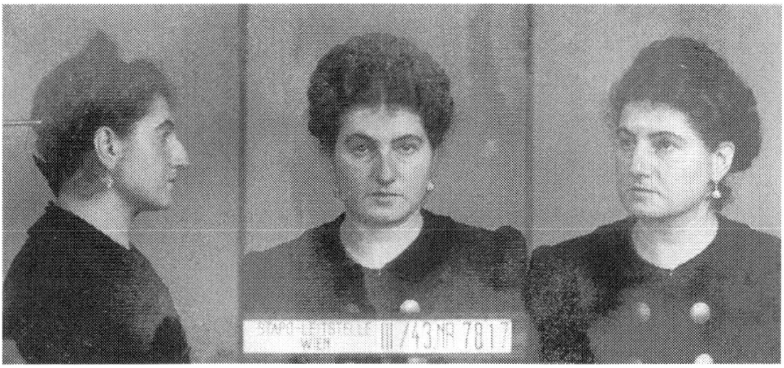

Paula Merl, Stadt- und Landesarchiv Wien

nommen. Sie verliess im Juni 1942 eigenmächtig ihren Arbeitsplatz und trieb sich in den Alpen u. Donaugauen unter dem Namen Johanna Pressl umher. Ihren Lebensunterhalt fristete sie durch Gelegenheitsarbeiten als landwirtschaftliche Arbeiterin bei Bauern. Gegen sie wird Schutzhaft beantragt.[95]

Auch von Paula wurden Fotos im Profil, en face und in Halbseitenansicht aufgenommen. Die Furcht steht ihr buchstäblich ins Gesicht geschrieben. Kein Zeichen der Fröhlichkeit, die sie auf den Bildern beim Baden in der Donau ausstrahlte. Ob Paula auch als Frau Folter und Misshandlung durch die Schergen der Gestapo erleiden musste? In der Personalbeschreibung wurde Paulas Fingerabdruck genommen und ihr Aussehen in 12 Kategorien folgendermaßen beschrieben: *einen Meter 64 groß, schlanke Gestalt, waagrechte Schulterneigung, gesundes rundes volles Gesicht, sehr niedrige zurückweichende Stirn, braunes Haar, grau-braune Augen, „ausgebogene" Nase, sehr große ovale sehr anliegende Ohren, großer*

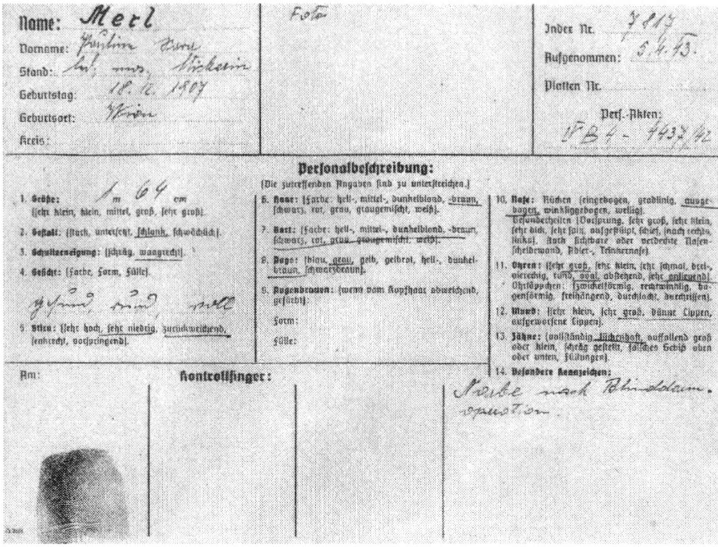

Name: Merl
Vorname: Paulina Rosa
Stand:
Geburtstag: 18. 12. 1907
Geburtsort: Wien
Kreis:

Foto

Index Nr. 7817
Aufgenommen: 5. 4. 43.
Platten Nr.
Pers.-Akten: VB 4 - 4437/42

Personalbeschreibung:
(Die zutreffenden Angaben sind zu unterstreichen.)

1. **Größe:** 1 m 64 cm (sehr klein, klein, mittel, groß, sehr groß).
2. **Gestalt:** (stark, untersetzt, schlank, schwächlich).
3. **Schulterneigung:** (schräg, waagrecht).
4. **Gesicht:** (Farbe, Form, Fülle).
5. **Stirn:** (sehr hoch, sehr niedrig, zurückweichend, senkrecht, vorspringend).
6. **Haar:** (Farbe: hell-, mittel-, dunkelblond, -braun, schwarz, rot, grau, graugemischt, weiß).
7. **Bart:** (Farbe: hell-, mittel-, dunkelblond, -braun, schwarz, rot, grau, graugemischt, weiß).
8. **Auge:** (blau, grau, gelb, gelbrot, hell-, dunkelbraun, schwarzbraun).
9. **Augenbrauen:** (wenn vom Kopfhaar abweichend, gefärbt):
Form:
Fülle:
10. **Nase:** Rücken (eingebogen, gradlinig, ausgebogen, winkliggebogen, wellig).
Besonderheiten (Vorsprung, sehr groß, sehr klein, sehr dick, sehr spitz, aufgestülpt, schief, (nach rechts, links), Nach sichtbare oder verdeckte Nasenscheidewand, Adler-, Trinkernase).
11. **Ohren:** (sehr groß, sehr klein, sehr schmal, drei-, viereckig, rund, oval, abstehend, sehr anliegend).
Ohrläppchen: (zwickelförmig, rechtwinklig, bogenförmig, freihängend, durchlocht, durchrissen).
12. **Mund:** (sehr klein, sehr groß, dünne Lippen, aufgeworfene Lippen).
13. **Zähne:** (vollständig, lückenhaft, auffallend groß oder klein, schräg gestellt, falsches Gebiß oben oder unten, Füllungen).
14. **Besondere Kennzeichen:**
Narbe nach Blinddarmoperation.

Am:
Kontrollfinger:

Dokumentationsarchiv des österreichischen Widerstandes

Mund mit dünnen Lippen und lückenhaften Zähnen. Als besonderes Kennzeichen ist angeführt: *Narbe nach Blinddarmoperation.*[96]

Paula wurde in Wien im Polizeigefangenenhaus an der Rossauer Lände inhaftiert und schließlich in die Strafanstalt Krems überstellt. Um ihre Schwester Rosa über ihre Verhaftung zu benachrichtigen, riss Paula von ihrer Kleidung einen Leinenstreifen ab, auf den sie mit Tintenblei eine Nachricht schrieb. Diesen nähte sie in das Kleid einer Zellengenossin, die entlassen wurde, ein und so wurde die Nachricht aus dem Gefängnis geschmuggelt. Die Frau übergab die Nachricht einer Schwester von Franz, die sie der Familie Cerny brachte. Paula schrieb:

Liebe Rosi! Ich wurde am 23. Febr. 1943 bei einer Hotelkontrolle (Goldenes Lamm) in Salzburg verhaftet. Man durchsuchte mein Gepäck und fand dabei meine Handtasche und die falsche Legitimation. Ich konnte leider 2 Briefe von dir nicht mehr vernichten, es waren die letzten, einer wo du mir den Tod unserer Mutter in Theresienstadt bekannt gibst, und in dem anderen schreibst du mir, dass man den Ferry auf die Gestapo vorgeladen hat, wegen der Scheidung von dir, die er aber abgelehnt hat, und da hat man ihm gedroht, man wird ihn und die Kinder zu Juden erklären ... und, dass du mit der Wohnung keine Freude hast, nicht, weil ihr das ganze Geld hineingesteckt habt, sondern weil ihr glaubt nach dem Osten verschickt zu werden. Du brauchst deswegen keine Angst zu haben, auf der Gestapo habe ich leider zugeben müssen, dass du mir geschrieben hast, weil sie ja den Beweis in Händen hatten. Aber ich habe bei der Gestapo angegeben, du hast mir geschrieben, weil du geglaubt hast, ich wäre in Salzburg im Arbeitsdienst und du hast von meinem falschen Namen keine Ahnung, du hast geglaubt, dass ich nur unter dieser Adresse erreichbar bin. Du hast mir nur diese 2 Briefe geschickt, weil ich dich gebeten habe du möchtest mir etwas von den Eltern etwas bekanntgeben. Man fragte mich, ob du mir Lebensmittelmarken geschickt hast, weil in einem Brief davon gestanden ist, so sagte ich ja, aber nur einmal, aber nur ein paar Schwarzbrotmarken und sonst nichts. Der Referent wollte wissen, ob es Fleischmarken waren, doch habe ich das energisch verneint. Also Rosi, du hast keine Ahnung, dass ich vom Arbeitsheim weggelaufen bin, und ich in Wien war, bei dir war ich nie, und seit dem Umbruch hat dein Mann mich nicht mehr in seine Wohnung gelassen, und mit mir auch nicht mehr gesprochen, weil er Arier ist und Soldat war. Wenn du auf die Gestapo gerufen wirst, so lasse dich nicht einschüchtern, auch wenn sie dir mit dem Einsperren drohen. Du unterschreibst nichts, was dir schaden könnte. Du sagst, du weißt von gar nichts, auch nicht, dass ich in einem Hotel gewohnt habe. Ich habe einen Abschiedsbrief geschrieben, war an dich gerichtet, den haben sie auch erwischt. Wenn sie dich fragen, warum ich lebensüberdrüssig bin, so sagst du: Ich weiß nur sie hat sich furchtbar gekränkt, weil sie ehrlich und anständig war und mit großer Liebe an der Heimat gehängt ist. War 3 Wochen in Salzburg eingesperrt. 7 Wochen auf der Elisabethpromenade [Polizeigefangenenhaus Rossauer Lände] *und jetzt die 6. Woche in Krems. Von hier komme ich leider Gottes nach Auschwitz ins Konzentrationslager, bin aber gar nicht verzweifelt, es haben so viele Jahre draußen ausgehalten, werde ich es auch aushalten. Gott gebe, dass ich gesund wiederkomme und mit meinen innigstgeliebten Fritz wieder glücklich vereint werde. Hoffentlich ist er schon frei. Wenn du ihn sehen und sprechen sollst, sage ihm, dass er mein ganzes Leben bedeutet und in treuer Liebe bis in den Tod zu ihm halten werde, für mich hat das Leben nur Sinn, wenn ich wieder zu ihm kommen kann. Ich denke stets an ihn mit verzweifelter Sehnsucht, aber die Hoffnung auf ein frohes Wiedersehen habe ich nie aufgeben, ich bin damals davongelaufen aus seiner Wohnung, weil ich gewusst habe, dass er verhaftet wird und ich ihm helfen wollte. Ich bin zu seiner Frau und habe sie gebeten, ihm Wäsche u. Essen zu bringen, sie wollte zuerst nicht, dann hat sie doch Ja gesagt. Ich nehme nun Abschied von dir geliebte Schwester u. Schwager. Bleibt gesund u. zuversichtlich. Viele tausend Küsse meinem Fritz. Viele Bussi Greti u. Robert. Und dich grüße und küsse ich von Herzen. Paula*[97]

Für die Deportation nach rund vier Monaten Haft in Salzburg, Wien und Krems nach der Verhaftung am 23. Februar 1943 kommt nur ein Transport nach Theresienstadt infrage, denn von April bis Mitte September 1943 erfolgten Transporte österreichischer Juden von Wien ausschließlich in das „Vorzeigeghetto". Rosas Sohn Robert erzählte mir, dass eine junge Frau, die aus einem Lager kam, auf Paulas Bitte den Kontakt zu seinen Eltern suchte, um ihnen zu berichten, dass Paula bald sterben würde. Ob es das Konzentrationslager Theresienstadt war und ob Paula dort starb, konnte mir Robert nicht bestätigen. Auch ist ungewiss, ob sie dort auf ihren Vater Littman traf. Die Recherchen in den Datenbanken der Gedenkstätten von Theresienstadt und Auschwitz blieben ergebnislos. Das Schicksal von Paula Merl ist unbekannt.

Paulas Freund Fritz überlebte den Zweiten Weltkrieg. Von Mauthausen wurde er am 11. März 1944 in das Konzentrationslager Gusen überstellt. Gusen wurde von der SS als Außenlager von Mauthausen geführt. Die Häftlinge mussten unter brutalen Bedingungen in den Steinbrüchen und der Rüstungsindustrie arbeiten. Fritz, der gut zeichnen konnte, verließ das Lager am 9. Juni 1944 und wurde in das Konzentrationslager Buchenwald transportiert, wo er die Häftlingsnummer 38904 bekam. Dokumente zu seiner Haft in Buchenwald weisen ihn als politischen Häftling und technischen Zeichner aus. In Buchenwald fälschte er britische Pfund, was ihm das Leben rettete. Hier erlebte Fritz am 11. April 1945 die Befreiung durch die amerikanische Armee und kehrte schließlich nach Wien zurück.

Der Schutz der „Mischehe“

Während der NS-Zeit wohnte die Familie von Franz und Rosa Cerny in der Vorgartenstraße 193 in der Leopoldstadt. Zwei Bewohner des Hauses 193 sind namentlich bekannt: Franz Pecha, geboren 1922 in Wien und gestorben am 25. Mai 1941 in Wien als politisch Verfolgter, sowie Salomoun Dienstag, geboren 1920 in Wien. Er wurde am 23. März 1942 von Brünn nach Theresienstadt und am 25. April nach Warschau deportiert. Auch er überlebte die NS-Zeit nicht.

Franz arbeitete weiterhin als Friseur und Rosa wurde als Zwangsarbeiterin in einer Fabrik, die Kleidung für die Wehrmacht produzierte, eingesetzt. Sohn Robert berichtete vom Alltag seiner Familie während des Nationalsozialismus in Wien: „Meine Mutter lebte in der Gefahr deportiert zu werden. Man legte meinem Vater nahe, sich von meiner Mutter zu trennen, aber er tat es nicht. Ich durfte als Sohn einer Jüdin trotzdem die Schule besuchen. In den Kindergarten durfte ich aber nicht. Weil in der Schule niemand wusste, dass ich eine jüdische Mutter hatte, spürte ich keine Ablehnung von den Mitschülern. Nur bei uns im Haus wusste man, dass wir Juden waren.“[98]

Während Rosa und ihre in Wien verbliebenen Geschwister und Eltern als Juden von der Deportation bedroht waren, wurde Franz als einziger „arischer“ Angehöriger der Familie Merl wie alle wehrpflichtigen Männer zur Wehrmacht eingezogen und im Jahr 1940 der Einheit Fahr-Ersatz- und Ausbildungs-Abteilung 17 in Stockerau, Wehrkreis XVII (Wien) unter dem Kommando der 177. Division zugeteilt. Dieser Wehrkreis umfasste Oberösterreich, Niederösterreich und das nördliche Burgenland. Das in diesem Gebiet ausgebildete Heer hatte die Aufgabe, die Gebiete militärisch zu sichern und für die Wehrmacht Personal bereitzustellen. Die Männer erhielten theoretischen und praktischen Unterricht im Fahren, erlernten leichte Reparaturarbeiten und wurden im Umgang mit Pferden eingeschult. Robert erinnerte sich: „Mein Vater war im Krieg überall eingesetzt. In Frankreich, in Russland, in Tschechien. Als Strafe für seine Weigerung, sich von seiner jüdischen Frau zu trennen, schickte man ihn an die Front und er trat seine Reise um die Welt an. Ich habe Bilder, wo er hoch zu Ross sitzt. In Frankreich vor dem Arc de Triomphe."[99]

Die Erinnerung deckt sich mit der Meldung, dass Franz 1941 bei der Veterinär-Kompanie 45 gemeldet war. Die Veterinär-Kompanien bestanden aus motorisierten Staffeln für die Versorgung und zum Pferdetransport sowie aus bespannten Teilen. Wo seine Truppe eingesetzt war, konnte ich nicht eruieren. Noch im Jahr 1941 wurde Franz dem Artillerie-Regiment 98 und später 99 zugeteilt, die der 45. Infanteriedivision unterstanden. Diese wurde am 1. April 1938 als 4. Division im österreichischen Bundesheer in Linz aufgestellt und im August 1939 als Teil der 1. Aufstellungswelle mobilisiert. Anfang 1941 war die 45. Infanteriedivision im von den Nationalsozialisten besetzten Belgien stationiert, bevor sie im Mai nach Ostpolen verlegt wurde und sich ab dem 22. Juni am Unternehmen Barbarossa, dem Überfall auf die Sowjetunion, beteiligte. Der Plan, die Festung Brest-Litowsk, in der sich 9000 Rotarmisten und 300 Offiziersfamilien befanden, handstreichartig einzunehmen, misslang, erst nach mehrtägigen heftigen Kämpfen konnte diese eingenommen werden. Die Division nahm die weißrussische Stadt Pinsk ein und war im Juli und August in den Pripjet-Sümpfen, einer Sumpflandschaft an der Grenze zwischen Weißrussland und der Ukraine, in Gefechte mit der Roten Armee verwickelt. Die 45. Infanteriedivision stieß in die Zentralukraine vor und nahm als Teil der Heeresgruppe Mitte ab September an der Schlacht um Kiew teil. Die Stadt wurde von der Wehrmacht von mehreren Seiten in die Zange genommen und fiel am 19. September. Rund 665.000 sowjetische Soldaten gerieten in deutsche Kriegsgefangenschaft. Während die Division im Herbst als Teil der Schlacht um Moskau die russischen Städte Jelez und Tula angriff, setzten die Einsatzgruppen unmittelbar nach der Eroberung der Gebiete Hitlers Plan des Vernichtungskriegs um und begannen mit der systematischen Ermordung der Juden Osteuropas. Nach der Einnahme Kiews ermordeten die Einsatzgruppen im Tal Babyn Jar innerhalb von 48 Stunden 33.000 jüdische Männer, Frauen und Kinder. Bereits in seinem Buch *Mein Kampf* hatte Adolf Hitler die Vernichtung des „jüdischen Bolschewismus" und der Sowjetunion als Ziel des Nationalsozialismus ausgegeben. Drei Millionen deutsche Soldaten sollten dieses Ziel in die Tat umsetzen.

Da sich Franz bewusst war, dass seine jüdische Frau in seiner Abwesenheit in Gefahr war, vertraute er sich einem Vorgesetzten an. Als Ehemann einer Jüdin stehe er nicht hinter diesem Krieg und sollte eigentlich nicht an der Ostfront kämpfen. Der Vorgesetzte zeigte Verständnis und verschaffte Franz falsche

Papiere, um ihn nach Wien zurückzuschicken. Er wurde der 2. Batterie der Artillerie-Ersatz-Abteilung 96, die in der Stadt Znaim, dem heute tschechischen Znojmo, stationiert war, zugeteilt. Nach 1942 scheinen keine weiteren Verwendungen bei der Wehrmacht auf. Ob und wie Franz entlassen wurde, konnte ich nicht eruieren. Auch Sohn Robert wusste dazu nicht mehr: „Er erzählte wenig vom Krieg. Wenn man kurz auf Fronturlaub heimkommt, will man nicht viel erzählen."[100] Sicher ist, dass es Franz durch Geschick und Gewitztheit gelang, sich den brutalen Kämpfen an der Ostfront zu entziehen, um seine jüdische Frau und seine beiden „halbjüdischen" Kinder vor dem Zugriff der Gestapo zu schützen. Nach seiner dauerhaften Rückkehr nach Wien arbeitete Franz auf dem Schwarzmarkt. Angeblich tauschte er Goldnuggets gegen andere Gegenstände. Im Februar 1943 zog die Familie in die Czerningasse 6. „Die Wohnung musste gewechselt werden, weil die Gestapo neue Leute in die Wohnung einwies",[101] so Robert.

Wenige Monate zuvor, am 24. September, war der bekannte jüdische Neurologe und Psychiater Viktor Frankl mit seinen Eltern Gabriel und Elsa Frankl sowie seiner Frau Tilly Grosser aus Wien nach Theresienstadt deportiert worden. Es war derselbe Transport, in dem sich auch Littman und Chaje Feige Merl befanden. Frankl lebte seit seiner Geburt im Jahr 1905 im Haus Czerningasse 6, wo eine Gedenktafel an ihn erinnert. Im Haus befanden sich einige Sammelwohnungen. Memento Wien listet 117 Personen, die an dieser Adresse wohnten, bevor sie deportiert wurden. In der Wohnung Nummer 31, in der die Familie Cerny wohnte, war zuvor die Familie Heim gemeldet. Sandor Heim, geboren 1871, und Rosa Heim, geboren 1864. Sie wurden am 22. Juli 1942 nach Theresienstadt deportiert, wo Sandor am 19. August starb. Rosa wurde am 21. September 1942 ins Vernichtungslager Treblinka überstellt, wo sie ums Leben kam. Die Tochter Babette Heim, geboren 1893 in Waidhofen, wurde am 5. Jänner 1943 nach Theresienstadt und am 23. Jänner weiter nach Auschwitz deportiert. Fünf Wochen nach ihrer Deportation bezog die Familie Cerny die ehemalige Wohnung der Familie Heim.

„Die SS war im nächsten Haus. Die holten die Leute aus den Wohnungen und verprügelten sie. Einem zwölfjährigen Mädchen brachen sie die Nase und den Arm",[102] berichtete Robert.

Gestorben

Mit dem Umzug in die Czerningasse wohnte die Familie Cerny in der Nähe meiner Urgroßeltern und meines Großvaters. Willi und Sabine räumten weiterhin Wohnungen für die Vugesta aus, während mein Großvater in der Sammelwohnung blieb: „Eines Tages war ich allein zu Hause. Plötzlich hörte ich Trommeln, deshalb lief ich hinaus auf die Straße und sah die SA auf der Praterstraße vorbeimarschieren. Mit ihren Uniformen war die SA ein eindrucksvoller Anblick. Ich wusste, dass ich nicht dazugehöre, aber die Marschierenden in ihren Uniformen und die Marschmusik faszinierten mich. Ich zeichnete dann öfters Bilder von Leuten in SA-Uniformen. Irgendwie wollte ich irgendwo dazugehören, aber nicht zur SA, sondern zur HJ, mit ihren Uniformen und den Dolchen. Aber das war unmöglich. Ich wollte kein Jude mehr sein. Das ist das Drama, dem man als Kind ausgeliefert ist. Wie jeder Heranwachsende seine Identität erst finden muss, war es für mich als Kind ungleich schwieriger, meine Identität in dieser feindlichen Umgebung zu finden. Ich schämte mich meiner jüdischen Abstammung. Man gehört dazu oder man möchte dazugehören. Während dieser Zeit war ich ein Nichts. Es war aber normal, genauso war es normal, nicht aufzufallen. Es war eine Existenz ohne Identität. Meine ersten paar Lebensjahre waren eine gute Zeit, ich bekam besonders von meinem Vater viel Aufmerksamkeit und Liebe. Und dann kam ein Bruch. Aufgrund der äußeren Bedrohung konnten mir meine Eltern diese Aufmerksamkeit nicht mehr schenken. In unserer Familie wurde über das, was damals geschah, nicht gesprochen. Ich wurde nicht gefragt, wie es mir ging, niemand wurde gefragt, wie es ihm oder ihr ging. Während dieser Zeit ging es nur ums Überleben. Es war ein einsames Leben.“[103]

Mit Amalie Kornspan stand die Familie Merl in brieflichem Kontakt. Lwów war Ende Juni 1941 von der Wehrmacht besetzt worden, nachdem sich Hitler über den Hitler-Stalin-Pakt hinweggesetzt und am 22. Juni 1941 der Wehrmacht den Befehl zum Überfall auf die Sowjetunion gegeben hatte. Die Sowjets räumten die Stadt, sodass die Wehrmacht Lemberg kampflos einnehmen konnte. Das polnische Lwów wurde Teil des deutschen Generalgouvernements und fungierte nun wieder unter dem Namen Lemberg als Hauptstadt des Distrikts Galizien. Sofort nach der Besetzung organisierten ukrainische Nationalisten mit der Unterstützung der Einsatzgruppe C ein Pogrom an den Juden Lembergs. Dies galt als Vergeltungsaktion, da Juden bezichtigt wurden, die Sowjets bei deren Massenhinrichtungen politischer Häftlinge unterstützt zu haben. Sie wurden in die Gefängnisse geführt, um die Leichen der Häftlinge zu bergen, und anschließend verprügelt oder getötet. Jüdischen Frauen wurden die Kleider vom Leib gerissen und sie wurden durch die Straßen der Stadt getrieben. Etwa 4000 Juden kamen bei Ausschreitungen und Erschießungen ums Leben. Auch in den Kleinstädten und Dörfern Ostgaliziens fanden Erschießungen statt, bei denen die SS- und Polizeitruppen bis Ende Juli mindestens 7000 Juden ermordeten. Um die jüdische Bevölkerung kenntlich zu machen, wurde sie gezwungen, eine Armbinde mit einem Davidstern zu tragen. Wohnungen und Häuser, in denen mehrheitlich Juden lebten, mussten ebenfalls mit einem Stern gekennzeichnet werden.

Im November 1941 fiel die Entscheidung, die Juden Lembergs in ein Ghetto im nördlichen Stadtteil Zamarstynow zu sperren, das mit einem Holzzaun umschlossen wurde. Rund 60.000 Juden, darunter Amalie Kornspan, zogen in das neue Viertel. Ein Tor an der Zródlana, der Straße, in der die Familie Kornspan bis 1916 gewohnt hatte, bildete den einzigen Ausgang aus dem Ghetto. Die Zustände im überfüllten Ghetto waren katastrophal. Der Mangel an medizinischer Versorgung und Nahrung führte zum Verhungern vieler Bewohner, deren Leichen auf den Straßen lagen. Bei Razzien der Polizei liefen die Bewohner Gefahr, willkürlich erschossen zu werden. Im Dezember 1941 brach eine Fleckfieber-Epidemie aus, an der tausende Bewohner erkrankten. Im März 1942 erfolgten Verhaftungen und Deportationen aus dem Ghetto ins 85 Kilometer entfernte Vernichtungslager Belzec.

Bald nach der Besetzung Ostgaliziens wurde in Lemberg ein Arbeitsamt eingerichtet, um die Arbeitskraft aller Juden im Alter von 14 bis 60 Jahren auszubeuten. Deutsche Firmen ließen sich in Lemberg nieder und forderten beim Arbeitsamt jüdische Arbeiter an. Amalie arbeitete als Zwangsarbeiterin in der deutschen Uniformfabrik Schwarz & Co, einem Berliner Unternehmen. Als Arbeiterin für eine deutsche Firma durfte sie das Ghetto verlassen, da sich die Firma außerhalb des Ghettos in der Święty Marcina an den Nummern 3, 5, 7, 9 und 11 befand. Die Straße, die den heiligen Martin ehrt, wurde später von der deutschen Verwaltung in Martinstraße umbenannt. Schwarz & Co war einer der größten Arbeitgeber in Lemberg und beschäftigte 3000 bis 5000 Juden. Die Firma wurde im Jänner 1942 als Zweigstelle des im Ghetto Łódź ansässigen Unternehmens gegründet. Männer und Frauen lebten getrennt in zwei Baracken im Ghetto und arbeiteten in drei Schichten. Im Vergleich zum Arbeitslager Janowska, das sich am Stadtrand Lembergs befand, ging es den Arbeitern in der Firma besser. Es war keine schwere, aber eine monotone Arbeit, die zudem deprimierend war, da die Kleidung, die von den jüdischen Zwangsarbeitern gewaschen und repariert wurde, zum großen Teil Juden gehört hatte, die bei „Aktionen" in den Städten und Dörfern Ostgaliziens ermordet worden waren. Die Kleidung wurde anschließend an deutsche Wohlfahrtseinrichtungen geschickt. Als gelernte Schneiderin war Amalie sicher eine wertvolle Arbeitskraft.

Im Zuge der geplanten Ausrottung der Juden in Ostgalizien zogen deutsche Polizisten und ukrainische Hilfspolizisten vom 10. bis 22. August durch die Straßen des Ghettos und holten rund 50.000 Juden aus ihren Wohnungen. Einige wurden während dieser „Aktion" ermordet, während der Großteil vom Vorortbahnhof Kleparow ins Konzentrationslager Belzec deportiert wurde. In den jüdischen Krankenhäusern wurden bettlägerige Patienten an Ort und Stelle erschossen, die Waisenkinder des jüdischen Waisenhauses wurden geschlossen nach Belzec gebracht. Ausgenommen von dieser Menschenjagd waren Juden, die wie Amalie, in den deutschen Betrieben arbeiteten. Nach der „August-Aktion" wurde das Ghettogebiet auf ein Drittel der ursprünglichen Größe reduziert.

In Anbetracht der nahezu ausweglosen Situation schrieb Amalie an die Familie Merl in Wien und erinnerte an ihre 1932 durch

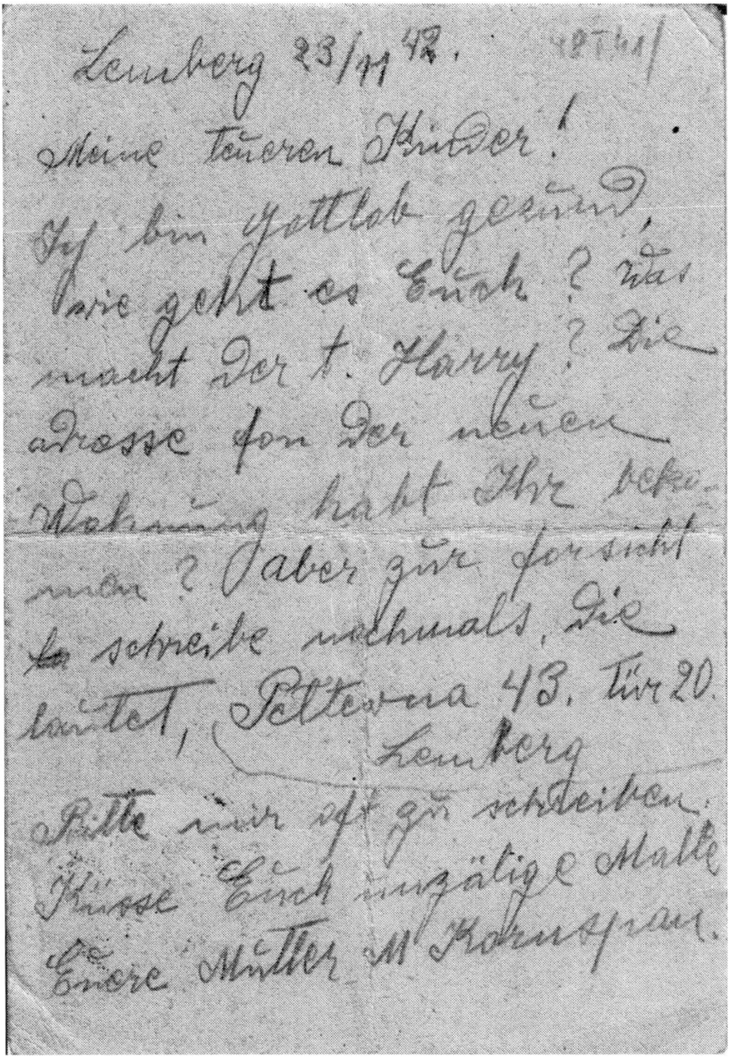

Lemberg 23/11 42.

Meine teueren Kinder!
Ich bin gottlob gesund,
wie geht es Euch? Was
macht der l. Harry? Die
adresse fon der neuen
Wohnung habt Ihr bekommen? aber zur forsicht
schreibe nochmals, die
lautet, Peltewna 43. tür 20.
Lemberg
Bitte mir oft zu schreiben.
Küsse Euch unzählige Malle
Euere Mutter M Kornspan.

Amalie Kornspans letzte Nachricht aus dem Ghetto Lemberg, Besitzer Harry Merl

Suizid gestorbene ältere Schwester Klara Husmann: *Schreibt mir nicht, ich kann euch nicht mehr schreiben, ich geh den Weg wie Tante Klara.*[104] Ob Amalie zu dem Zeitpunkt einen Suizid erwog? Den verbliebenen Juden in Lemberg war längst klar, dass die Deportation nach Belzec den Tod bedeutete. Viele Ghettobewohner nahmen Gift, um dem Vernichtungslager zu entgehen. Amalies letzte Nachricht, die sie vielleicht über ihren Arbeitgeber schicken ließ, datiert vom 23. November 1942. Wenige Tage zuvor hatte erneut eine „Judenaktion", bei der knapp 10.000 Juden festgenommen und deportiert wurden, stattgefunden. Amalie schrieb: *Meine teuren Kinder! Ich bin gottlob gesund. Wie geht es euch? Was macht der t. Harry? Die Adresse von der neuen Wohnung habt ihr bekommen? Aber zur Vorsicht schreibe ich nochmals. Die lautet: Peltewna 43, Tür 20, Lemberg. Bitte mir oft zu schreiben. Küsse Euch unzählige Male. Eure Mutter M. Kornspan.*[105]

Da die Familie im Frühling 1943 längere Zeit nichts von ihr hörte, schrieb Tochter Sabine der Firma Schwarz & Co, wo ihre Mutter arbeitete. Sie bekam am 23. Mai 1943 eine am 12. Mai in Lemberg gestempelte Antwortkarte der Firma, auf deren Rückseite lediglich *Gestorben.* stand.

Im Zuge der geplanten Liquidierung des Ghettos, das nach der erneuten Verkleinerung im Jänner in Judenlager, kurz „Julag", umbenannt wurde, wurden am 20. März 1943 rund 40 Prozent der Arbeiter der Firma ermordet. Es ist mit Sicherheit davon auszugehen, dass Amalie zu den Opfern gehörte, denn die verbliebenen Arbeiter wurden am 6. Juni ins Janowska-Lager nahe

Besitzer Harry Merl

Lemberg gebracht, nachdem Tochter Sabine bereits die Antwortkarte erhalten hatte. Von einem Bekannten namens Czernoch, der als Zeuge oder durch Gerüchte über das Schicksal der Arbeiter im Bilde war, erfuhren Willi und Sabine, dass alle in der Fabrik arbeitenden Jüdinnen ausgehoben, mit einem Viehtransportwagen abtransportiert und anschließend in eine Grube hineingeschossen wurden. Die Exekutionen der Lemberger Juden geschahen vor allem im etwas außerhalb gelegenen Lysynchi-Wald, aber auch innerhalb der Stadt und rund um die Stadt verteilt. Genauso wie weitere mehr als eineinhalb Millionen Juden Osteuropas wurde Omama, die Großmutter meines Großvaters, im Holocaust der Kugeln getötet. Sie war 53 Jahre alt. Das Lemberger „Julag“ wurde schließlich Anfang Juni 1943 liquidiert. Lemberg und Ostgalizien, Geburtsort der Eltern meiner Urgroßeltern, galten praktisch als „judenrein“.

Nach dem Verlust des Vaters im Ersten Weltkrieg war meine Urgroßmutter Sabine nach der Ermordung ihrer Mutter im Zweiten Weltkrieg Vollwaise. Auch ihre Verwandtschaft, die in Lemberg lebte, wurde ermordet. Tante Frieda und ihre Tochter Rosa sowie deren Kinder überlebten den Holocaust in Ostgalizien nicht. Die letzte bekannte Adresse der beiden ist die Zamarstynowska 24, die bis zur „Aktion“ im August 1942 eine Grenze des Ghettos bildete. Wann sie ums Leben kamen, ist unbekannt. Möglicherweise riss der Kontakt zu ihrem Sohn und Bruder Jakob, dem die Adresse bekannt war, ab, als sie ihre Wohnadresse verlassen und ins Ghetto ziehen mussten. Um an seine ermordete Familie zu erinnern, reichte Jakob in den 50er-Jahren bei Yad Vashem, der 1953 gegründeten nationalen Holocaust-Gedenkstätte Israels, Gedenkblätter für seine Mutter und seine Schwester ein.

Aus den Aufzeichnungen meines Großvaters über die Gespräche mit seiner Mutter geht hervor, dass auch Gnendel Beer, ihre Tochter Helene und deren Familie vergast wurden. „Es war eine Zeit, in der es nur Verluste gab. Verluste von Menschen“,[106] so mein Großvater über die Kriegszeit.

Im ehemaligen Ghetto

Am Tag nach der Besichtigung des ehemaligen Wohnhauses der Familie Kornspan und des früheren jüdischen Viertels in der Krakauer Vorstadt wollen wir uns die Adressen der beiden Schwestern Amalie und Frieda im unter deutscher Besatzung eingerichteten jüdischen Ghetto ansehen. Auch der Sitz der Firma Schwarz & Co, Amalies Arbeitgeber, befindet sich in der Gegend.

Die Pełtewna, die Amalie in ihrer letzten Nachricht vom 23. November 1942 an ihre Familie in Wien als Wohnadresse angab, heißt heute Viacheslava Chornovola und ist eine stark befahrene Straße. An der Nummer 43 steht an der Kreuzung ein riesiges, rotbraun-beiges Gebäude mit großen Fenstern. Im Parterre befinden sich kleine Geschäfte, darüber Wohnungen. Die Fassade des Gebäudes lässt keinen sicheren Schluss zu, wann es gebaut wurde. Eine Errichtung in den 20er- oder 30er-Jahren scheint aber plausibel. Über das heruntergekommene Stiegenhaus erreichen wir im ersten Stock durch eine rote Doppeltür einen der vier offenen Gänge der Hofseite des Hauses, die durch dünnes Geländer abgesichert wurden. Einige Wäschetrockner sind auf dem Geländer befestigt. Die Fassade an diesem Gang ist blassgrün. Zu unserer Rechten befinden sich vier Türen mit kleinen Wohnungen. Sofern sich die Nummerierung nicht geändert hat, muss die letzte Tür, die Nummer 20, die Eingangstür zu Amalie Kornspans Wohnung gewesen sein. Eine Frau sitzt auf einem mit einer Decke bedeckten Holzstuhl neben der Tür. Sie trägt einen Damenkittel und hat weiße Haare. Sie dürfte Mitte 70 sein. Zweifellos ist die Frau hier zu Hause. Wir versuchen

Die ehemalige Wohnung (links unten) von Amalie Kornspan 2021,
© Patrick Merl

mittels Handy und Amalies Foto verständlich zu machen, warum wir hier sind. Die Frau erwidert etwas auf Ukrainisch und beäugt uns misstrauisch. Stammt sie ursprünglich aus Lwiw? Ob sie gehört hat, dass sich in diesem Teil der Stadt das jüdische Ghetto befand? Wir können nur mutmaßen, ob und wie viel sie verstanden hat.

Nach der „Aktion" und Verkleinerung des Ghettos im Herbst 1942 musste Amalie vermutlich durch den Haupteingang des Ghettos, eine Eisenbahnunterführung über die Peltewna, das Ghetto verlassen, entlang der Gleise Richtung Schlossberg

Der ehemalige Sitz der Firma Schwarz & Co 2021, © Pascal Merl

gehen, eine weitere Bahnunterführung durchqueren und die zweite Straße links in die Święty Marcina nehmen, um ihre Arbeitsstelle, die deutsche Uniformfabrik Schwarz & Co, zu erreichen. Von Amalies Adresse in der Viacheslava Chornovola folgen wir ihrem Weg als Zwangsarbeiterin in die knapp 15 Minuten entfernte Zhovkivska, die frühere Święty Marcina. Der ehemalige Sitz der Uniformfabrik Schwarz & Co ist heute eine an der linken Straßenseite gelegene Häuserreihe mit blassbeiger Farbe, die von der Fassade blättert. Der Baustil lässt vermuten, dass diese Häuserreihe vermutlich zur Zeit der österreichisch-ungarischen Herrschaft erbaut wurde. Beinahe der gesamte Gebäudekomplex gehörte der Firma. Hölzerne Doppeltüren, über denen sich Balkone mit schwungvoll verzierten Geländern befinden, bilden die Eingänge zu den Nummern 3, 5, 7, 9 und 11, durch die die Zwangsarbeiter täglich gehen mussten, um ihrer zermürbenden Arbeit für Nazideutschland nachzugehen. In Amalies letzter Nachricht an Tochter Sabine und ihre Familie in Wien wird die Adresse ihres Arbeitsplatzes mit „Martinstrasse 9a XX Gruppe" angegeben. Als die Firma Sabine den Tod ihrer Mutter mitteilte, gab sie als Absenderadresse die Nummer 5 an, wo sich möglicherweise das Büro der Firma befand und ein Sekretär nach Vorschrift die Angehörigen der Zwangsarbeiter vom plötzlichen Ableben ihres Verwandten in Kenntnis setzte.

Der Straßenname der Zamarstynowska, in der Amalies Schwester Frieda und ihre Nichte Rosa lebten, wurde nicht verändert. Die Straße hat eine Bahnunterführung. Die hellbraune Hausfassade der Nummer 24 ist stark mit Efeu überwuchert, sodass die „24" leicht verborgen wird. Möglicherweise ist dies eine Adresse, an der die Familie Löbel längere Zeit wohnte, da diese von Jakob Löbel in Yad Vashems Gedenkblättern angegeben wird. Kümmerte sich Frieda um ihre jüngere Schwester, als diese im Jänner 1939 nach Lemberg zurückkam? Hatten die Schwestern Frieda und Amalie regelmäßig Kontakt? So wie sich die Schwestern Frieda, Klara und Amalie in Wien während des Ersten Weltkriegs unterstützten, konnte Amalie nach ihrer Rückkehr mit Sicherheit mit Friedas Hilfe rechnen.

Zwischen der Eisenbahnunterführung und Amalies Wohnung im Ghetto befindet sich auf einem kleinen eingezäunten Areal seit 1993 die Gedenkstätte für die Opfer des Ghettos von Lwiw. Wir sind die einzigen Besucher der Gedenkstätte. Der Verkehr tost die stark befahrene Viacheslava Chornovola entlang. Männer, Frauen und Kinder warten an der Bushaltestelle auf einen der Stadtbusse. So würdevoll die Gedenkstätte gestaltet ist, so wenig ermöglicht der Ort ein stilles Gedenken. Eine riesige schwarze Menora steht hier als Zeichen des Gedenkens und des Respekts. Hinter der Menora führt ein Marmorweg zum Denkmal. Rechts entlang des Weges liegen Tafeln, die an einzelne ermordete Juden erinnern und vermutlich von deren Nachfahren dort platziert wurden. Eine Gedenkplakette verweist auf den Weg, den die Lemberger Juden durch den Eingang unter der Eisenbahnunterführung nehmen mussten. Dort führten die deutschen Besatzer Selektionen durch und erschossen alte und kranke Juden, die am Weg ins Ghetto waren:

Durch diese „Straße des Todes"
gingen von 1941 bis 1943
etwa 136 800 jüdische Opfer,
die von den deutschen faschistischen Besatzern
im Lemberger Ghetto ermordet wurden.

Das Denkmal, das am Ende des kurzen Weges von der jüdischen Gemeinde errichtet wurde, ist eine große, schwarze Skulptur in Menschengestalt. Sie hält die Hände nach oben, als ob sie sich von dort Rettung erhoffen würde. Ein ewig anklagender Hilfeschrei zum Himmel.

Runter, nur runter

Bei einer befreundeten Nachbarin namens Madel, die die Familie Merl unterstützte, kam eines Tages der Ehemann auf Fronturlaub zurück. Herr Madel war Kommunist, deshalb hatte er kein Problem, mit Juden zu sprechen. Er brachte ein Foto eines Leichenhaufens mit. Viele Soldaten nahmen ihren Fotoapparat mit in den Krieg, um ihre Eindrücke von den Ländern und Menschen festzuhalten. Da Herr Madel Kommunist war, nehme ich an, dass er ein Foto von den Opfern einer Massenerschießung aufnahm, um die Gräueltaten der Nationalsozialisten im besetzten Osteuropa zu dokumentieren. Meine Urgroßeltern erhielten von diesem undatierten Foto, dessen Entstehungsort unbekannt ist, einen Abzug. Warum wollten sie dieses Bild besitzen? Es erscheint mir schwer verständlich, dass sie als Juden ein bildliches Zeugnis des Massenmords an den Juden bei sich behielten, erinnerte es sie doch an den schmerzlichen Verlust ihrer lieben und fürsorglichen Mutter und Schwiegermutter Amalie. Meinem Großvater blieb das Bild nicht verborgen: „Dieses Foto erschreckte mich sehr. Ich glaubte, dass meine Großmutter unter den Toten war.“[107]

In der Sammelwohnung am Nestroyplatz wohnte bis zu ihrer Deportation eine mit der Familie Merl bekannte Familie namens Safir: das Ehepaar Markus und Rosa, beide geboren 1910, und Selde Safir, geboren 1879. Alle drei wurden am 24. Juni 1943 nach Theresienstadt deportiert. Im Nachlass meines Urgroßvaters ist ein Rückschein erhalten, auf dessen Rückseite ein Ablieferungsschein bestätigt, dass Rosa Safir am 23. Juli von der Ausgabestelle des Lagers ein Paket von ihm erhalten habe, vermutlich ein Paket mit Lebensmitteln. Diese wertvollen Pakete, mit denen Verwandte und Freunde Lagerinsassen unterstützen konnten, wurden immer wieder geplündert.

Rosa und Selde wurden am 6. Oktober 1944 nach Auschwitz deportiert, wo sie ums Leben kamen. Markus Safir, der kurz zuvor nach Auschwitz überstellt worden war, wurde vier Tage nach ihrer Deportation ins Konzentrationslager Dachau weitertransportiert, wo er am 25. Jänner 1945 starb.

Eine zeitlich nicht zuordenbare Begebenheit aus der Kindheit meines Großvaters während der NS-Zeit trug sich zu, als er krank war, fieberte und Masern hatte. Ein SS-Mann wollte die Familie mitnehmen. Mutter Sabine sagte: „Mein Sohn ist krank." Der SS-Mann soll geantwortet haben: „Fürs Gas ist er gesund genug!"[108]

Ab Mitte März 1944 begannen die Alliierten Wien und andere österreichische Städte zu bombardieren. Bei Bombenangriffen flüchtete die Familie in den Luftschutzkeller des ehemaligen Personalwohnhauses des Leopoldstädter Tempels in der Mohapelgasse. Mein Großvater schilderte mir die Bombenangriffe: „Aus Angst vor herunterfallenden Ziegeln hielt ich mir bei Bombenangriffen einen Polster an den Kopf. Das war ein schwarzer Polster mit einer Katze darauf. Ich betete während der Angriffe das Schma Israel leise vor mich hin, immer wieder, obwohl ich eigentlich nicht wusste, was es bedeutete. Während eines Luftangriffs saß ich mit meinem Vater im Luftschutzkeller. Die Luft, die durch das Kellerfenster strömte, war voller Staub, das Licht, das hereinkam, war schwefelgelb. Mein Vater wünschte sich in seiner Verzweiflung, dass die Alliierten Bomben abwerfen und alles zerstören sollen. Es war die einzige Möglichkeit, seinen Zorn und seine Verzweiflung auszudrücken. Und da sagte er immer wieder: ‚Nur runter, runter, sie sollen nur runterwerfen und alles zerstören!' Man muss eingeschlossen sein und dieses Gefühl, sich in einer ausweglosen Situation zu befinden, muss man kennen, um zu verstehen. Ich betete das Schma Israel, wohingegen mein Vater meinte: ‚Wenn Gott das zulassen kann, kann es ihn nicht geben'."[109]

Viele Jahre später meinten meine Urgroßeltern, dass sie froh waren, wenn Bomben über Wien abgeworfen wurden, da während dieser Zeit keine Leute zu Deportationen festgenommen werden konnten.

Doktor Dolittle

Ende Dezember 1944 verließ die Familie Merl die Sammelwohnung am Nestroyplatz und wohnte ab diesem Zeitpunkt in der Odeongasse im Bezirk Leopoldstadt. Während Willi und Sabine weiterhin für die Vugesta arbeiteten, war Sohn Harry allein in der Wohnung. Es war eine eingeschränkte Welt. In der Familie waren keine Zeit und kein Geist, um etwas zu besprechen. Man lebte miteinander; und was mein Großvater aufschnappte, registrierte er. Ansonsten war das eine sehr einsame Welt. Nur selten wagte er es hinauszugehen: „Einmal entschied ich mich, die Wohnung zu verlassen und auf die Straße hinunterzugehen. Eine Frau sah mich und keifte: ‚Du bist wahrscheinlich a Judenbua!' Ich erschrak sehr und lief schnell zurück in die Wohnung. Danach wagte ich es nicht mehr, hinauszugehen."[110]

In dieser Zeit der Deportationen, Bombenangriffe und Einsamkeit fanden meine Urgroßeltern in einer der Wohnungen, die sie ausräumten, eine 1930 erschienene Ausgabe des Buches *Doktor Dolittles Zirkus*. Sie gaben es ihrem Sohn Harry: „Dieses Buch war meine zweite und richtige Welt und prägte mich sehr. Es lenkte mich vom Kriegsalltag ab. Da mir meine Mutter Lesen und Schreiben beigebracht hatte, konnte ich das Buch problemlos verstehen. Ich las es mehrere Male. An Doktor Dolittle gefiel mir, dass er immer den Tieren half, die in Schwierigkeiten geraten waren. Jedes Mal war es ein Sieg, ein Triumph für mich, wenn wieder wer gerettet wurde. Er war mein Held."[111]

Das Buch befindet sich nach wie vor im Besitz meines Großvaters. Illustrationen des Autors Hugh Lofting übermalte er teil-

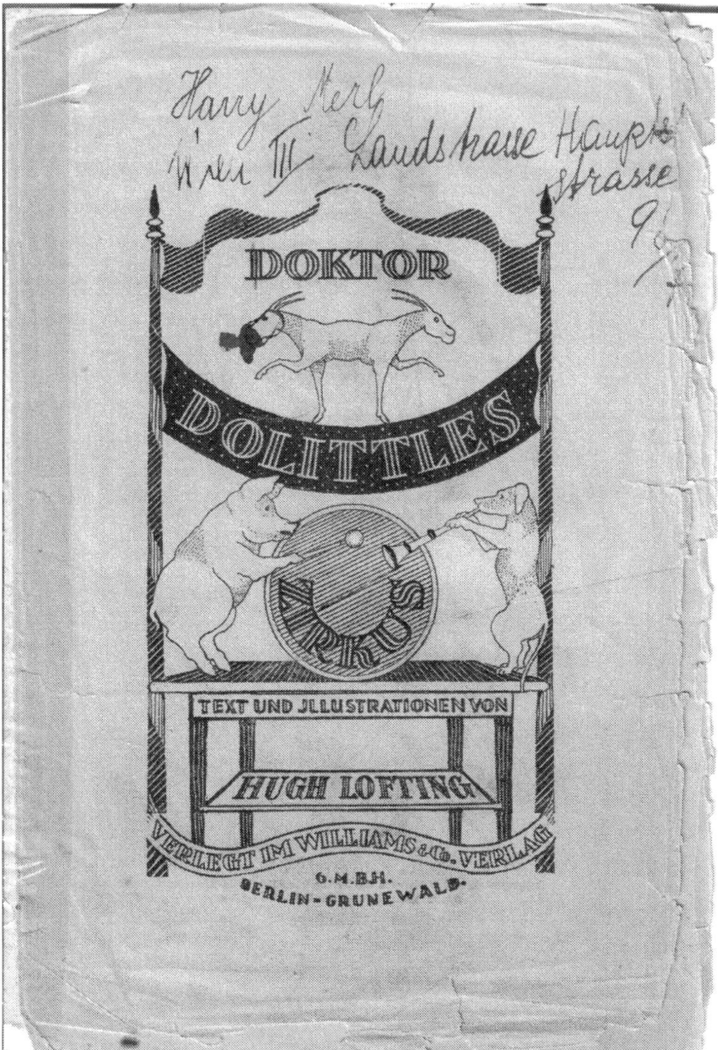

Doktor Dolittles Zirkus, Besitzer Harry Merl

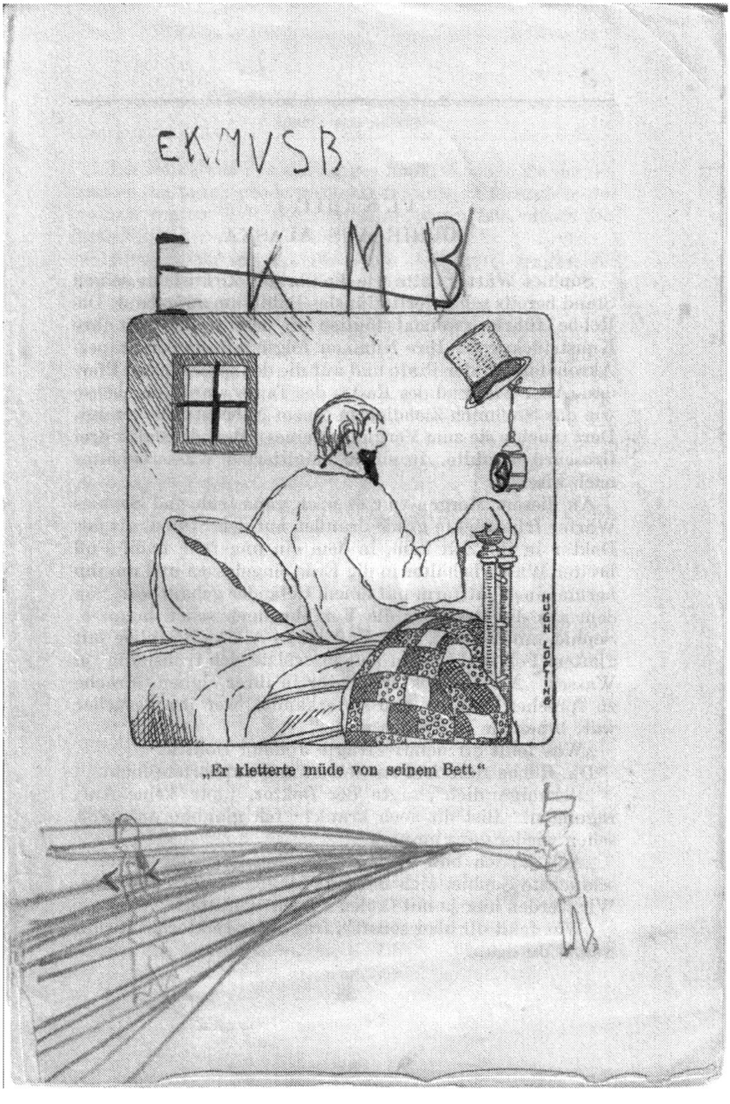

„Er kletterte müde von seinem Bett."

weise oder zeichnete andere Figuren dazu. Oft sind es Männer in Uniformen mit Schwertern und Gewehren. Auf ihren Helmen steht das Kürzel DAP für Deutsche Arbeiterpartei. Mehrere Male zeichnete er Szenen des Krieges: Soldaten, die auf andere Soldaten feuern, oder tote Soldaten, die am Boden liegen. Das Buch ist ein eindrucksvolles Dokument, wie mein Großvater als Kind die Kriegserlebnisse verarbeitete.

Willi und Sabine kannten Johann Rixinger, einen Beamten der Gestapo. Neben der Beschlagnahmung jüdischen Eigentums war er zuständig für „Judenangelegenheiten". Rixinger konnte über Deportationen und Einweisungen in Konzentrationslager entscheiden. Je näher das Ende des Krieges rückte, desto mehr halfen Rixinger und andere Gestapo-Beamte aus Eigennutz, verbliebenen Juden zu überleben. Deshalb war er vermutlich freundlich zu meinen Urgroßeltern. Mit ihm habe man reden können. Willi und Sabine riefen ihn immer wieder an und fragten: „Werden die Kohlen schon geliefert?" War die Antwort „Ja" auf diese wie ein Geheimcode funktionierende Frage, hätte dies bedeutet, dass die Familie Merl auf einer Deportationsliste stand. Mein Großvater war an einem kalten Tag einmal mit Mutter Sabine in einer Telefonzelle, als sie Johann Rixinger anrief.

Um einer Deportation zu entgehen, traf meine Urgroßmutter heimlich Vorkehrungen, was von ihrem Sohn entdeckt wurde: „Eines der schlimmsten Erlebnisse war, als ich eines Tages alleine zu Hause war und zufällig Tabletten in einem Luster mit einer nach oben gerichteten Schale fand. Es waren Veronaltabletten, die meine Mutter in dem Luster versteckt hatte. Ich wusste sofort, was das war. Diese Tabletten waren sehr bekannte, starke Schlafmittel. Es waren auch Selbstmordmedikamente. Viele Juden nahmen sich aus Angst vor einer drohenden Deportation damit das Leben. Meine Mutter hatte diese Tabletten für den Fall einer Deportation in dem Luster versteckt. Um dieser zu entgehen, sollten wir uns damit umbringen. Empört darüber, berichtete ich davon meinem Vater, aber er unternahm nichts, was mich sehr enttäuschte. Ich hatte erwartet, dass er sie zur Rede stellen und sie davon abbringen würde. Aber er war selber meiner Mutter zu sehr verpflichtet, nichts zu sagen. Im Vergleich zu ihr war mein Vater noch eher der Mutigere, aber in dieser Situation war meine Mutter zu allem entschlossen, um der Deportation zu entgehen.

Während eines Fliegeralarms war ich allein zu Hause. In Panik verließ ich die Wohnung und rannte Richtung Schwedenplatz. Leute liefen durcheinander, um einen Schutzraum zu finden. Plötzlich kam ein Lastwagen um die Kurve eines Hauses. Es muss ein Lastwagen der Vugesta gewesen sein. Auf diesem Lastwagen saß mein Vater. Ich schrie: ‚Papa, Papa!' Es gelang ihm, den Lastwagen anzuhalten. Er sprang herunter, hob mich hoch und stieg mit mir auf die Ladefläche des Lastwagens. Ich weiß nicht mehr, wo wir hinfuhren. Es war wie ein Wunder.“[112]

Das Kriegsende

Eines Tages, es muss zu Beginn des Jahres 1945 gewesen sein, erfuhren meine Urgroßeltern vom Judenreferenten Rixinger, *dass die Kohlen geliefert werden.* Um der Deportation zu entgehen, musste sich die Familie im Kohlenkeller des Hauses in der Odeongasse verstecken. Aus der Zeit vor dem „Anschluss", als Willi als Goldschmied gearbeitet hatte, besaßen Willi und Sabine noch etwas Gold. Einiges davon gaben sie der Hausmeisterin des Hauses. Hausmeister hatten damals oft eine wichtige Funktion inne. Wenn die Gestapo ein Haus betrat und nach versteckten Juden fragte, konnten die Hausmeister dies verneinen, woraufhin die Gestapo zumeist wieder abzog.

Wien war weiterhin Ziel von Bombenangriffen, die mein Großvater auch in Erinnerung hat: „Während eines Bombenangriffs lag ich auf einer der Matratzen. Meine Eltern waren bei mir. Mein Vater wollte auf die Toilette gehen. Meine Mutter wollte ihn davon abbringen, aber er setzte sich über sie hinweg und ging die Treppe hinauf und verließ den Keller. Da schlug eine Bombe im Nebenhaus ein. Meine Mutter und ich hatten Angst um ihn, aber er kehrte wunderbarerweise unverletzt wieder zurück."[113]

Auch Cousin Robert erinnerte sich an die Bombenabwürfe der Alliierten: „Bombenangriffe erlebte ich, da ich selbst acht Tage verschüttet war. Die Verschüttung war in der Freilagergasse [heute Vivariumgasse]. Das waren die letzten Bombenangriffe. Ich stand auf der Straße neben der Franzensbrücke. Dort waren Fleischhallen. Da das Fleisch 25 Kilo wog und mir zu schwer war, holte ich mir für die Kiste ein Wagerl. Auf einmal machte es einen Krach. Ich war im Haus und das Haus wurde im vorderen Teil getroffen. Die Fenster zerriss es. Ein Teil vom Keller brach zusammen und ich konnte nicht hinaus. Nach acht Tagen wurde ich ausgegraben. Ich war alleine mit fremden Leuten in dem Haus. Jeder rannte, als es hieß ‚Alarm!'. Man konnte sehen, wie die Bomben fliegen."[114]

Nachdem die Rote Armee am 29. März 1945 die österreichisch-ungarische Grenze überschritten hatte, begann am 6. April die Schlacht um Wien. In den Tagen darauf überrannten die von Süden kommenden Sowjets die nur mehr schwach gesicherten Stellungen der SS am Gürtel und drangen Richtung Stadtzentrum vor. Die SS wurde über den Donaukanal in die Leopoldstadt gedrängt, wo sie bis zuletzt die Keller nach versteckten Juden durchsuchte. Am 12. April setzte die Rote Armee in die Leopoldstadt über.

Mein Großvater schilderte die Schlacht um die Leopoldstadt und die Befreiung durch die Russen: „Im Keller des Hauses in der Odeongasse hielt sich auch ein desertierter Wehrmachtssoldat auf, der die Haustür mit Holzbalken verbarrikadiert hatte, sodass man nicht mehr hineinkonnte. Das war Stunden bevor die Russen kamen. Plötzlich wurde laut an die Haustür geklopft und getrommelt. Jemand schrie: ‚Aufmachen!' Es war die SS. Aber niemand öffnete die Tür und auch die Hausmeisterin sagte nichts. Wir hatten natürlich große Angst, dass sie hereinkommen würden. Doch sie zogen ab und kurz darauf besetzten russische Soldaten auch die Leopoldstadt. Wir waren noch in unserem Versteck, als ein Rotarmist den Keller betrat. Ich weiß nicht, wie er die Tür aufgebracht hatte. Meine Mutter hatte sich aus Angst vor einer Vergewaltigung durch einen Russen als alte Frau verkleidet, was ihnen aber gleichgültig war. Auch alte Frauen wurden vergewaltigt. Da sie aufgrund ihrer Abstammung ein bisschen Polnisch konnte, sagte sie zu ihm: ‚Wir sind Juden.' Daraufhin verließ der Soldat den Keller."[115]

Nur wenige Schritte entfernt erlebte auch Cousin Robert die Gefechte zwischen der Wehrmacht und der Roten Armee in der Leopoldstadt: „Die Feindberührung erlebte ich auch. Ich wohnte in der Czerningasse 6. Vis-à-vis war auf der Prater Hauptstraße das Carltheater. Ich sah, wie die Russen in Reih und Glied kamen. Beim Carltheater waren noch die Deutschen mit dem Stahlhelm. Dann ließen sie die Phosphorbomben los."[116]

Nachdem der Rotarmist gegangen war, verließen Vater Willi und Sohn Harry das Haus und gingen auf die Straße. Was sie sahen, schilderte mein Großvater so: „Russische Soldaten marschierten auf den Straßen. Ich erinnere mich an eine plakatierte Zeitung, die von der Befreiung Österreichs berichtete. Wir verließen die Odeongasse, gingen die Zirkusgasse entlang und bogen dann nach links in die Komödiengasse ein. Vor einem Haus lag ein Haufen Leichen. Das waren Leute, die die SS beim Durchkämmen der Häuser noch ausfindig gemacht hatte – Leute aus sogenannten ‚Mischehen'. Diese waren aus den Wohnungen geholt worden, woraufhin sie sofort erschossen wurden. Das ist noch immer ein Anblick, der nicht auszuhalten ist. Da lag eine alte Frau, tot, und hielt ein Marmeladebrot in der Hand. Diesen Anblick kann ich immer noch nicht vergessen.

Ich sah, wie Männer einen Nazi verprügelten. Sie fielen über ihn her und schlugen ihn blutig. Das war ein schrecklicher Anblick, der Mann wurde wirklich übel verprügelt. Er war blutüberströmt und völlig wehrlos."[117]

Auf den Straßen war ein Chaos. Überall lagen tote Tiere und Menschen: „Ich erinnere mich an die Leute, die die Magazine stürmten. Im Zollamt war ein Lebensmittelmagazin. Die Leute brachen wie die Wahnsinnigen dort ein und schleppten Säcke mit Mehl oder Ähnlichem weg. Meine Eltern beteiligten sich nicht an diesem Wahnsinn."[118]

Plötzlich hieß es: „Die SS ist in Floridsdorf und kommt zurück!" Die Familie Kandl, die sich auch versteckt hatte, riet der Familie Merl, von der Leopoldstadt über den Donaukanal in den 3. Bezirk zu flüchten. Dieser Bezirk war bereits unter russischer Kontrolle. Eine Frau, die in der Marxergasse wohnte, erlaubte der Familie, sich auf dem Dachboden des Hauses zu verstecken. Jedoch kam die SS nicht mehr zurück. Mein Urgroßvater verließ das Versteck, und als er zurückkam, erzählte er, dass ein betrunkener Rotarmist gedroht hatte, ihn zu erschießen. Ein russisch-jüdischer Kommandant namens Weinstein schrie den Soldaten daraufhin an und Willi kam davon.

Mit der Einnahme des Bezirks Floridsdorf am 15. April war der Kampf um Wien entschieden. Die Rote Armee hatte gesiegt. Am 8. Mai kapitulierte das Deutsche Reich. Das war das Ende. Mein Großvater beschrieb das Gefühl der Befreiung einmal so: „Als hätte ich Luft zum Atmen bekommen, als wäre ein schwerer Deckel auf meinem Leben, der den Himmel unsichtbar gemacht hat, weggenommen worden und ich konnte den Himmel sehen."[119]

Seine Eltern äußerten sich viele Jahre später über ihre Verzweiflung und Angst während der letzten Tage des Krieges: „Ich wollte einen Fuß von einem russischen Soldaten sehen und sterben." Und: „Wir wollten Hitler überleben und dann sterben."[120]

Besatzung

Der russischen Besatzungsmacht eilte ihr Ruf voraus, besonders brutal im Umgang mit der Bevölkerung zu sein. Für Wiens Juden und die überlebenden Mitglieder der Familie Merl waren die Russen jedoch die Befreier vom Terror der Nationalsozialisten: „Die Erlösung von der Angst durch die Besatzungssoldaten war für uns überwältigend. Im Gegensatz zu dem, was ich von den Erwachsenen über die russischen Soldaten und die Vergewaltigungen hörte, bekam ich nichts davon mit. Es war die Rede davon, dass die Russen junge Frauen zur ‚Küchenarbeit' nahmen, sie aber in Wahrheit vergewaltigten. Auf Russisch hieß das Kukhnya rabota. Sie waren auf jeden Fall Menschen, die uns nichts taten."[121]

Nach Kriegsende verdiente Sabine etwas Geld, indem sie die Kleidung russischer Soldatinnen umnähte. Zur Freude russischer Soldaten spielte ihr Sohn Harry Mundharmonika. Vom Wohnungsamt bekam die Familie Merl im Bezirk Landstraße die Wohnung eines flüchtigen Nationalsozialisten namens Schreder zugeteilt. Als dieser zurückkam, wollten meine Urgroßeltern einen Konflikt vermeiden und bekamen im selben Haus eine andere Wohnung zugewiesen, die sie aufgrund der Wohnungsknappheit für kurze Zeit mit zwei Frauen teilten.

Nach Kriegsende gelang es meinen Urgroßeltern, die Familie über die Runden zu bringen. Wilhelm wurde Mitglied der Kommunistischen Partei und bekam eine Anstellung bei der Polizei, wo er im Innendienst arbeitete. Im Büro stellte er Identitätsausweise aus. Er verdiente nicht viel, aber es war ausreichend. Unter seinen Kollegen war er beliebt, weil er so freundlich war. Seine Arbeit als Goldschmied nahm er nicht mehr auf. Es war zu viel passiert, sodass er nicht mehr die Kraft hatte, seinen früheren Beruf wieder zu ergreifen.

Meine Urgroßeltern waren sehr sparsam und fleißig, sodass die Familie keine Not leiden musste. Sie ließen sich rechtswidrig vom Kultusbeitrag an die jüdische Gemeinde befreien und sparten das Geld. Nach ihrem Tod flog der Schwindel auf und meine Großeltern mussten der Gemeinde den Beitrag rückerstatten. Über den Schleichhandel war alles zu bekommen. Einen Schwarzmarkt gab es im Resselpark. Dort konnte man alle möglichen begehrten Sachen, darunter auch amerikanische Produkte, erwerben: amerikanische Zigaretten, Kugelschreiber, Schweineschmalz und Nylonstrümpfe.

Im September 1945 wurde Wien von den 4 Besatzungsmächten aufgeteilt. Der Bezirk Landstraße wurde Teil der britischen Besatzungszone. Mein Großvater hat die britischen Soldaten als besonders freundlich in Erinnerung und ging gelegentlich einfach auf die Straße, um sie zu begrüßen.

Die Familie Cerny wohnte weiterhin in der Czerningasse, bevor sie im Juli 1946 in die nahe Afrikanergasse zog. Robert erinnerte sich an den Aufbruch in ein normales Leben inmitten der Besatzungszeit: „Dann kamen die USIA-Betriebe [von der Sowjetunion beschlagnahmte Betriebe]. In meinem Leben gibt's, glaube ich, niemanden, der so viel Kaviar gefressen hat wie die Russen. Die gab's in Kilodosen, halbe Kilodosen. Ein Mann, der meine Schwester liebte, arbeitete drin. Da bekamen wir immer zwei, drei Kilo-Abschnitte. Kaviar musste man sonst kaufen, aber er bekam es stark verbilligt. Nach dem Krieg ging der normale Alltag weiter. Das, was man versäumt hatte, holte man wieder auf. Die Besetzung Wiens habe ich noch in Erinnerung. Die Russen kontrollierten auf der Brücke. Man brauchte eine I-Karte. Das war nicht von großer Bedeutung. Die Russen waren bei uns im zweiten Bezirk. Da konnte man keine Spompanadeln machen. Da waren keine Amerikaner, die mit Kaffee kamen. Dann begann das normale, bürgerliche Leben. Jeder konnte jeder sein. Wenn du Jude warst, kamen die Leute ‚Wissen Sie, ich muss mich entschuldigen ... Mein Mann ... Mit der Wohnung ... Aus der sind wir rausgeflogen.' Da kamen von den Nazis die Entschuldigungen kiloweise."[122]

Die Amerikaner hatten ihren eigenen Radiosender. Der Sender hieß Blue Danube Network und spielte sehr viel Jazz. Diese Musik war für meinen Großvater sehr wichtig: „Ich verband sie mit Freiheit. Ich sagte mir immer wieder: ‚Zu dieser Musik kann man nicht marschieren, zu der kann man nur tanzen.' Am Klavier, das uns unsere Nachbarn 1939, als wir unsere Wohnung verlassen mussten, abgekauft hatten und das meine Mutter nach dem Krieg zurückgekauft hatte, versuchte ich, Jazz nachzuspielen. Wenn ich zu Hause war, drehte ich das Radio manchmal so laut auf, dass das ganze Haus von der Musik erfüllt war."[123]

An der Ecke Operngasse/Kärntner Straße richteten die Amerikaner ein Informationszentrum ein, das Information Center hieß.

Nachdem mein Großvater in der Schule begonnen hatte, Englisch zu lernen, suchte er oft das Information Center auf, um in der Bibliothek über Amerika und die Amerikaner zu lesen: „Das war für mich eine andere Welt. Durch das Lesen amerikanischer Literatur lernte ich eine neue Sichtweise der Welt kennen. Unter anderem las ich Lehrbücher über Psychologie und Philosophie. Diese Bücher vermittelten mir Weltoffenheit. Neben dem Lesen von Büchern sah ich im Landstraßer Kino amerikanische Filme. Ich identifizierte mich sehr mit ihrer Kultur und Lebensweise, sodass sie für mich zur eigenen Identität wurden. Die amerikanische Kultur half mir, den depressiven Gemütszustand meiner Eltern auszuhalten und zu überwinden. An ihnen merkte ich wenig Fröhlichkeit über die neue Zeit. Ich erlebte die Befreiung anders. Die Auswirkungen der NS-Zeit waren mit deren Ende für meine Eltern nicht beendet. Wenn jemand an der Tür heftig läutete, erschraken sie, besonders meine Mutter. Sie assoziierten das Läuten mit der Bedrohung, von der Gestapo deportiert zu werden. Diese Ängste überwanden meine Eltern bis zu ihrem Tod nicht. Meine Mutter ließ sich von meinem Vater mit Steffi, einem ihrer Meinung nach typisch christlichen Namen, anreden, um ihre jüdische Herkunft zu verbergen."[124]

Nach dem Krieg konnte mein Großvater die verbleibenden zwei Monate des Schuljahres 1944/1945 in der 4. Klasse Volksschule absolvieren. Er hatte im Unterricht keine Probleme, da er bereits lesen und schreiben konnte. Danach besuchte er die Hauptschule, wechselte aber nach einem Jahr ins Realgymnasium in der Hagenmüllergasse, wo er 1954 mit Auszeichnung maturier-

Sabine Merl im 3. Bezirk 1951, Besitzer Harry Merl

Wilhelm Merl im Wien der Nachkriegszeit, Besitzer Harry Merl

Harry Merl am Heldenplatz, Besitzer Leonard Brillson

te. Im Gymnasium lernte er seinen langjährigen guten Freund Fridolin Platzer kennen. Fridolin erinnerte sich an Harrys ersten Schultag: „Die 2. Klasse war bereits einige Tage alt, als während des Unterrichts die Klassentür aufging und der Direktor Dr. Domaschko erschien. Hinter ihm ein offenbar schüchterner Bub mit blondem Haar und eine mollige Frau. Der Direx eröffnete uns, dass Harry Merl nunmehr auch zur 2. Klasse gehöre, und wir sollten ihn gut behandeln, da er ein schlimmes Schicksal gehabt habe. Dann verließen er und Harrys Mutter das Klassenzimmer. Obwohl ich zu dieser Zeit einer der Kleinsten in der Klasse war, aber bereits Klassensprecher, fühlte ich mich sofort berufen, Harry zu beschützen. In der Pause erfuhr ich dann von einem Mitschüler, dass Harry ein Jude war. Das verstärkte meine Absicht, Harry zu schützen, denn während des ersten Schuljahres hatte ich aus den Zeitungen und dem Rundfunk erst so richtig mitbekommen, was den jüdischen Mitbürgern durch die Nazis alles angetan worden war.“[125]

Die gescheiterte Auswanderung in die USA

Ende der 40er-Jahre unternahmen Wilhelm und Sabine einen Versuch, in die USA auszuwandern, um sich dort ein neues Leben aufzubauen. Wie schon 1938 ließen sie nichts unversucht und scheuten sich nicht, gegenüber den Behörden zu übertreiben und falsche Angaben zu machen. Irving Schwartz und Lester Radlow, Freunde von Wilhelms New Yorker Cousin Jack Bader, hätten für die Familie gebürgt. In ihren eidesstattlichen Erklärungen gab Irving fälschlicherweise an, ein Freund der Familie zu sein, und Lester, dass seine Frau Berdie Wilhelms Cousine sei.

Während dieser Zeit korrespondierten meine Urgroßeltern mit Willis Schwester Jetti, die am 2. April 1947 schrieb: *Mit viel Freude habe ich deinen Brief erhalten, doch bin ich sehr traurig, dass du und Familie noch immer nicht kommen konntet. Wie lange wird es noch dauern? Mein Mann könnte dich sofort in seiner Branche unterbringen und alles andere wartet schon lange auf Euer Kommen – wenn es nur schon bald wäre! Unser Cousin Radlow fragt immer an, ob ihr nicht schon bald kommt, er dachte Ihr könntet schon lange hier sein.*[126]

Der Displaced Persons Act von 1948 gestattete Flüchtlingen die Einwanderung in die USA. Der Status als Displaced Persons, der berechtigte, ein Visum für die Vereinigten Staaten zu beantragen, wurde der Familie zunächst verliehen, da mein Urgroßvater fälschlicherweise angegeben hatte, 1943 in ein Arbeitslager in Polen geschickt worden zu sein. In einem Antrag auf Unterstützung an die International Refugee Organization erklärte

Wilhelm seine Entschlossenheit, mit seiner Familie Europa zu verlassen: *Nein meine ganze Familie wurde hier umgebracht es waren 21 Personen und so will ich nicht mehr auf diesem Unglueckskontinent bleiben.*[127] Da er seinen zwangsweisen Aufenthalt in Polen nicht belegen konnte und als Displaced Persons nur Personen galten, die sich durch Kriegseinwirkung außerhalb ihres Heimatstaates aufhalten mussten, wurde der Familie Merl die Berechtigung entzogen. Weitere Bemühungen um eine Auswanderung in die Vereinigten Staaten versandeten. Willi, Sonja und Harry blieben in Wien.

Ein Diktator auf Droge

Als Willis jüngerer Bruder Hermann Ende Mai 1945 in Schottland ankam, ging es weiter nach London und schließlich nach Paris, wo „(...) sie feierten. Es war sehr schön."[128] Hermann diente der amerikanischen Armee als Verhörspezialist und radiologischer Sachverständiger. Er verwaltete das Archiv der Röntgendokumentation. Seine Aufgabe war es, Bilder zu sichten, zu kopieren und sie an die verbündeten alliierten Geheimdienste weiterzugeben. Ziel war die Identifikation allfällig flüchtiger Naziverantwortlicher. Von Paris fuhr er in das von den vier Alliierten besetzte Deutschland. Das I. G.-Farben-Haus in Frankfurt war bis Juli 1945 unter General Dwight D. Eisenhower, dem Militärgouverneur der US-Zone, Hauptquartier der alliierten Expeditionstruppen und im Anschluss daran US-Hauptquartier für Europa. Bis zur Beschlagnahmung durch die amerikanische Armee war das Gebäude die Zentrale der I. G. Farbenindustrie AG.

Hermann erzählte von einer lustigen Anekdote mit Eisenhower, der 1953 als Politiker der Republikanischen Partei zum 34. Präsidenten der USA gewählt wurde: „Ich übersetzte Briefe für General Eisenhower. Dort war ein Deutscher namens Eisenhauer. Der Mann sagte mir, dass er sich an mich wendete, da ich Deutsch sprach. Er wollte mit Eisenhower sprechen, weil er glaubte, dass er ein Verwandter ist. Ich redete mit Ike [Eisenhower, dessen deutsche Vorfahren Eisenhauer hießen], aber er lehnte ab. Der Mann war sehr enttäuscht."[129]

Als Medizinstudent mit profunden Kenntnissen in der Labormedizin und Übersetzer für Deutsch wurde Hermann in Verhören von Adolf Hitlers Leibärzten eingesetzt. In Oberursel, nördlich von Frankfurt, wurde nach Kriegsende das Areal eines Kriegsgefangenenlagers der deutschen Luftwaffe als Kriegsgefangenenlager und Verhörzentrum für hochrangige Nationalsozialisten, Geheimdienstleute und Militärs genutzt. Wie Hermann hatte ein Großteil der Verhörspezialisten Camp Ritchie im Bundesstaat Maryland besucht. Ziel von Hermanns Verhören mit Hitlers Ärzten war es, mithilfe der medizinischen Daten aus den Gesprächen und Unterlagen der Ärzte, die Hermann konfiszierte, einen eventuell flüchtigen Hitler oder dessen sterbliche Überreste zu identifizieren. Obwohl der Suizid Hitlers von den Alliierten nicht angezweifelt wurde, ebbten Gerüchte von dessen Überleben und Flucht aus dem zerbombten Berlin nach Südamerika nicht ab. Man wollte so der Mythenbildung entgegentreten und sich ein Bild über den physischen und psychischen Gesundheitszustand Adolf Hitlers machen.

Hermann hielt seine Aufzeichnungen der Interviews in Stenogrammheften fest. Theo Morell, Urologe und Hitlers Leibarzt, der nach einem Wutanfall Hitlers den Führerbunker verlassen musste und aus dem umkämpften Berlin ausgeflogen wurde, litt an Herzbeschwerden und Sprechstörungen. Während seiner amerikanischen Gefangenschaft war er kaum vernehmungsfähig. Hermann gelang es, Morell am 21. September 1945 zu verhören: *Dr. Morell, Hitlers Leibarzt, wurde zwischen neun und 11 Uhr morgens interviewt. Er wurde über medizinische intramuskuläre Injektionen und Unter-die-Haut-Spritzen bei Hitler befragt.*[130] Nicht ohne Grund wurde Morell gezielt nach Injektionen gefragt. Hermann Göring titulierte Morell aufgrund seiner Methoden spöttisch als Reichsspritzenmeister. Er war als unhygienischer Quacksalber und Opportunist verschrien und wurde von seinen Kollegen gemieden.

Neben einem Notizheft zu Morell führte Hermann eines zu den Unterlagen und Aussagen von Karl Brandt, Privatchirurg Hitlers und Generalkommissar für das Sanitäts- und Gesundheitswesen. Ab dem 1. September 1939 war er Hitlers Beauftragter für die Massenmorde der Aktion T4 im Rahmen der sogenannten Euthanasie in den Tötungsanstalten, in denen systematisch Menschen mit Behinderungen ermordet wurden. Auch Erwin Giesing, Hitlers Hals-Nasen-Ohren-Arzt, und Hans Karl von Hasselbach, ebenfalls Privatchirurg Hitlers, die diesen nach dem Stauffenberg-Attentat vom 20. Juli 1944 behandelten, wurden von Hermann in Oberursel verhört.

All die Erkenntnisse flossen schließlich in den Bericht *Consolidated Interrogation Report No. 4 Hitler as seen by his doctors* des Military Intelligence Service Centers ein. Zu Morells Praktiken hielt Hermann zu Beginn des Berichts fest: *Manche Berichte beschreiben ihn als einen schlauen, Geld-verrückten Quacksalber, der an seine eigene Quacksalberei glaubt. Andere beschreiben sein hygienisches Verhalten als das eines Schweins. Dieser Befrager hat dem sehr wenig hinzuzufügen.*[131] Unter „Medical History" heißt es, dass Hitler bei Morells erster Untersuchung unter Magen-Darm-Problemen und Ekzemen litt. Morell verschrieb Hitler Mutaflor, ein Bakterienpräparat, und Hitlers Beschwerden wurden besser. Daraufhin machte Hitler ihn zum Leibarzt, der ihn ständig begleitete. In einem Videointerview meinte Hermann über Hitlers Beziehung zu seinem geschätzten Leibarzt: „Er war von diesem Mann so begeistert. Er mochte ihn einfach."[132]

Im Folgenden geht der Bericht penibel genau auf Hitlers Gesundheitszustand ein: Narben, Haut, Gesicht, Kopf und weitere Körperregionen des Führers werden beleuchtet. Unter anderem offenbart der Bericht, dass Hitler am linken Oberschenkel eine Narbe als Folge einer Wunde aus dem Ersten Weltkrieg hatte und sich auf seiner Brust keine Haare befanden. Zur Psyche Hitlers wird angeführt, dass die zeitliche, räumliche und persönliche Orientierung exzellent war, genauso wie die Erinnerung an Ereignisse, die Erfassung von Zahlen, Statistiken und Namen. Sein Bildungshintergrund war gekennzeichnet durch seinen Mangel an universitärer Ausbildung, die er autodidaktisch durch das Lesen vieler Bücher kompensierte. Die Medikation von Theo Morell legt offen, dass er Hitler 28 verschiedene Substanzen verabreichte, darunter Substanzen, die süchtig machen: Opiate, Morphine und Barbiturate. Einige wurden täglich eingenommen, andere je nach Bedarf. Bis zu acht pro Tag nahm Hitler ein. Über mögliche Wechselwirkungen der hochpotenten Stoffe schien sich Morell keine Gedanken gemacht zu haben, denn stets wollte er es dem Führer recht machen. Die deutsche Öffentlichkeit sollte Hitler schließlich nur als überlegenen und machtbewussten Triumphator kennen. Hitlers Drogenkonsum war in Nazideutschland, das nach außen eine Politik der Rauschgiftbekämpfung betrieb, kein ungewöhnlicher Einzelfall. Bei den Blitzkriegen gegen Polen und Frankreich nahmen Offiziere und Soldaten der Wehrmacht die Droge Pervitin ein. Es hat eine euphorisierende Wirkung und verhindert Müdigkeit. Unter den Soldaten war es auch als Panzerschokolade bekannt. Zur Kräftigung und zur Erhöhung der Kalorienzufuhr verschrieb Morell Hitler Glukose. Überdies ließ er seine Ernährung umstellen und verschrieb Hitler Dr. Kösters Antigas-Pillen, von denen der Führer im Zeitraum von 1936 bis 1943 zwei bis vier Pillen zu jeder Mahlzeit einnahm, da er an Blähungen litt. Gegen Magen-Darm-Beschwerden nahm er das Schmerzmittel Eukodal, ein Opiat stärker als Heroin.

Als die Wehrmacht im Sommer 1941 die Sowjetunion überfiel, erlitt Hitler im August einen Schwächeanfall. Eine Woche später, am 14. August 1941, ließ Morell von einem Herzspezialisten ein Elektrokardiogramm machen, das Hermann konfiszierte. Bei Patient A, wie Hitler in Theo Morells Unterlagen stets bezeichnet wird, wurde Koronarsklerose, eine Einengung der Herzkranzgefäße, diagnostiziert. Ein Verschluss hätte zu einem Herzinfarkt geführt. Hitler wurde Strophantin, ein Herztonikum, verschrieben, um das Herz-Kreislauf-System zu unterstützen, obwohl eine ernste Erkrankung wahrscheinlich nicht vorlag. Dem Bericht wurden Röntgenbilder Hitlers beigefügt. Diese wurden am 19. September 1944 von Hitlers HNO-Arzt Erwin Giesing im Armeekrankenhaus in Rastenburg in Ostpreußen gemacht. Giesing behandelte Hitlers Verletzungen infolge des Stauffenberg-Attentats. Hermann fertigte von den Röntgenbildern und Elektrokardiogrammen Kopien an und behielt die Originale bei sich.

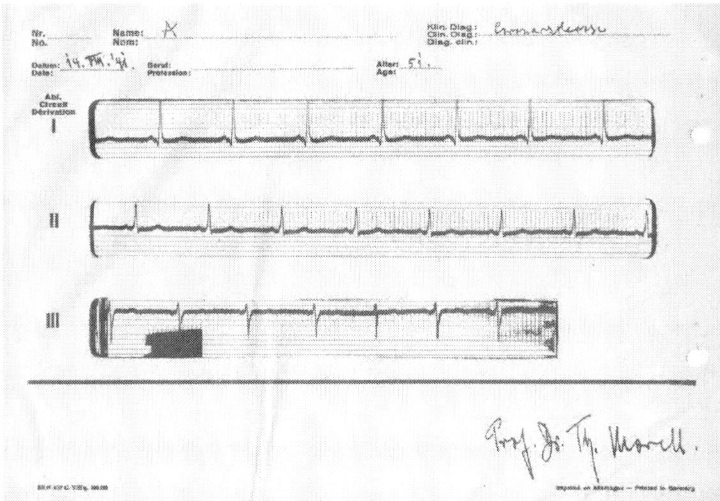

Elektrokardiogramm für Patient A, Besitzer Roderick Merl

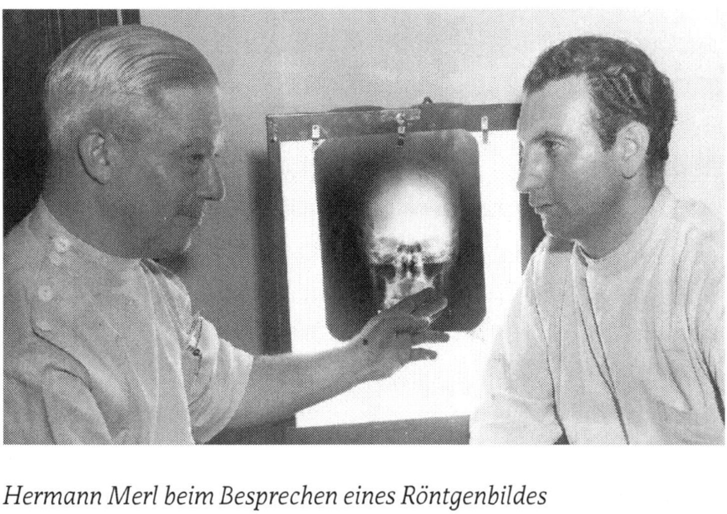

Hermann Merl beim Besprechen eines Röntgenbildes von Adolf Hitler, Besitzer Roderick Merl

Neben Hitlers Ärzten hatte der Verhörspezialist Hermann Merl mit weiteren hochrangigen Nationalsozialisten zu tun. Im Interview schilderte er seine Begegnung mit Hermann Göring: „Er antwortete nie und sagte nichts. Auch wenn er mit anderen Nazis zusammen war. Er wusste, dass überall Mikrofone waren. Wir konnten ihn nicht verhören. Ich war wütend auf ihn. Ich nannte ihn ein Nazischwein und sagte zu ihm: ‚Du hast gedacht, dass du groß bist. Bist du stolz, dass du so viele ermordet hast?'."[133]

Hermann erwähnte Hanna Reitsch, „eine Fliegerin, die wollte Hitler aus Berlin rausbringen".[134] Reitsch war eine erfolgreiche deutsche Fliegerin und Anhängerin Hitlers, die die Rassenpolitik ablehnte, aber sich vom NS-Regime instrumentalisieren ließ. Sie wurde in verschiedenen Lagern verhört und im Dezember 1947 als „nichtbetroffen" entnazifiziert.

„Ich befragte auch Albert Kesselring. Es beeindruckte mich nicht, dass er ein Nazi war. Aber Hitler setzte ihn in Italien [als Oberbefehlshaber nach dem Sturz Mussolinis] ein. Er erzählte mir, dass er mit Kronprinz Umberto im Auto saß. Das Auto überschlug sich. Er hatte einen Schädelbruch und sagte, dass er noch immer eine Paralyse hatte, die wegen des Schädelbruchs geschwollen war. Er bat mich, ihn ins Krankenhaus zu begleiten, wo ich mir das anschauen konnte. Das war in Bad Kreuznach. Als wir nach Kreuznach kamen, grüßten und verbeugten sich die Leute."[135] In Hermanns Notizheft zu Theo Morell finden sich ein paar Zeilen zur Begegnung mit Kesselring: *Er fragte mich, woher ich war: Hollywood. Es muss teuer sein in Hollywood. Er erzählte mir, dass* [George] *Patton ein großer General und* [Mark] *Clark ein guter General sei. Hitler war sehr klug.*[136]

In Oberursel verhörte Hermann die Eltern von Hitlers Geliebter Eva Braun: „Ich fragte die Eltern, wie Hitler Eva Braun kennengelernt hatte. Die wollten nicht sprechen. Sie sagten: ‚Das war ihre Entscheidung. Wir hatten keinen Einfluss auf sie. Wir haben nichts gegen sie gehabt'."[137]

Ein Abteilungsleiter der I. G. Farbenindustrie AG, die das Giftgas Zyklon B zum Zweck der Massentötung an die SS geliefert hatte, konnte nicht verstehen, warum er Gefangener war. „‚Die Amerikaner verhaften Unschuldige', behauptete er. Hermann entgegnete: ‚Wer hat Hitler unterstützt? Wer hat ihn aufgebaut? Das waren Leute wie du'."[138]

Während seiner Zeit im besetzten Deutschland erhielt Hermann von Zeit zu Zeit die Erlaubnis, weitere Städte zu besuchen. Er fuhr ins zerstörte Berlin, nach Kopenhagen, nach Brüssel und nach Paris, wo er an der Universität Sorbonne Kurse in höherer Mathematik besuchte. Die Armee sorgte für die Fortbildung der Verhörspezialisten und bezahlte Hermann eine schöne Wohnung im Zentrum der Stadt. Mehrere Fotos zeigen Hermann als Kriegstourist im zerstörten Nachkriegsdeutschland. Er posiert zwischen zerbombten Häusern und auf einem Denkmal des deutschen Dichters Friedrich Schiller vor dem Hessischen Staatstheater in Wiesbaden. Hermann imitiert die Mimik der

Hermann Merl im zerstörten Deutschland, Besitzer Roderick Merl

Besitzer Roderick Merl

Besitzer Roderick Merl

Frauengestalt, die auf dem Sockel des Standbilds sitzt und als Symbol für die Tragödie steht. Hermanns Posen und seine verschmitzte Miene scheinen ein Gefühl der Genugtuung zu offenbaren, das er gegenüber den Deutschen empfand.

Amüsiert erzählte Hermann von der Fahrt nach Berchtesgaden, wo Hitler und einige NS-Größen am Obersalzberg ihren Wohnsitz besaßen: „Wir fuhren zu dem Berg [Kehlstein]. Der Kehlsteinlift führt durch den Berg hinauf. Bevor wir hinauffuhren, sahen wir eine Hitlerstatue. Ich nahm eine Pistole und schoss ihr den Kopf herunter. Dann saß ich auf ihrem Kopf und die anderen schossen Fotos.“[139]

Hermann nahm sich frei und fuhr mit dem Zug nach Wien. Seit er die Stadt am 28. September 1938 verlassen hatte, waren sieben Jahre vergangen. Nach der Ankunft hatte Hermann ein lustiges Erlebnis: „Ich fragte ein Mädchen nach dem Weg. Ich erzählte ihr scherzhaft, ich wäre ein Nazi und hätte einen Amerikaner getötet und trug nun dessen Uniform. Das Mädchen bekam Angst und wollte weg.“[140]

Hermann machte sich auf die Suche nach seiner Familie und fand schließlich heraus, dass sein Bruder Willi im 3. Bezirk wohnte: „Ich sah Willi mit einem Sack Kartoffeln. Dann ging ich auch zu Rosa. Harry wollte sehr viel wissen. Er war sehr beeindruckt.“[141] Die Eltern Littman und Chaje Feige und Schwester Paula waren nicht mehr da: „Rosa und Willi wussten damals nicht, wo unsere Eltern und Paula waren. Sie verschwanden.

Hermann Merl am Kopf einer Hitlerstatue, Besitzer Roderick Merl

Die Nazis holten meinen Vater und Paula ab. Sie brachten alle Juden nach Auschwitz in Polen."[142] Die Geschwister genossen es, wieder vereint zu sein. Man erzählte einander, was alles in der Zwischenzeit passiert war. „Meine Geschwister kamen gut zurecht. Mein Bruder erzählte mir, dass sie das Klavier zurückgekauft hatten. Es ging ihnen gut, sie litten keine Not."[143]

Nach Ende seines Wienbesuchs reiste Hermann nach Deutschland zurück. Am 20. November 1945 begannen im Schwurgerichtssaal des Nürnberger Justizgebäudes die Nürnberger Prozesse, denen Hermann durch die Verhöre zugearbeitet hatte. Er nahm als interessierter Beobachter teil. Hochrangige Verbrecher des Nationalsozialismus, die Hermann in Oberursel verhört hatte, mussten sich nun vor einem internationalen Militärgerichtshof für ihre Verbrechen verantworten. Hermann Göring, Hitlers designierter Nachfolger, Oberbefehlshaber der Luftwaffe und der zweite Mann im NS-Staat, wurde im Zuge des Prozesses gegen die Hauptkriegsverbrecher nach den Punkten Gemeinsamer Plan oder Verschwörung, Verbrechen gegen den Frieden, Kriegsverbrechen und Verbrechen gegen die Menschlichkeit angeklagt und zum Tod durch den Strang verurteilt. Er kam seiner Hinrichtung zuvor und suizidierte sich durch die Einnahme von Gift am 15. Oktober 1946.

Im Nürnberger Ärzteprozess wurden Mediziner angeklagt, die sich an Medizinverbrechen beteiligt hatten. Karl Brandt, als Privatchirurg Hitlers und Verantwortlicher für Euthanasieverbrechen und medizinische Versuche der Ranghöchste unter ihnen, wurde nach den Anklagepunkten Kriegsverbrechen, Verbrechen gegen die Menschlichkeit und Mitgliedschaft in einer verbrecherischen Organisation schuldig gesprochen, zum Tode verurteilt und am 2. Juni 1948 durch den Strang hingerichtet.

Theo Morell wurde aufgrund seiner Herzbeschwerden und Sprechstörungen nicht vor Gericht angeklagt. Er starb am 26. Mai 1948 in einem Krankenhaus in Bayern. Hitlers Privatchirurg Hans Karl von Hasselbach wurde als Zeuge während der Nürnberger Prozesse vernommen und schließlich wie der HNO-Arzt Erwin Giesing entlassen. Albert Kesselring wurde im Mai 1947 von einem britischen Militärgericht in Italien der Kenntnis und Duldung von Geiselerschießungen für schuldig befunden und zum Tod verurteilt. Das Urteil wurde in lebenslange Haft umgewandelt. 1952 wurde er begnadigt und entlassen.

Im Frühling 1946 verließ der Verhörspezialist Hermann Merl Europa und kehrte in die Vereinigten Staaten zurück. Im Gepäck befanden sich seine Notizhefte, der Bericht *Hitler as seen by his doctors* und Röntgenbilder von Hitler. Die US-Militärs vom Military Intelligence Service Center machten die wichtigsten Erkenntnisse des Berichts publik. Hermann gab dazu am 18. Mai 1946 in Los Angeles eine Pressekonferenz, über die zahlreiche amerikanische Zeitungen berichteten, so auch die Tageszeitung *The Californian:*

Röntgenbilder zeigen, dass Hitler ein Mann mit vielen Gebrechen war

Los Angeles, (U.P.) – Ein amerikanischer medizinischer Geheimdienstoffizier legte heute Röntgenbilder von Adolph Hitler vor, die seiner Meinung nach die sterblichen Überreste des Diktators identifizieren könnten. Die Röntgenbilder wurden von deutschen Ärzten gemacht, die Hitlers kranken Körper behandelten. Der Ermittler Herman Merl sagte, die Berichte und Fotos stammten von sechs Ärzten, die für Hitlers Gesundheit zuständig waren. Sie zeigten ein normales Gehirn, ohne Wahnvorstellungen oder Obsessionen, sagte er, aber sie zeigten auch einen von Krankheiten geplagten Körper. Zu den Röntgenaufnahmen gehörten auch genaue Bilder von Hitlers Kopf. Merl sagte, er glaube, dass sie dazu verwendet werden könnten, um festzustellen, ob der Körper, den die Russen jetzt haben, der von Hitler ist.

Merl sagte, dass Hitler aus seiner ärztlichen Sicht ein Mann mit vielen Gebrechen war und dass sein schwerstes Leiden eine Herzkrankheit war. ‚Das hätte ihn in ein paar Jahren umgehauen, wenn die Alliierten nicht gewesen wären', sagte Merl.[144]

Das Schicksal der Familie Oster

Die Deportation und Ermordung der Wiener Juden traf nicht nur die Familie meiner Urgroßeltern. Auch die Familie Oster, die Angehörigen von Littmans Bruder Isak, war vom Holocaust betroffen. 1938 wohnten Isak und Laje Gittel in der Vorgartenstraße in der Leopoldstadt. Als pensionierter Schaffner füllte Isak im Juli 1938 eine Vermögensanmeldung[145] aus. Sie diente der Vermögensverkehrsstelle des Ministeriums für Wirtschaft und Arbeit zur Ermittlung des Vermögens von Juden und bildete eine Grundlage für den Vermögensentzug. Isak bezifferte seine jährliche Pension mit 1.383,96 Reichsmark. Ab März 1939 wohnte das Ehepaar in der Tandelmarktgasse 5a, einer Sammelwohnung. Memento Wien listet 49 Juden auf, die während des Krieges an dieser Adresse lebten. Laje Gittel verstarb am 19. Dezember 1939 im Alter von 71 Jahren im Rothschild-Spital und wurde am neuen jüdischen Friedhof unter dem Namen Laura Oster begraben. Die Inschrift *Mutti und Oma* verziert ihr Grab und drückt die Wertschätzung und Liebe ihrer Kinder und Enkel aus.

Von Jänner 1941 bis April 1942 war Isak in einer Sammelwohnung in der Haidgasse 5 untergebracht. Namentlich bekannt sind 97 Juden, die an dieser Adresse wohnten, bevor sie deportiert wurden. Ein Stein der Erinnerung an der Fassade gedenkt der jüdischen Hausbewohner. Der 70-jährige Isak wurde am 27. April 1942 vom Wiener Aspangbahnhof in die polnische Stadt Włodawa deportiert. In den Listen der 1000 in diesem Transport von Wien deportierten Juden scheint er unter der Nummer 628 auf. Die Kleinstadt befindet sich im Distrikt Lublin in

Ostpolen. Die deportierten Juden mussten im dortigen Ghetto unter schweren Bedingungen leben. Im Mai fand eine „Aktion“ statt, bei der alte und arbeitsunfähige Juden festgenommen und ins nahe gelegene Vernichtungslager Sobibor gebracht wurden. Im Zuge der „Aktion“ kam es zu zahlreichen Massakern. Nach der Deportation jüdischer Kinder im Sommer wurde das Ghetto im Oktober 1942 liquidiert und ein Großteil seiner Bewohner nach Sobibor gebracht, wo sie ermordet wurden. Isak Osters Spur verliert sich nach seiner Deportation. Es ist davon auszugehen, dass er im Laufe des Jahres 1942 ermordet wurde, zwei Jahre vor seinem jüngeren Bruder Littman. Am Grabstein seiner Frau Laje Gittel wird auch an Isak erinnert. Sein Sohn Heinrich wurde zu einem unbestimmten Zeitpunkt in ein unbekanntes Lager in Polen deportiert, wo er wie sein Vater ermordet wurde.

Tochter Valerie durfte seit dem „Anschluss“ ihren Beruf als Kleindarstellerin und Komparsin nicht mehr ausüben. Im August 1944 wurde sie von der Gestapo verhaftet und beschuldigt, Verbindungen zu Widerstandskämpfern gehabt zu haben. Nach stundenlangem Verhör und Drohungen im Polizeigefangenenhaus an der Rossauer Lände wurde sie wieder freigelassen und überlebte den Krieg wie ihr Sohn Harry. Als Folge des Verhörs erlitt sie einen Nervenzusammenbruch und litt noch länger an den Folgen. Meine Urgroßeltern wussten, dass Valerie den Krieg überlebt hatte und weiterhin in Wien lebte. Kontakt gab es zwischen den Cousins dennoch keinen. Valerie starb im Alter von 95 Jahren 1993 in Wien und wurde am Zentralfriedhof begraben.

Siegfrieds Tochter Selma lebte bis zum Sommer 1938 bei den Eltern ihrer Mutter. Nachdem ihre Großeltern aus der Wohnung geworfen worden waren, wurde Selma später in das jüdische Mädchenpensionat Lele-Bondi-Heim in der Böcklinstraße eingewiesen. Im Juli 1939 wurde sie mit einem Kindertransport nach Großbritannien verschickt. Sie wurde bei einer Pflegefamilie untergebracht, schloss sich der österreichischen Jugendorganisation Young Austria in London an und besuchte eine Kunstschule. Im November 1946 kehrte sie in das befreite Österreich zurück. Sie arbeitete als Verlagssekretärin und emigrierte 1958 nach Israel. Als Adolf Eichmann, der in Wien die Zentralstelle für jüdische Auswanderung aufgebaut hatte, vom israelischen Geheimdienst gefasst und nach Israel gebracht wurde, bewarb sich Selma als Übersetzerin für den Prozess gegen Eichmann. Sie übersetzte seine schriftlichen Aufzeichnungen und transkribierte die Verhöre. „Diese Konfrontation war für mich eine unerhört emotionsgeladene Angelegenheit“,[146] so Selma in einem Interview. Sie heiratete in Israel und kehrte nach dem Tod ihres Mannes Anfang der 90er-Jahre endgültig nach Wien zurück, wo sie als Bildhauerin tätig war. Sie starb 2003 im Alter von 77 Jahren an den Folgen eines Schlaganfalls und wurde unter dem Namen Sonja im Grab ihrer Großmutter Laje Gittel begraben.

Wiener Schnitzel in New Jersey

Jetti brachte Ende 1945 einen Sohn zur Welt. Er bekam den Namen Leonard. Zu Ehren ihres Vaters gab ihm Jetti den hebräischen Namen Littman. Sie folgte einer jüdischen Tradition, seinen Kindern zusätzlich zum Vornamen einen hebräischen Namen mit demselben Anfangsbuchstaben zu geben. Jetti und Elihu Brillson heirateten schließlich 1955. Sie verbrachten eine kurze Zeit in South Carolina, damit Al die Mitgliedschaft in einer Elektrikergewerkschaft erlangen konnte. Sie ließen sich dann im Bundesstaat New Jersey in der Stadt Clifton, einem Vorort von New York, nieder.

Bei der Erziehung ihres Sohnes Len war es Jetti wichtig, dass das Judentum ein wesentlicher Teil seines Lebens war. Sie waren Mitglieder einer Synagoge und wohnten so nahe, dass Len sie zu Fuß erreichen konnte. Er wurde in eine jüdische Schule geschickt. Im Alter von 13 Jahren wurde seine Bar-Mizwa, die Aufnahme als vollwertiges Mitglied der jüdischen Gemeinde, gefeiert. Obwohl es nie ausdrücklich gesagt wurde, verstand Jettis Sohn, dass sein Judentum ein zentraler und wichtiger Teil seiner Identität war. Diese Identität ging auch auf die Tatsache zurück, dass seine Mutter Jetti überlebt hatte: „Ich war mir immer bewusst, dass sie eine Überlebende war, weil sie es geschafft hatte, rechtzeitig zu entkommen."[147] Len erinnert sich daran, dass seine Mutter sehr ängstlich war, als ein Raufbold aus der Nachbarschaft sich mit ihm prügelte. Jetti schärfte ihm ein, einen weiteren Konflikt zu vermeiden. Als er darauf bestand, sich gegen den Nachbarsbuben zu wehren, brachte sie ihn davon ab und ermahnte ihn, keinen Streit anzufangen.

Jetti sprach zu Hause nicht oft Deutsch. Ihr Mann Al beherrschte es nicht und er hatte kein großes Interesse, es zu lernen. Als Len aufs College ging, entschied er sich, Deutsch zu lernen, um sich mit seiner Mutter auf Deutsch unterhalten zu können. Durch das Kochen traditioneller österreichischer Gerichte hielt Jetti eine Verbindung zu ihren österreichischen Wurzeln aufrecht. Sie kochte Wiener Schnitzel und nahm anstatt des verbreiteteren und billigeren Schweinefleischs lieber Kalbfleisch, wie es auch im Originalrezept verwendet wird. Außerdem bereitete sie häufig eine Vielzahl köstlicher Kuchen zu, deren Rezepte aus ihrer Heimat stammten.

Jetti stand in den Jahren nach dem Krieg mit ihrem Bruder Wilhelm und ihrer Schwester Rosa sowie deren Familien in regelmäßigem Kontakt. Im Nachlass meiner Urgroßeltern befinden sich zahlreiche Briefe, Postkarten und Fotos, die Jetti schickte. Sie sandten Jetti kunstvolle Stickbilder vom Schloss Schönbrunn und dem Wiener Rathaus, die in ihrer Wohnung hingen. Ein einziges Mal nach dem Krieg besuchte sie ihre Geschwister in ihrer früheren Heimatstadt Wien. Auf Lens Frage, warum sie nicht wieder fahren wollte, antwortete sie, dass sie, als sie zurückkam und die Leute sah, wusste, dass es dieselben Leute waren, die bei der Judenverfolgung durch die Nazis dabeigestanden und sogar geholfen hatten. Jetti wollte nie mehr zurückkehren und diese Menschen wiedersehen. Sie traf ihre Geschwister auf Reisen außerhalb Österreichs. Einmal kam Rosa zu Besuch in die Vereinigten Staaten. Auch Hermann besuchte seine Schwester mehrere Male.

Rosa Cerny auf Besuch bei Jetti und Al Brillson,
Besitzer Leonard Brillson

Len studierte Physik, heiratete und gründete eine Familie. Jetti starb im Alter von 80 Jahren am 23. April 1990 an Krebs. Al starb wenige Monate später. Ihren beiden Enkelinnen blieb sie als liebe Großmutter, die sehr stolz auf ihre kleine Familie war, in Erinnerung. Auf Jettis Grabstein heißt es:

A Loving Inspiration
To Her Family

Hier wird eine menschliche Tragödie offenbar gemacht

Franz und Rosa Cerny mit Angestellten des Friseurladens, Besitzer Leonard Brillson

Franz und Rosa führten nach Kriegsende ein Friseurgeschäft in der Praterstraße.

Tochter Margarete war zwei Mal verheiratet und hatte aus erster Ehe einen Sohn. Tragischerweise starb Margarete im Alter von nur 24 Jahren am 30. November 1957 an einem Darmverschluss. Robert war bei ihr, als sie starb.

Trotz des Endes des Krieges und des Nationalsozialismus war im Österreich der 60er- und 70er-Jahre der Antisemitismus in der Gesellschaft noch immer weit verbreitet. Zahlreiche ehemalige

Nazis waren ungeachtet ihrer früheren Mitgliedschaft in der NSDAP als Politiker, Richter oder Beamte tätig. An so manchen Stammtischen wurde von der NS-Zeit als guter alter Zeit gesprochen und über die Juden wüst geschimpft. Robert erlebte diesen Antisemitismus am eigenen Leib: „Ich saß im Esterhazy-Keller [ein Wiener Gasthaus]. Daneben war ein Tisch, an dem alle wie Löcher soffen. Einer rief: ‚Die Saujuden! Verbrennen sollen s', ich hätte selbst noch ein Scheit nachgehaut!' Da stand ich auf und sagte: ‚Wenn Sie das noch einmal sagen, hau ich Ihnen das Happel [wienerisch für Kopf] runter. Ich bin ein Jude! Sie Drecksau, Sie!' ‚Bitte meinen Mann nicht schlagen, nicht schlagen' Dann holten sie die Polizei und alles löste sich auf. Eine Freundschaft verlor ich dabei, eine falsche Freundschaft. Der hörte, dass ich Jude bin, und fragte mich: ‚Bist du wirklich ein Jude?' ‚Na sicher bin ich einer.' Seitdem sah ich ihn nicht mehr."[148]

Robert lernte seine Frau Hedi im Geschäft seines Vaters kennen. Sie heirateten und hatten eine Tochter. Hedi war ebenfalls Friseurin und arbeitete mit Robert gemeinsam im Friseurladen, den Robert übernahm, als seine Eltern in Pension gingen.

Rosa und Franz pflegten den Kontakt zu Willi, Sabine und meinem Großvater. Nach einem Besuch bei der Familie meines Großvaters in Gramastetten in Oberösterreich schrieben sie ihnen einen Brief, in dem sie sich für die Gastfreundschaft bedankten. Der Brief enthielt den Inhalt der Nachricht, die Schwester Paula in der Haft in Krems auf einem Leinenstreifen geschrieben hatte. Da der Leinenstreifen kaum noch lesbar war, tippte ihn Franz ab und bat meine Großeltern, den Brief mit ihren Kindern zu teilen:

Meine Lieben, dieser Brief von Pauline Merl ist ein Zeitdokument. Ich gestehe, dass ich beim Schreiben dieses Briefes geweint habe, aber dieser Tränen brauche ich mich nicht zu schämen. Hebt euch bitte diesen Brief gut auf. Euren Kindern solltet ihr diesen Brief nicht vorenthalten, denn hier wird eine menschliche Tragödie offenbar gemacht.

Als Nachtrag kann ich noch berichten, dass Rosi und ich Herrn Fritz Broz, ihren heißgeliebten Fritz in Bad Gleichenberg getroffen haben, ein alter gebrochener Mann, der kurz darauf auch gestorben ist. Wir haben ihn auf Paula angesprochen ... Ja die Paula ... wie geht's ihr denn ... seine Gedanken waren vernebelt, die Erinnerung an das Vergangene total ausgelöscht. Ein spätes Opfer ... die Erinnerung an Liebe und Treue und schöne Stunden mit einer sehr liebenden Frau sind vom Winde verweht worden, so als wäre nichts geschehen.[149]

Rosa trat im August 1995 aus der Kultusgemeinde aus. Sie starb im Alter von 83 Jahren am 9. Juli 1997. Franz verstarb am 6. Mai 1998. Er wurde 86 Jahre alt. Das Paar wurde im Grab von Tochter Margarete am Zentralfriedhof begraben.

Kalifornien

Hermann Merl bei der Eröffnung des California Medical Lab 1952, Besitzer Roderick Merl

Hermann und Jenny hatten drei Söhne: Roderick, geboren 1945, Winston, geboren 1954, und David Hermann junior, geboren 1958. Hermann und seine Familie zogen Ende der 40er-Jahre in den Süden von Los Angeles, wo er mit der Straßenbahn zur Arbeit bei den Pacific Medical Laboratories fahren konnte. Er schloss sein Medizinstudium an der University of Southern California in Los Angeles ab. Im November 1952 gründete Hermann sein eigenes medizinisches Labor namens *California Medical Lab* in Huntington Park, das er bis zu seiner Pensionierung im Jahr 1975 betrieb. Er bearbeitete Labortests für Ärzte sowie

Hermann Merl beim San Francisco Marathon 1984,
Besitzer Harry Merl

sein Spezialgebiet, die Radiologie. Ärzte und Krankenhäuser ließen ihre Röntgenbilder von ihm analysieren. Hermanns Frau Jenny machte eine Ausbildung zur Krankenschwester und arbeitete schon früh in diesem Bereich, aber die meiste Zeit war sie die Buchhalterin des Unternehmens.

Etwa zur gleichen Zeit, als er sein Labor eröffnete, kaufte er ein neues Haus in der Anderberg Avenue in der Kleinstadt Downey, südöstlich von Los Angeles, aber nicht weit vom Labor entfernt. Während heute Fabriken und die Vorstädte von Los Angeles die Gegend kennzeichnen, war Downey in den 1950er-Jahren agrarisch geprägt. Die Bauern in der Gegend bauten Getreide, Mais und Obst an. An der Straße, die zum Haus der Familie führte, lag ein Orangenhain.

Hermann hörte nie auf zu studieren und sich fortzubilden. Er studierte Jus, Philosophie und Physik und absolvierte Ausbildungen in Naturheilkunde, Akupunktur, Homöopathie und Chiropraktik. Seine Leidenschaft waren Mathematik und Fremdsprachen. Er lernte Spanisch und in der Pension Chinesisch. Für seinen Neffen Harry und seinen Großneffen Oliver, die Hermann in Kalifornien besuchten, war er ein Vorbild. Seinem jüdischen Erbe war Hermann sehr verbunden. Hermann liebte die jüdischen Geschichten und Traditionen. Die Familie feierte Pessach und das Lichterfest Chanukka, besuchte aber in der Regel keine Synagoge und ernährte sich nicht koscher. Die Söhne Rod und David gründeten Familien und machten Hermann und Jenny zu Großeltern.

Familientreffen in der Wohnung von Willi und Sabine Merl im 3. Bezirk, Besitzer Harry Merl

In Erinnerung an Hermanns Eltern Littman, Chaje Feige und seine Schwester Paula zündete Hermann Jahrzeitkerzen an. Wenn sich der Todestag eines nahen Verwandten jährt, werden diese Kerzen angezündet und sollen 24 Stunden brennen. Anfang der 80er-Jahre reichte Hermann Gedenkblätter für seine ermordete Familie bei Yad Vashem ein. Auf Littmans Gedenkblatt schrieb er bei der Beziehung zum Verstorbenen: *Mein geliebter Vater.*[150]

Hermann hatte ein zwiespältiges Verhältnis zu seiner alten Heimat Österreich. Er war wütend über die Nazizeit, aber er mochte und vermisste Wien, die Schönheit der Stadt, die Musik und das Essen. Er kam mehrere Male zu Besuch zu seinen Geschwistern Willi und Rosa. Mehrere Fotos zeigen Hermann und Jenny bei den Familien seiner Geschwister. Die Freude über das Zusammentreffen mit dem lieben Bruder und Schwager aus Amerika ist ihnen anzusehen. Es gab so vieles in Wien, das Hermann liebte und wovon er zu Hause gern erzählte, aber gleichzeitig konnte er nicht vergessen, was geschehen war. Er blieb in Kontakt mit seinem Freund Hans Pitterstein und einem weiteren Wiener Freund, der in Venezuela lebte. Beide besuchten Hermanns Familie in Kalifornien.

Als Letzter der Geschwister starb Hermann am 16. Jänner 2004. Er wurde 91 Jahre alt. Auf seinem Grabstein drückt seine Familie ihre Liebe aus und das amerikanische Heer erwies ihm die letzte Ehre:

US Army World War II
Military Intelligence
Beloved Husband, Father and Grandfather

Lass das gehen, das ist vorbei!

Wilhelm Merl (Zweiter von links in der mittleren Reihe) auf dem Gruppenbild der Chorvereinigung jüdischer Kantoren 1949, Besitzer Harry Merl

Mein Urgroßvater Willi, der gut singen konnte und davon träumte, Opernsänger zu werden, trat im Mai 1949 der Chorvereinigung jüdischer Kantoren bei. In einem Programmheft nannte die Chorvereinigung das Ziel, *aus dem Urquell der jüdischen Kultur zu schöpfen und es den jüdischen Massen zukommen zu lassen. Nach der schrecklichen Katastrophe, welche die Judenheit Europas durch die bestialische Nazimacht erlebte, fühlten sich die in Wien versammelten Kantoren als Kulturträger des jüdischen Volkes verpflichtet, die Fahne der uralten eigenen Kultur wieder hochzuheben und neu zu beleben.*[151]

Im Nachlass meiner Urgroßeltern befindet sich ein Plakat mit einer Ankündigung für ein Festkonzert am 21. Juni 1949 im großen Festsaal des Musikvereins. Der Erlös des Konzerts sollte wohltätigen Zwecken gespendet werden. Die kommunistische Tageszeitung Volksstimme berichtete wohlwollend über das Konzert:

Im großen Musikvereinssaal, dichtgefüllt vom Rest einer ausgerotteten Judenheit – ältere gebeugte Menschen, junge, dennoch hoffungsvolle Gesichter – gab die Chorvereinigung jüdischer Kantoren unter der Leitung des unerhört begabten Professors Leopold Edelstein ein Festkonzert. Zum Vortrag gelangten religiöse Lieder und alte Volkslieder, meisterhaft gesungen, die den Gefühlsinhalt einer zweitausend Jahre alten Kultur und alle Verzweiflung und Hoffnung eines geplagten Volkes zum Ausdruck brachten. (...) Chor und Solisten, Dirigenten und Begleiter, erhielten enthusiastischen Beifall.[152]

Während Willi bis zur Pensionierung im Jahr 1971 bei der Polizei arbeitete, betrieb Sabine ein Altwarengeschäft in der Neumayrgasse in Ottakring, in das sich nur selten Leute verirrten, obwohl sie der Überzeugung war, nützliche Dinge zu verkaufen. Sie verkaufte neben Gebrauchsgegenständen hauptsächlich Kleidung und Schuhe. Ab dem Ende der 80er-Jahre befand sich unmittelbar neben dem Geschäft eine psychosoziale Einrichtung. Einige Patienten suchten nach dem Besuch in der psychosozialen Einrichtung das Geschäft auf. „Dort war meine Mutter sozusagen wie eine Therapeutin. Die Leute kamen und erzählten, was sie für Schwierigkeiten hatten",[153] so mein Großvater.

Während Sabine Kunden bediente, saß Willi lesend im hinteren Bereich des Geschäfts.

Nach der Matura studierte mein Großvater Medizin an der Universität in Wien. Die Erfahrungen des Krieges beeinflussten seine Entscheidung, Arzt zu werden. Er wollte Menschen helfen. Doktor Dolittle, wie mein Großvater bis heute gerne sagt, sei sein Mentor und das Buch *Doktor Dolittles Zirkus*, das er während des Krieges unzählige Male gelesen hatte, sein erstes Lehrbuch. Als er im Krankenhaus ein Praktikum absolvierte, lernte er meine Großmutter Christine kennen. Meine Großeltern heirateten 1958 und hatten gemeinsam fünf Söhne. Mein Großvater wurde Facharzt für Psychiatrie und Neurologie. Die Eltern zogen mit ihren Söhnen ins niederösterreichische Mauer, wo mein Großvater am Landesklinikum arbeitete, und schließlich nach Oberösterreich, wo er als Assistenzarzt am damaligen Wagner-Jauregg-Krankenhaus in Linz auf einer Abteilung tätig war und später das Institut für Psychotherapie gründete und leitete. Er führte das aus den USA kommende Modell der systemischen Familientherapie in Österreich ein. Willi und Sabine waren sehr stolz auf ihren Sohn.

Opa Willi und Oma Sonja schätzten ihre fünf Enkel sehr und genossen es, Zeit mit ihnen zu verbringen. In den 80er-Jahren, als mein Vater und seine Brüder Medizin in Wien studierten, pflegten sie ihre Großeltern im 3. Bezirk immer wieder zu besuchen. Mein Vater erzählte mir von riesigen Fleischlaibchen, die die Großmutter in einer Fleischhauerei gegenüber dem Altwarengeschäft kaufte und den Enkeln im Geschäft vorsetzte, die als Studenten nicht viel Geld zur Verfügung hatten und sich zwei Tage lang von den Fleischbällchen ernähren konnten. Dass gutes und ausreichend Essen da war, war für die Großeltern, die in ihrer Kindheit Armut und Entbehrungen erfahren hatten, enorm wichtig. Diese Fürsorge und Gastfreundschaft, die sehr an Oma Sonjas Mutter Amalie erinnern, konnten sich jedoch auch ins Gegenteil verkehren, da den Großeltern ihre Ruhe und Privatsphäre wichtig war. „Jetzt bist du schon wieder da!", wartete meine Urgroßmutter mit der nüchternen Bemerkung auf, wenn die hungrigen Enkel zu bald nach diesem Ritual wiederauftauchten.

Auch wenn die Schrecken der NS-Zeit viele Jahre zurücklagen, erholten sich meine Urgroßeltern nie ganz davon. Sie fürchteten, es könnte ihnen wieder jemand ihr Eigentum wegnehmen. Um dies zu verhindern, versteckten sie Schilling-Banknoten unter dem Parkettboden ihrer Wohnung. Eines Tages fanden sie diese Banknoten nicht mehr und beschuldigten meinen Großvater, er habe sie ihnen heimlich weggenommen.

Als mein Großvater und seine Familie in Mauer wohnten, schrieb er seinen Eltern am 22. März 1968 einen Brief, in dem er ihnen ihre Ambivalenz gegenüber ihrer Herkunft und ihrem Glauben vorwarf: *Wir sind in eine schwere Zeit hineingekommen, eine Zeit, in der es schwer war, Jude zu bleiben, aber es ist besser, zu sterben, als das aufzugeben, was man ist, denn Jude zu sein, ist Geschichte und Verpflichtung. Ihr habt Euch damals und auch später, nach dem Krieg geschämt, Euch zu bekennen, wenn auch nicht in Worten. Es war nur ein Lippenbekenntnis, ihr habt nicht nur wegen Eures Judentums, sondern an Eurem Judentum gelitten. Euren Worten nach waren Juden feig, schmutzig und als polnische Juden der Abschaum, ein echtes Naziwort. (...) So bin ich herangewachsen, zerrissen, misstrauisch und voller brennender, glühender Sehnsucht, der ich kaum Herr werden konnte. (...) Ich bin Arzt und Psychiater und verstehe heute, warum ich so geworden bin, ebenso, warum ihr so geworden seid, wie ihr seid, noch immer.*[154]

Wenn meine Großeltern, ihre Enkel oder Schwiegertöchter mit Opa Willi und Oma Sonja über den Krieg reden wollten, weigerten sie sich meistens, darüber zu sprechen. „Lass das gehen, das ist vorbei!", pflegten sie zu sagen. Begann einer der beiden zu erzählen, so wurde er vom anderen schnell unterbrochen. Nur wenige Male gelang es Verwandten, ihnen Erinnerungen zu entlocken.

Im Gegensatz zu jüdischen Bekannten sagten meine Urgroßeltern vor Gericht gegen die Nationalsozialisten Johann Rixinger, Karl Ebner und Bernhard Wittke nicht aus. Sie schienen einen Schlussstrich ziehen zu wollen und schämten sich möglicherweise für die Art, wie sie überlebt hatten. Ob sie die Prozesse verfolgten, ist nicht bekannt. Johann Rixinger wurde 1947 zu zehn Jahren Haft verurteilt, von denen er nur sechseinhalb Jahre absitzen musste. Beim Prozess sagten nicht wenige NS-Verfolgte für ihn und Karl Ebner aus, die sich gegen Kriegsende großzügig gegenüber von der Deportation bedrohten Juden zeigten. Ebner wurde zu 20 Jahren Haft verurteilt und kam nach fünf Jahren frei, nachdem er von Bundespräsident Körner auf Wunsch der Regierung Raab begnadigt worden war. Ebner starb 1983 in Lienz, Rixingers Todesjahr ist unbekannt. Bernhard Wittke saß nur drei Jahre in Haft. Er starb 1970 in Wien.

In den 60er- und 70er-Jahren erhielten meine Urgroßeltern von der Sammelstelle A in Wien und dem Hilfsfonds finanzielle Entschädigungen für die „Naziverfolgungsmaßnahmen" und die „Berufsschäden". Erst gegen Ende ihres Lebens in den 80ern und Anfang der 90er-Jahre erlebten sie einen Wandel in der Diskussion um die nationalsozialistische Vergangenheit Österreichs.

Meine Urgroßmutter Sabine starb im Alter von 79 Jahren am 18. Jänner 1992 an Bauchspeicheldrüsenkrebs. Beim Begräbnis sprach Willi das jüdische Totengebet Kaddisch. *Meine geliebte Gattin Sonja* schmückt ihren Grabstein am neuen jüdischen Friedhof. Die Trauer um seine Frau war meinem Urgroßvater in der Zeit nach ihrem Tod anzumerken. Gebrochen und orientierungslos sei er gewesen. Er überlebte sie nur wenige Wochen. Willi starb 85-jährig am 22. Februar, nachdem er im Altwarengeschäft, das er allein weitergeführt hatte, einen Herzinfarkt erlitten hatte. Er wurde im Grab meiner Urgroßmutter begraben. *Ihr lebt!* heißt es auf ihrem Grabstein.

Willi und Sabine im Wiener Wald 1987, Besitzer Harry Merl

Wien, 2022

Die Leopoldstadt ist ein Bezirk, den ich in Wien gerne besuche. Mir gefällt die Mischung aus Spuren des alten Wien und dem modernen Flair, das den Bezirk umgibt. Wie bereits 1895, als Littman Merl als Jugendlicher nach Wien kam, ist es auch heute der Bezirk mit dem größten Anteil jüdischer Einwohner. Die Spuren, die die Menschen bis zu ihrer Deportation hinterließen, sind auch die Spuren meiner Familie. Sehr stark ist das aktive Gedenken an die vertriebenen und ermordeten Einwohner. An diesen Orten, die durch Steine der Erinnerung, symbolische Grabsteine, festgehalten werden, befinden sich Stationen im Leben der Familie meiner Urgroßeltern.

In der Nordbahnstraße, am Gelände des ehemaligen Nordbahnhofs, befindet sich ein Stein für die jüdischen Zuwanderer aus den östlichen Kronländern der Monarchie, die am Bahnsteig des Nordbahnhofs erstmals Wien betraten und später Opfer des Holocausts wurden: *Zur Erinnerung an die vielen jüdischen Menschen, für die der Nordbahnhof eine Pforte zu einem besseren Leben darstellen sollte. Sie wurden von den Nazis deportiert, ermordet.*

Auch vor der Kirche des heiligen Nepomuk, in der Franz und Rosa getraut wurden, wurde ein Stein verlegt: *Für alle, die den christlichen Werten unter nationalsozialistischer Schreckensherrschaft treu geblieben sind.*

Auch Littman, Chaje Feige und Paula Merl sowie Amalie Kornspan haben auf Initiative der Familien Merl und Brillson ihren Stein der Erinnerung bekommen. Der Stein für die Familie Merl wurde im September 2018 an der Adresse Wehlistraße 218 verlegt. Nach einer Rede meines Großvaters, in der er von seinen Erinnerungen an seine Großeltern berichtete und seine Dankbarkeit für den Stein der Erinnerung ausdrückte, rezitierten Jettis Sohn Len Brillson und seine Frau Janice das Kaddisch. Anschließend sang mein Großvater in Begleitung meines Vaters das Lied „Mir lebn ejbig", ein Lied, das im Wilnaer Ghetto geschrieben wurde und den Bewohnern Mut machen sollte. Es war ein berührender Nachmittag.

Im Juni 2019 bekam auch Amalie Kornspan einen Stein der Erinnerung. Er wurde an der Adresse Salzachstraße 7 verlegt. Mein Großvater hielt eine kurze Rede und sang abermals „Mir lebn ejbig". Die Nachfahren, die für ihre Verwandten an jenem Tag ebenfalls einen Stein bekamen, sangen mit.

Nach der Legung habe ich die beiden Steine mehrere Male besucht, sie Verwandten und Freunden gezeigt und von den Menschen erzählt, die diese Adressen viele Jahre ihr Zuhause nannten. Es ist ein wenig so, als ob ich die Familien meiner Urgroßeltern an ihrer alten Adresse besuchen würde.

Steine der Erinnerung, © Pascal Merl

Danksagung

Die Arbeit an einer dokumentarischen Erzählung ist eine Tätigkeit, bei der man viele Stunden allein beim Recherchieren und Schreiben verbringt. Man hält sich viel in der eigenen Gedankenwelt auf, schreibt am Manuskript, bis eine neue Erkenntnis aus aktuellen Recherchen eine Kettenreaktion auslöst: die Erfordernis, die neuen Erkenntnisse in den Text einfließen zu lassen, und der Versuch, auf Basis der neuen Erkenntnisse weitere Details der Familiengeschichte ans Tageslicht zu bringen.

Diese Prozesse, die mich lange Zeit in Beschlag genommen haben, sind beendet, was aber nicht bedeutet, dass die anvisierte Vollkommenheit erreicht wurde. Denn Vollkommenheit ist beim Recherchieren an der Geschichte unerreichbar. Die erzählte Geschichte ist immer nur ein Ausschnitt aus dem Moment, der viele Jahrzehnte oder mehr als ein Jahrhundert später erzählt wird.

Es gibt viele Menschen, die diese Prozesse begleitet haben. Ihnen möchte ich an dieser Stelle danken. An erster Stelle meinem Vater, dessen analytisches Denken beim Erstlesen des Buches neue Fragen und Aspekte zur Geschichte aufgeworfen hat. Viele Male haben wir über Handlungen und Aussagen der porträtierten Menschen debattiert, sodass durch die Ergebnisse dieser Diskurse die Handlung fortgesponnen wurde.

Ich danke meinen Großeltern, der Familie Brillson und der Familie von Rod Merl für die Beantwortung meiner vielen Detailfragen, die Zurverfügungstellung von Fotos und Dokumenten und die positiven Rückmeldungen.

Für die Bereitstellung von Dokumenten danke ich den Historikern und Mitarbeitern des Dokumentationsarchivs des österreichischen Widerstandes, der Israelitischen Kultusgemeinde, dem Nationalfonds der Republik Österreich für Opfer des Nationalsozialismus und dem Wiener Stadt- und Landesarchiv. Aus dem Archiv der Kultusgemeinde gilt mein Dank besonders Wolf-Erich Eckstein, der mir beim Lesen einiger kurrent geschriebener Matriken behilflich gewesen ist.

Ich danke Herbert Posch und Robert Lackner für die Hinweise zu Hermann Merl als Medizinstudent beziehungsweise als Teil der Ritchie Boys.

Die Recherchen in Lwiw und der Westukraine wären ohne die Unterstützung von Roman Lavrentiy nicht möglich gewesen. Er ist ein Kenner der Geschichte des ukrainischen Theaters und der Stadt Lwiw. Roman begleitete uns nach Buchach, Chotymyr und Obertyn und ließ sich beim Fahren nicht von den zahlreichen Schlaglöchern auf den Straßen abhalten. Meine Gedanken sind bei den Menschen der Ukraine, denen wir im August 2021 begegnet sind und die nun unter dem russischen Angriffskrieg leiden müssen.

Zuletzt möchte ich mich bei den zahlreichen Verwandten und Freunden bedanken, die ihren Anteil zum Werden der Geschichte durch Hinweise, Korrekturlesen oder positive Resonanz beigetragen haben.

Quellen- und Literaturverzeichnis

Archive

Ancestry.com (AC), Lehi, USA

ANNO – Austrian Newspapers Online, ÖNB

Archiv der Israelitischen Kultusgemeinde Wien (IKG), Wien

Archiv des Zeitgeschichtemuseums Ebensee (AE), Ebensee

Arolsen Archiv (AA), Bad Arolsen, Deutschland

Bundesarchiv (BA), Berlin, Deutschland

Dokumentationsarchiv des österreichischen Widerstandes (DÖW), Wien

Findbuch (FB), Wien

Gesher Galicia (GG), New York, USA

JewishGen (JG), New York, USA

JRI-Poland (JP), USA

Memento Wien (MW), Wien

My Heritage (MH), Or Yehuda, Israel

Österreichisches Staatsarchiv (ÖStA), Archiv der Republik (AdR), Wien

Statueofliberty.com (SL), New York, USA

Theresienstädter Initiative (THI), Prag, Tschechische Republik

Wiener Stadt- und Landesarchiv (WStLA)

Yad Vashem Archive (YVA), Jerusalem, Israel

Zentrales staatliches historisches Archiv der Ukraine (ZDIAL U), Lemberg, Ukraine

Internet-Quellen

https://www.campkingoberursel.de/files/Labyrinth-der-Schuld.pdf

https://deportation.yadvashem.org/index.html?language=en&itemId=6962219

https://www.digital.wienbibliothek.at/periodical/structure/5311

http://www.encyclopediaofukraine.com/default.asp

http://www. genealogyindexer.org

http://www.geschichtewiki.wien.gv.at/Wien_Geschichte_Wiki

http://kfar-masary.org

https://www.lvivcenter.org/en/

http://usgerrelations.traces.org/Quaker-Hill-history.pdf

https://www.1133.at/files/Andere/Blattl/2012_11/blattl_56_winter_2012.pdf

https://www.youtube.com/watch?v=3bj9J8GmOm8&t=105s

Unpublizierte Quellen aus dem Privatarchiv von Harry Merl

Aufzeichnungen von Oliver Merl

Erinnerungen an die Zeiten mit Harry von Fridolin Platzer

Fragen an meine Mutter

Brief an Wilhelm und Sabine Merl

Meine Lebensgeschichte

Brief von Franz und Rosa Cerny

Nachlass von Wilhelm und Sabine Merl

Unpublizierte Quellen aus dem Privatarchiv von Roderick Merl

Notizhefte Hermann Merl

Consolidated Interrogation Report No. 4 Hitler as seen by his doctors

Nachlass von Hermann Merl

Unpublizierte Quellen aus dem Privatarchiv von Leonard Brillson

From the 1983 Video Interview of Yetty Merl Brillson

Nachlass von Jetti Merl

Fotos

Die Fotos stammen großteils aus Privatbesitz. Konnten die Rechteinhaber nicht festgestellt werden, wird der Besitzer des Bildes angegeben.

Literatur

Adler, Hans Georg. (2005). Theresienstadt 1941 – 1945. Das Antlitz der Zwangsgemeinschaft. Göttingen: Wallstein.

Bartov, Omer. (2021). Anatomie eines Genozids. Vom Leben und Sterben einer Stadt namens Buczacz. Frankfurt: Jüdischer Verlag.

Benz, Wolfgang. Distel, Barbara. (2007). Der Ort des Terrors. Geschichte der nationalsozialistischen Konzentrationslager Band 5: Hinzert, Auschwitz, Neuengamme. München: C.H. Beck.

Blodig, Vojtěch. Chládková, Ludmila. Langhamerová, Miroslava. (2003). Theresienstadt. Leitmeritz. Stätten des Leidens und des Heldenmutes. Prag: V Ráji.

Brugger, Eveline. Keil, Martha. Lichtblau, Albert. Lind, Christoph. Staudinger, Barbara. (2013). Geschichte der Juden in Österreich. Wien: Ueberreuter.

Chládková, Ludmila. (2005). Ghetto Theresienstadt. Prag: V Ráji.

Czech, Danuta. (1989). Kalendarium der Ereignisse im Konzentrationslager Auschwitz-Birkenau 1939 – 1945. Reinbek bei Hamburg: Rowohlt.

Desbois, Patrick. (2009). Der vergessene Holocaust. Die Ermordung der ukrainischen Juden. Berlin: Berlin Verlag.

Feurstein-Prasser, Michaela. Milchram, Gerhard. (2012). Jüdisches Wien. Wien: Mandelbaum.

Frank, Sonja. (2014). Young Austria. Österreicherinnen im britischen Exil 1938 – 1947. Wien: Theodor Kramer Gesellschaft.

Gruner, Wolf. (2000). Zwangsarbeit und Verfolgung. Österreichische Juden im NS-Staat 1938 – 45. Innsbruck: Studien.

Hecht, Dieter. Lappin-Eppel, Eleonore. Raggam-Blesch, Michaela. (2017). Topographie der Shoah. Gedächtnisorte des zerstörten jüdischen Wien. Wien: Mandelbaum.

Husmann, Julius. (1932). Miniatur-Heimatkunde. Straßennamen als Kulturträger. Dichter, Schriftsteller, Fachschriftsteller. Wien: Im Selbstverlag.

Keil, Martha. (2011). Recte Lax, False Kritz. Die „ungültigen“ Ehen in Galizien 1789 – 1938. In: „Ostjuden“: Geschichte und Mythos. Sankt Pölten:

Schriftenreihe des Instituts für jüdische Geschichte Österreichs.

Kleveman, Lutz. (2019). Lemberg. Die vergessene Mitte Europas. Berlin: Aufbau.

Kuretsidis-Haider, Claudia. Leo, Rudolf. (2019). „dachaureif" Der Österreichertransport aus Wien in das KZ Dachau am 1. April 1938. Biografische Skizzen der Opfer. Wien: Dokumentationsarchiv des österreichischen Widerstandes.

Ledebur, Sophie. (2011). Das Wissen der Anstaltspsychiatrie in der Moderne. Zur Geschichte der Heil- und Pflegeanstalten Am Steinhof in Wien. Wien: Diplomarbeit, Universität Wien.

Leidinger, Hannes. Moritz, Verena. (2008). In russischer Gefangenschaft. Erlebnisse österreichischer Soldaten im Ersten Weltkrieg. Wien: Böhlau.

Merl, Pascal. (2014). Harry Israel Merl – Persönliche Erinnerungen eines jüdischen Kindes im Kontext der Zeit des Nationalsozialismus in Wien. Linz: Bachelorarbeit, Pädagogische Hochschule Oberösterreich.

Moser, Jonny. (1966). Wien. Die Judenverfolgung in Österreich 1938 – 1945. Wien: Europa.

Murmelstein, Benjamin. (2014). Theresienstadt. Eichmanns Vorzeige-Ghetto. Wien: Czernin.

Paslawska, Alla. Vogel, Tobias. (2017). Lwiw. Literarischer Reiseführer. Lemberg: VNTL-Klasyka.

Pfoser Alfred, Weigl Andreas. (2013). Im Epizentrum des Zusammenbruchs. Wien im Ersten Weltkrieg. Wien: Metroverlag.

Pohl, Dieter. (1996). Nationalsozialistische Judenverfolgung in Ostgalizien. Organisation und Durchführung eines staatlichen Massenverbrechens. München: Oldenbourg.

Pollack, Martin. (2010). Kaiser von Amerika. Die große Flucht aus Galizien. Wien: Zsolnay

Pollack, Martin. (2016). Galizien. Eine Reise durch die verschwundene Welt Ostgaliziens und der Bukowina. Berlin: Insel.

Rabinovici, Doron. (2000). Instanzen der Ohnmacht. Wien 1938 – 1945. Der Weg zum Judenrat. Frankfurt: Jüdischer Verlag.

Rade, Maja. (2012). „Bund freier Menschen“ und „Sport- und Geselligkeitsverein Lobau“

Freikörperkultur in Österreich 1920 – 1945. Wien: Diplomarbeit, Universität Wien.

Randell, Sara (2018). Den Krieg beenden. Die Operation Sunrise und Max Husmann. Bern: Stämpfli.

Roth, Joseph. (2015). Juden auf Wanderschaft. München: dtv

Schmidl, Erwin. (2014). Habsburgs jüdische Soldaten. 1788 – 1918. Wien: Böhlau.

Staudinger, Barbara. (2011). Unerwünschte Fremde? In: „Ostjuden“: Geschichte und Mythos. Sankt Pölten: Schriftenreihe des Instituts für jüdische Geschichte Österreichs.

Weinke, Annette. (2019). Die Nürnberger Prozesse. München: C.H.Beck.

Wurzer, Georg. (2000). Die Kriegsgefangenen der Mittelmächte in Russland im Ersten Weltkrieg. Tübingen: Diplomarbeit, Universität Tübingen.

Yones, Eliyahu. (2018). Die Juden in Lemberg während des Zweiten Weltkriegs und im Holocaust 1939 – 1944. Hannover: Ibidem.

Quellen aus ANNO Historische Zeitungen und Zeitschriften

Czernowitzer Tagblatt

Das Vaterland

Der Abend

Die Stunde

Evangelisches Gemeindeblatt für Galizien und die Bukowina

Freiheit!

Illustrierte Kronen=Zeitung

Neues Wiener Journal

Neues Wiener Tagblatt

Ostdeutsche Rundschau

Verlustliste des k.u.k. Kriegsministeriums

Völkischer Beobachter

Volksstimme

Quellen aus Newspapers.com

Fort Worth Star-Telegram

News Journal

The Californian

Interviews

Robert Cerny, Interview mit Pascal Merl am 20.9.2019 in Mannswörth

Harry Merl, Interviews mit Pascal Merl am 8.7., 14.7., 2.8., 30.9., 11.10., 14.10., 21.10. und am 30.10.2013 in Gramastetten

Harry Merl, Interview und Rundgang mit Pascal Merl am 29. Juli 2017

Hermann Merl, Interview mit Oliver Merl im Jahr 1986 und Interview mit Roderick Merl im Jahr 2002 in den USA

Jetti Merl, Interview mit Leonard Brillson am 14.8.1983 in den USA.

Der Autor

Pascal Merl

Pascal Merl wurde 1990 in Freistadt geboren. Nach dem Abschluss des Gymnasiums studierte er Lehramt Englisch und Geschichte in Linz und schloss das Studium mit einer Arbeit über die Kindheit seines jüdischen Großvaters im Wien der Zeit des Nationalsozialismus und Holocausts ab. Neben seiner Arbeit als Mittelschullehrer begleitete Pascal Merl in den vergangenen Jahren seinen Großvater zu Vorträgen und Zeitzeugengesprächen an Schulen und setzt nun dessen Tätigkeit als Vertreter der dritten Generation fort.

Endnoten

1 Eveline Brugger/Martha Keil/Albert Lichtblau/Christoph Lind/Barbara Staudinger: Geschichte der Juden in Österreich. Wien 2013, S. 530
2 Geburtsbuch IKG Obertyn 1878-1881, JRI-Poland, www.jri-poland.org
3 Ebenda
4 Barbara Staudinger: Unerwünschte Fremde? In: „Ostjuden“: Geschichte und Mythos. Sankt Pölten, S. 43
5 Joseph Roth: Juden auf Wanderschaft. München 2015, S. 54
6 Ostdeutsche Rundschau, 18. April 1902, S. 6, ANNO/Österreichische Nationalbibliothek
7 Das Vaterland, 25. Mai 1909, S. 3, ANNO/Österreichische Nationalbibliothek
8 Joseph Roth: Juden auf Wanderschaft. München 2015, S.54-55
9 Ebenda, S.52
10 Geburtsbuch IKG Obertyn 1878-1881, JRI-Poland, www.jri-poland.org
11 Geburtsbuch IKG, Archiv IKG Wien
12 Harry Merl: Meine Lebensgeschichte, Privatarchiv Harry Merl
13 Interview Jetti Merl
14 Martin Pollack: Galizien. Eine Reise durch die verschwundene Welt Ostgaliziens und der Bukowina. Berlin 2016, S. 189-190
15 Joseph Roth: Juden auf Wanderschaft. München 2015, S. 87
16 Verlustliste Nr. 449, 7. August 1916, S. 32, ANNO/Österreichische Nationalbibliothek
17 Interview Hermann Merl (mit Oliver Merl
18 Interview Jetti Merl
19 Illustrierte Kronenzeitung, 15. Juni 1934, S. 9, ANNO/Österreichische Nationalbibliothek
20 Neues Wiener Journal, 15. Juni 1934, S. 5, ANNO/Österreichische Nationalbibliothek
21 Interview Jetti Merl
22 Interview Hermann Merl (mit Oliver Merl)

23 Interview Jetti Merl
24 Interview Hermann Merl (mit Oliver Merl)
25 Interview Robert Cerny
26 Lehrbrief der Genossenschaft der Juweliere, Gold- und Silberschmiede, 15. September 1926, Privatarchiv Harry Merl
27 Hausbesitzer Buczacz, Gesher Galicia, www.geshergalicia.org
28 Liste der Mitglieder von Ruska Besida 1909, Zentrales staatliches historisches Archiv der Ukraine Lwiw
29 Czernowitzer Tagblatt, 26. April 1908, S. 6, ANNO/Österreichische Nationalbibliothek
30 Czernowitzer Tagblatt, 21. April 1911, S. 4, ANNO/Österreichische Nationalbibliothek
31 Adress u. Geschäfts-Handbuch von Lemberg, Genealogy Indexer, www.genealogyindexer.org
32 Nachricht Julius Kornspan, 21. Jänner 1916, Privatarchiv Harry Merl
33 Nachricht Julius Kornspan, 29. März 1916, Privatarchiv Harry Merl
34 Nachricht Amalie Kornspan, Privatarchiv Harry Merl
35 Evangelisches Gemeindeblatt, März 1917, S. 50, ANNO/Österreichische Nationalbibliothek
36 Zeugnis Josef Zwieback & Bruder, 27. Juni 1932, Privatarchiv Harry Merl
37 Zeugnis AL-MI-TA, 31. Oktober 1933, Privatarchiv Harry Merl
38 Krankengeschichte Klara Husmann, Wiener Stadt- und Landesarchiv
39 Ebenda
40 Ebenda
41 Ebenda
42 Freiheit!, 2. Dezember 1931, S. 3, ANNO/Österreichische Nationalbibliothek
43 Krankengeschichte Klara Husmann, Wiener Stadt- und Landesarchiv
44 Ebenda
45 Ebenda
46 Ebenda
47 Ebenda
48 Ebenda
49 Ebenda

50 Freiheit!, 22. April 1932, S. 2, ANNO/Österreichische Nationalbibliothek

51 Der Abend, 26. Oktober 1932, S. 11, ANNO/Österreichische Nationalbibliothek

52 Julius Husmann: Miniatur-Heimatkunde. Straßennamen als Kulturträger. Dichter, Schriftsteller, Fachschriftsteller. Wien 1932, S. 6

53 Ebenda, S. 12

54 IKG Auswanderungsfragebogen Julius Husmann, Archiv IKG Wien

55 Interview Harry Merl

56 Ebenda

57 Ebenda

58 Interview Robert Cerny

59 Bestätigungen „Reibpartien", Privatarchiv Harry Merl

60 IKG Auswanderungsfragebogen Littman Merl, Archiv IKG Wien

61 Interview Hermann Merl (mit Oliver Merl)

62 IKG Fragebogen Hermann Merl, Archiv IKG Wien

63 IKG Fragebogen Wilhelm Merl, Archiv IKG Wien

64 Ebenda

65 IKG Fragebogen Hermann Merl, Archiv IKG Wien

66 Auswanderungsfragebogen Littman Merl, Archiv IKG Wien

67 Interview Jetti Merl

68 Ebenda

69 Interview Harry Merl

70 Interview Jetti Merl

71 IKG Fragebogen Jetti Merl, Archiv IKG Wien

72 Fort Worth Star-Telegram, 8. November 1944, S. 8, Newspapers.com, www.newspapers.com

73 News Journal, 30. November 1944, S. 14, Newspapers.com, www.newspapers.com

74 Interview Hermann Merl (mit Oliver Merl)

75 Interview Hermann Merl (mit Roderick Merl)

76 Ebenda

77 IKG Fragebogen Wilhelm Merl, Archiv IKG Wien

78 Interview Harry Merl

79 Foto Wilhelm Merl, Privatarchiv Harry Merl

80 Interview Harry Merl

81 Ebenda

82 Ebenda
83 Ebenda
84 Hausliste Nestroyplatz 1, Dokumentationsarchiv des österreichischen Widerstandes
85 Interview Harry Merl
86 Ebenda
87 Ebenda
88 Interview Robert Cerny
89 Interview Harry Merl
90 Meldedaten Littman Merl, Wiener Stadt- und Landesarchiv
91 Völkischer Beobachter, 13. Juli 1943, S. 6, ANNO/Österreichische Nationalbibliothek
92 Fotos Paula Merl, Privatarchiv Maximilian Wanderer
93 Tagesbericht Nr. 3 der Gestapo, 8.–10. April 1942, Dokumentationsarchiv des österreichischen Widerstandes
94 Interview Robert Cerny
95 Tagesbericht Nr. 2 der Gestapo, 2.–5.April 1943, Dokumentationsarchiv des österreichischen Widerstandes
96 Personalbeschreibung Paula Merl, Dokumentationsarchiv des österreichischen Widerstandes
97 Nachricht von Paula Merl im Brief von Franz und Rosa Cerny, Privatarchiv Harry Merl
98 Interview Robert Cerny
99 Ebenda
100 Ebenda
101 Ebenda
102 Ebenda
103 Interview Harry Merl
104 Aufzeichnungen Oliver Merl, Privatarchiv Harry Merl
105 Nachricht Amalie Kornspan, 23. November 1942, Privatarchiv Harry Merl
106 Interview Harry Merl
107 Ebenda
108 Ebenda
109 Ebenda
110 Ebenda
111 Ebenda

112 Ebenda
113 Ebenda
114 Interview Robert Cerny
115 Interview Harry Merl
116 Interview Robert Cerny
117 Interview Harry Merl
118 Ebenda
119 Ebenda
120 Aufzeichnungen Oliver Merl, Privatarchiv Harry Merl
121 Interview Harry Merl
122 Interview Robert Cerny
123 Interview Harry Merl
124 Ebenda
125 Erinnerungen an die Zeiten mit Harry von Fridolin Platzer, Privatarchiv Harry Merl
126 Nachricht Jetti Merl, 2. April 1947, Privatarchiv Harry Merl
127 Antrag auf Unterstützung an IRO von Wilhelm Merl, 12. November 1948, Arolsen Archives, www.arolsen-archives.org
128 Interview Hermann Merl (mit Oliver Merl)
129 Interview Hermann Merl (mit Roderick Merl)
130 Notizhefte Hermann Merl, Privatarchiv Roderick Merl
131 Consolidated Interrogation Report No. 4 Hitler as seen by his doctors, Privatarchiv Roderick Merl
132 Interview Hermann Merl (mit Roderick Merl)
133 Interview Hermann Merl (mit Oliver Merl)
134 Ebenda
135 Interview Hermann Merl (mit Roderick Merl)
136 Notizhefte Hermann Merl, Privatarchiv Roderick Merl
137 Interview Hermann Merl (mit Oliver Merl)
138 Ebenda
139 Interview Hermann Merl (mit Roderick Merl)
140 Interview Hermann Merl (mit Oliver Merl)
141 Ebenda
142 Interview Hermann Merl (mit Roderick Merl)
143 Interview Hermann Merl (mit Oliver Merl)
144 The Californian, 20. Mai 1946, S. 5, Newspapers.com, www.newspapers.com

145 Vermögensanmeldung Isak Oster, Findbuch, www.findbuch.at

146 Sonja Frank: Young Austria. Österreicherinnen im britischen Exil 1938-1947. Wien: Theodor Kramer Gesellschaft, S. 317

147 From the 1983 Video Interview of Yetty Merl Brillson, Privatarchiv Leonard Brillson

148 Interview Robert Cerny

149 Brief von Franz und Rosa Cerny, Privatarchiv Harry Merl

150 Yad Vashem-Gedenkblatt Littman Merl, Privatarchiv Roderick Merl

151 Programmheft Chorvereinigung jüdischer Kantoren Wien, Privatarchiv Harry Merl

152 Volksstimme, 23. Juni 1949, S. 4, ANNO/Österreichische Nationalbibliothek

153 Interview Harry Merl

154 Brief an Wilhelm und Sabine Merl, Privatarchiv Harry Merl

Brigitte Kaiser (Herausgeberin)

LEBEN ODER ÜBERLEBEN

Menschen im Waldviertel 1945

Zeitzeugen erzählen vom Kriegsende 1945, das sie im Waldviertel erlebt und überlebt haben. Sie erzählen auch von ihrem Leben als Landarbeiter, Kleinhäuslerin, Bäuerin, Akademiker, Geschäftsfrau und -mann. Ihre Erinnerungen sind präsent, viele Wunden geblieben. Was zählt, ist der Blick nach vorne. Darin sind sich alle Zeitzeugen einig.

„

Was ist schon arm?

Zum Anziehen gab es nur, was wir von wem anderen bekommen haben. Und das war meist schon kaputt. Damals hat man nicht alles weggeworfen. Und mit uns ist nicht viel geredet worden, da hat keiner etwas erklärt. Du hast eine Watschn bekommen und aus. Was hätte man auch reden sollen? Wir waren arm. Aber was ist schon arm? So „schlecht“, wie es den Leuten heute geht, so schlecht ist es uns nicht gegangen. Bei uns hat keiner lamentiert, heute jammert jeder. Keiner bekommt genug. Dabei kann sich heute jeder kaufen, was er will.

“

Heinz Scheel

KRANKALLA
Verdunkelte Seelen

”

Für seinen Nachkriegssprössling war Vater der Größte! Ein frommer Mann. Ohne Makel. Ohne Vergangenheit. Wegen ihres bevorstehenden Streifzugs geriet der Junge vor Freude schier aus dem Häuschen: „Mama! Morgen holt Papa mit mir einen Tannenbaum.

“

Idyllische Weihnachtsstimmung. Doch die Geister der Vergangenheit rauben Egon Aichenstett den Schlaf. Auch sein Geständnis vor den christlichen Brüdern bringt sie nicht zum Schweigen, sondern führt zu einem schrecklichen Verbrechen an seinem jüngsten Sohn, Peter. Der flüchtet in die Welt der Fantasie. Wird sich die Prophezeiung der Priesterin der Ekstase erfüllen?

Nach einem halben Jahrhundert der Verdrängung bricht der Autor sein Schweigen.